La Grande Guerre des musiciens

collection
Perpetuum mobile
dirigée par Malou Haine
ISSN 1965-0299

Symétrie
30 rue Jean-Baptiste Say
69001 Lyon, France
contact@symetrie.com
www.symetrie.com

ISBN 978-2-914373-54-8
dépôt légal : décembre 2009

Crédits
illustration de couverture : Otto Flechter, couverture de la revue *Jugend*, nº 18 (17 avril 1915)

conception et réalisation : Symétrie
impression et façonnage : Présence Graphique, 2 rue de la Pinsonnière, 37260 Monts
numéro d'imprimeur 120933844

Stéphane Audoin-Rouzeau
Esteban Buch
Myriam Chimènes
Georgie Durosoir

direction scientifique

La Grande Guerre des musiciens

Esteban Buch – Aude Caillet – Rémy Campos – Georgie Durosoir
Mathieu Ferey – Didier Francfort – Charlotte Segond-Genovesi
Florence Gétreau – Dominique Huybrechts – Sara Iglesias
Alexandra Laederich – Patrice Marcilloux – David Mastin – Carine Trevisan

*Cet ouvrage est publié avec le soutien
du Centre national de la recherche scientifique (C.N.R.S.) :
laboratoire Institut de recherche sur le patrimoine musical en France (I.R.P.M.F.)
et laboratoire Centre de recherches sur les arts et le langage (CRAL)
de l'École des hautes études en sciences sociales (E.H.E.S.S.)*

collection Perpetuum mobile, 2009

SYMÉTRIE ISBN 978-2-914373-54-8

Introduction

Au cours des deux dernières décennies, l'historiographie de la Grande Guerre s'est renouvelée en profondeur. Autour de l'équipe internationale réunie à la fin des années 1980 dans le cadre du centre de recherche de l'Historial de la Grande Guerre, s'est bâtie en particulier une « histoire culturelle » du conflit qui en a profondément transformé les approches. À travers l'accent mis sur les représentations des contemporains – sur la manière dont ces derniers avaient représenté la guerre et se l'étaient représentée – l'ancienne histoire militaire, diplomatique, politique, voire économique et sociale de la guerre ne s'est pas trouvée seulement élargie, complétée, enrichie par l'ouverture de champs nouveaux. C'est désormais le conflit lui-même que l'on comprend *autrement* : dans son déroulement, dans ses origines, dans ses implications et ses modalités de retour aux normes du temps de paix. La Grande Guerre est actuellement pensée sur un plan résolument comparatif et international, chacun ayant maintenant à l'esprit que la Première Guerre mondiale avait été... *mondiale*, et que c'est donc comme *guerre mondiale* qu'il convient de l'étudier. De même, ses déploiements de violence extrême ne sont plus considérés comme une sorte d'« à-côté » du conflit – qu'il s'agisse de la violence des combats ou de la violence dirigée contre les populations civiles, qui a constitué un des éléments déterminants de la totalisation du conflit. Cette violence inouïe initiée par l'agression collective de 1914-1918 s'est vue placée au plein cœur de l'analyse. L'étude de multiples angles morts historiographiques (les occupés, les réfugiés, les atrocités, le champ religieux, le deuil, la démobilisation culturelle...) a donné une intelligibilité nouvelle à la guerre. En saisissant mieux le sens dont elle avait été investie par les contemporains, nous sommes aujourd'hui mieux à même de dire la signification que nous lui attribuons désormais.

Dans une telle perspective, il est peu contestable que la créativité littéraire et artistique de la période, qui a si intensément accompagné les années de guerre et aussi d'après-guerre, a fait une entrée en force dans le champ des études historiennes sur 1914-1918 : une visite, même rapide, de l'Historial de la Grande Guerre suffit à le montrer. Le musée n'est-il pas d'ailleurs entièrement centré sur une salle consacrée à la série *Der Krieg* des lithographies d'Otto Dix ? Mais – et sur ce point, tout historien de la Grande Guerre et de la culture de guerre ne peut éviter un *mea culpa* – une sérieuse lacune se fait jour : elle a trait à tout ce qui touche, de près ou de loin, à l'univers sonore et, plus précisément, au fait musical. Non que cette dimension de l'univers sensible ait été oubliée en tant que telle dans le musée lui-même ; si ce dernier, dès l'origine, a volontairement choisi de rester silencieux, un musée comme celui de Péronne n'en néglige pas pour autant, dans son exposition permanente, les instruments de musique : ceux fabriqués à l'arrière aussi bien que ceux élaborés à l'avant, par les soldats, en fonction des opportunités et des besoins. Ici, un gramophone britannique vient rappeler la place de la culture du *music-hall* dans une armée anglaise d'origine essentiellement urbaine ; là, des harmonicas voisinent avec l'équipement réglementaire des soldats allemands ; ailleurs, la flûte de l'écrivain Georges Duhamel trône sur sa cantine de médecin du front... Non, l'angle mort s'ouvre ailleurs : c'est dans les perspectives de *recherche* que le fait musical n'a pas été intégré. La raison en est fort simple : la responsabilité en incombe à la fois aux historiens et aux musicologues. Elle a trait d'une part à l'absence de toute maîtrise du langage musical par les historiens. Ceux réunis autour du concept de « culture de guerre » ont, eux-mêmes, cédé à la crainte d'aborder un art réfractaire à toute approche non spécialisée. Sur ce point, l'effort historique a été faible, là où dans d'autres domaines comme ceux de l'image ou de l'objet – qui, il est vrai, ne dressent pas de telles barrières – il fut au contraire très intense. Outre que tout un pan de l'univers sensible s'est trouvé ainsi laissé de côté, force est de constater qu'un tel évitement n'a été ni pensé, ni compensé au plan historiographique. La démarche de nombre de musicologues constitue l'autre versant de cette responsabilité. Non conscients de la qualité de la musique comme source susceptible de contribuer à l'écriture de l'histoire, ils se sont longtemps contentés d'examiner le contexte pour éclairer l'objet de leur spécialité, sans s'interroger inversement sur ce que la musique peut apporter à l'histoire dont elle est l'un des reflets. Cependant, dans un récent numéro du *Mouvement social* consacré à l'interlocution entre « musique et politique », l'historien Christophe Prochasson se félicitait que la « musicologie [se soit] progressivement désencastrée d'un internalisme qui assurait aux musicologues patentés un monopole sur l'histoire de la musique », et ce, au profit d'une « histoire socio-culturelle » selon lui en plein développement[1]. Les manifestations de ce tournant disciplinaire sont multiples, et vont bien au-delà de la situation française. L'étude du phénomène guerrier paraît touchée à son tour par ce « rapprochement des historiographies ». La constitution en 1995 d'un groupe de recherche pluridisciplinaire associant musicologues et historiens pour entamer l'étude de la vie musicale en France pendant la Seconde Guerre mondiale en fut sans doute l'une des premières initiatives. Selon une progression chronologique paradoxalement à rebours, la Première Guerre mondiale suscite maintenant l'attention, comme le montrent les contributions des auteurs réunies dans ce volume[2]. Déjà l'ouvrage de Glenn Watkins paru en 2003, les travaux d'Esteban Buch, Michel Duchesneau, Jane F. Fulcher,

---

1. Christophe Prochasson, « Musique et politique : nouvelles approches », *Le Mouvement social*, n° 208 (juillet-septembre 2004), p. 4.
2. Ce livre a pour point de départ les communications prononcées lors de deux journées d'études : « Musique et musiciens dans la Grande Guerre » (Dax, 6 mai 2005), et « Musique et guerre (1914-1918) » (Historial de la Grande Guerre, Péronne, 9 juin 2007).

Sophie-Anne Leterrier ou Carlo Caballero[3], entre autres, ont posé les repères d'une telle recherche, collective par la force des choses et sans doute appelée à s'étendre, si l'on peut dire, à d'autres fronts thématiques, autrement dit d'abord aux deux conflits mondiaux conjugués, ensuite à d'autres guerres.

L'histoire de la musique pendant la Grande Guerre, tout comme l'impact de cette dernière sur la vie musicale après la fin des hostilités, restent pourtant mal connus, au-delà de quelques constats et quelques hypothèses globales. Une certaine musicologie et maints ouvrages de vulgarisation d'histoire de la musique font volontiers de cet événement le portail du XXe siècle, quitte à voir dans des épisodes d'avant-guerre tels que la création scandaleuse du *Sacre du printemps* à Paris en 1913, autant de signes avant-coureurs de la déflagration. Mais cette affirmation générale est rarement étayée par un examen des pratiques musicales elles-mêmes, et le plus souvent, elle est posée dans des termes qui, d'un point de vue historiographique, restent soumis à caution, dans la mesure où le caractère inaugural de la guerre pour le temps présent devient le pivot d'une appréhension de la temporalité historique dans l'ensemble des champs spécialisés qui, presque par définition, se dérobe à toute épreuve de validation empirique. C'est le but de ce livre que de commencer à combler une telle lacune.

L'intérêt musicologique et historiographique du sujet est en effet considérable, qu'on l'aborde du point de vue des individus ou de celui des institutions. Pour les combattants, l'oreille fut un organe constamment en éveil : dans certains cas elle leur apprit, à leur corps défendant, la nouveauté technique du conflit ; d'autres fois, elle fut avertisseur du danger, mais aussi lien avec la poésie de la nature. Elle permit à beaucoup d'entretenir, sous la forme d'activités musicales développées dans des conditions précaires, un lien avec leur part d'humanité. Pour le modeste amateur autant que pour le virtuose, la musique a été salvatrice, au même titre que l'écriture ou que toute autre pratique artistique. Dédaigneux des idéologies, les musiciens combattants témoignent, par les programmes de leurs concerts, de leur respect inaliénable pour les grands chefs-d'œuvre, fussent-ils « boches ».

3. Voir Glenn Watkins, *Proof through the Night. Music and the Great War*, Berkeley (CA) : University of California Press, 2003. Esteban Buch, « "Les Allemands et les Boches" : la musique allemande à Paris pendant la Première Guerre mondiale », *Le Mouvement social*, n° 208 (juillet-septembre 2004) « Musique en politique », p. 45-69. Esteban Buch, « Vincent d'Indy et la Première Guerre mondiale : *Sinfonia brevis de bello gallico* », *Vincent d'Indy et son temps*, sous la direction de Manuela Schwartz, avec la collaboration de Myriam Chimènes, actes du colloque tenu en septembre 2002 à la Bibliothèque nationale de France, collection Musique-Musicologie, Liège : Mardaga, 2006, p. 21-35. Michel Duchesneau, « La musique française pendant la Guerre 14-18. Autour de la tentative de fusion de la Société nationale de musique et de la Société musicale indépendante », *Revue de musicologie*, t. LXXXII, n° 1 (1996), p. 123-153. Jane F. Fulcher, « The Composer as Intellectual: Ideological Inscriptions in French Interwar Neoclassicism », *The Journal of Musicology*, XVII/2 (printemps 1999), p. 197-230. Carlo Caballero, « Patriotism or Nationalism ? Fauré and the Great War », *Journal of the American Musicological Society*, LII/3 (automne 1999), p. 593-626. Sophie-Anne Leterrier, « Culture de guerre et musique nationale. La musique française dans la Grande Guerre », *Chefs-d'œuvre et Circonstances*, programme des trois concerts organisés à Arras les 9 et 10 novembre 2000 et à Vimy le 11 novembre 2000, Arras : Archives départementales du Pas-de-Calais, 2000, p. 15-38.

À l'arrière, le caractère rituel des pratiques musicales – à commencer par le concert – donna aux discussions sur l'engagement et le patriotisme une traduction pratique directe, dont témoignent la réorganisation de la vie musicale et parfois même la création d'institutions. Au même moment, et dans l'autre sens de l'articulation entre musique et société, les impératifs idéologiques de l'heure tels que, en France, l'exigence de l'Union sacrée et le rejet global de la culture allemande, ne furent pas sans influence sur des situations purement internes au milieu musical. Enfin, dans de nombreux pays engagés dans le conflit, la Grande Guerre mit les compositeurs face à une véritable alternative esthétique et morale, entre la culture de la « musique pure » et la production d'une musique politique que certains envisagèrent comme une forme de combat, souvent d'ailleurs pour essayer de pallier leur absence des champs de bataille réels.

Parmi tous les angles morts récemment éclairés par la recherche, le fait musical s'avère extraordinairement riche en enseignement sur les mentalités, les modes de vie et les efforts de survie des hommes en guerre. C'est précisément la multiplicité des manifestations de la guerre dans le champ musical, et de la musique dans le champ de bataille, que le présent volume, axé sur la France sans toutefois exclure le cas d'autres nations, veut contribuer à saisir.

Le bruit de la guerre

Carine Trevisan

Pour Pierre Pachet

Étudier l'environnement sonore dans les témoignages des combattants de la Grande Guerre suppose d'ouvrir un nouveau champ historique. Auprès de l'histoire des mentalités, des sensibilités, des émotions, de « la manière dont, en un temps donné, s'éprouvent les souffrances et les plaisirs[1] », une telle étude touche à ce qui serait une histoire des sensations, ou du moins à une interrogation sur la façon dont certaines expériences historiques extrêmes se présentent comme l'épreuve de sensations inédites, où l'appréhension de l'environnement et du corps propre est modifiée, parfois durablement.

De façon étonnante, on a prêté peu d'attention à ce qui fut sans doute l'une des expériences sensorielles les plus intenses des combattants de cette guerre : la perception de sons inouïs. Inouïs non seulement par leur intensité (« jamais nous n'avons entendu tant de bruit[2] »), leur durée (« voilà 4 jours que nous sommes bombardés[3] »), mais aussi par de nouvelles façons, frénétiques, d'utiliser les armes. Ainsi, chez André Pézard, ce commentaire sur ce que les soldats pensent être une invention nouvelle, le canon-revolver : « ils ne savent pas que deux ou trois explosions coup sur coup ne peuvent pas venir du même canon[4]. » Inouïs aussi sans doute parce que la plupart des soldats mobilisés étaient des paysans, sans expérience du monde industriel, même si les sons de la guerre, tout en en provenant et en s'y rattachant, ne se résument pas à ce monde. Ainsi, c'est tout un univers sonore qui se trouve bouleversé : « les mille bruits normaux de la campagne[5] » ont ici cessé, note Élie Faure, qui, lorsqu'il évoque les nouvelles sensations auditives,

1. Alain Corbin, *Le Territoire du vide, l'Occident et le désir du rivage (1750-1840)*, collection Champs, Paris : Flammarion, 1990, p. 7.
2. Léon Werth, *Clavel soldat*, préface de Stéphane Audoin-Rouzeau, [Paris] : Viviane Hamy, 2005, p. 133.
3. André Pézard, *Nous autres à Vauquois, 1915-1916*, préface de Jean-Charles Jauffret, collection Témoins et témoignages, Nancy : Presses universitaires de Nancy, Paris : Secrétariat d'État chargé des anciens combattants et victimes de guerre, 1992, p. 293.
4. Pézard, *Nous autres à Vauquois*, p. 152.
5. Élie Faure, *La Sainte Face*, puis *Lettres de la Première Guerre mondiale*, préface de Carine Trevisan, Paris : Bartillat, 2005, p. 39.

écrit : « Cent pièces hurlent tout autour dans un cercle de trois cents mètres, trois cents dans un cercle d'un kilomètre, mille dans un cercle de trois kilomètres de rayon. [...] On a la sensation d'être au milieu d'une usine géante dont le travail ne s'arrête jamais[6]. »

Ces sensations sont massivement présentes dans les écrits des combattants, qui tentent d'en rendre compte au plus près, au prix parfois d'une dislocation de la langue et de rapprochements inattendus. Ainsi, dans un texte d'une écriture très tenue, le déferlement soudain d'onomatopées : « Des balles passent au-dessus de nos têtes. Dans l'air de plus en plus limpide de gelée, on entend s'effiler leur sifflement dur, cristallin ; il tinte longuement, très très loin, tantôt aigu, tantôt trouble, tantôt chantant Pzzz... Pivv !!!... Piiioùùù... Piiiii... Tsac ! Tac[7] ! »

On songe ici aux manifestations dadas du cabaret Voltaire, qui s'efforcent de mimer les bruits de la guerre, notamment *La Plainte des morts* (*Totenklage*) d'Hugo Ball. Elles seraient le « reflet de l'apocalypse où plongeait peu à peu le monde extérieur, l'écho des clameurs échangées d'un camp à l'autre au-dessus des champs de bataille[8] ».

Ces bruits sont en réalité le plus souvent approchés de façon oblique. Soit par des emprunts qui, ramenant l'inconnu au connu, visent peut-être à atténuer ce qu'ils ont d'inquiétant. Pierre Schoentjes[9] a ainsi relevé les fréquentes références aux phénomènes naturels (la « pluie d'obus », « l'averse de mitraille », les célèbres « orages d'acier »), au monde animal (la balle « miaule », les canons « aboient »), et plus particulièrement aux insectes (bourdonnements de mouches, d'abeilles, de guêpes). Soit, à l'inverse, par la convocation de comparaisons ou métaphores déroutantes, qui accentuent l'effet d'étrangeté de ces sons (ne rappelant rien de ce que l'on connaît) : « Le soir dans la nuit bleue glissent des obus [...]. On dirait qu'ils viennent de nulle part et ne tombent nulle part ; qu'ils naissent de l'ombre et s'y fondent. Ils tissent dans l'air des toiles d'araignées amincies et lisses qui s'étirent comme des écharpes, et chantent, soyeuses, sous la voûte de velours », écrit André Pézard[10]. Ou, cette évocation du canon chez Élie Faure, où la périphrase descriptive qui, refusant de désigner la chose par son nom et de nous familiariser ainsi avec elle, produit un effet de dépaysement rendant sensible la brutalité de l'expérience :

> Le terrible jouet [...] est admirable à voir vivre, avec son long et mince cou tendu, son petit museau rond dressé, sa barbiche à deux pointes, son accroupissement sur la queue dure et les deux pattes repliées où le métal élastique bande ses muscles toujours prêts. Quand il veut tuer, il jette un cri terrible, comme un déchirement de fer d'où jaillit une flamme brusque, il hésite un quart de seconde, puis se tasse en arrière comme pour reprendre son élan, revient sans hâte en avant, [...] hurle encore et crache du feu. Ainsi, dix fois, cent fois, mille fois, [...] son cri de fer qu'il précipite et qui devient, quand son gosier s'échauffe, plus rauque et plus rageur. Quand il

6. Faure, *La Sainte Face*, p. 201.
7. Pézard, *Nous autres à Vauquois*, p. 40.
8. Michel Sanouillet, *Dada à Paris*, Paris : Flammarion, 1993, p. 18.
9. Voir Pierre Schoentjes, *Fictions de la Grande Guerre*, Paris : Garnier, 2008, p. 87.
10. Pézard, *Nous autres à Vauquois*, p. 330.

retombe au repos, tout d'un coup, après des heures de tuerie, la digestion de toute cette chair ne semble pas le fatiguer[11].

Il est frappant que ce soit dans les moments où les textes tentent de se tenir au plus près de ce qu'a pu être la force disruptive de l'événement sonore, réputée innommable, qu'ils sont les plus inventifs et qu'ils touchent parfois paradoxalement au sublime, au sens de Burke, à savoir ce qui produit une horreur délicieuse (*delightful horror*).

L'importance accordée par les témoins à la saisie des bruits peut s'expliquer par un souci de transmission : c'est de cette expérience sensorielle dont est particulièrement privé (ou épargné) l'arrière, qui n'a souvent que des images du front, les plus spectaculaires paraissant dans le journal *Le Miroir*, publication hebdomadaire dont le sous-titre est : « Le *Miroir* paie n'importe quel prix les documents photographiques relatifs à la guerre, présentant un intérêt particulier. » Or, cette guerre est principalement faite de bruits : s'approcher des zones de combat, c'est, avant de voir, entendre... Avant d'être une expérience visuelle, c'est celle d'une immersion progressive dans le bruit.

Je m'attacherai plus particulièrement à trois aspects :

– la perception des bruits comme une nouvelle façon de s'orienter dans l'espace et dans le temps (ils sont lointains ou proches, ont un rythme ou non, sont prévisibles ou imprévisibles) ;
– la tonalité affective ou émotive du bruit (très souvent menaçant, hostile, il est comme l'accompagnement de la peur, d'états de sidération) ;
– le bruit dans son rapport à la pensée (le bruit détruit souvent l'espace dont la pensée a besoin).

Enfin, je tenterai de conclure sur ce que cette expérience devient ensuite, où elle se loge dans la personne, dans quelle caverne, grotte ou crypte.

La folle dislocation des bruits

Notons tout d'abord que, dans la cacophonie de cette guerre, où ont été utilisés des engins meurtriers particulièrement assourdissants, les sons de guerre ritualisés perdent de leur importance : le tambour et la cloche, qui annoncent la mobilisation ; la clique, qui exalte encore Drieu La Rochelle, et dont il a une écoute fascinée, déjà fascisante. Évoquant la marche de son régiment à Marseille, il écrit :

> Tout prend un sens dans ce boulevard, tout va dans un sens [...] l'œil fixé sur ton but, tu trouves ton rythme. Un rythme c'est énorme, ça suffit. Le premier rythme qui passe [...] Tout ce rythme affolé des usines, du port, des bordels, de la police, des hôpitaux, des cafés, des familles, se tassait dans le rythme de notre clique[12].

11. Faure, *La Sainte Face*, p. 94-95.
12. Pierre Drieu La Rochelle, *La Comédie de Charleroi*, collection Folio, Paris : Gallimard, 1982, p. 141-142 (*Le Voyage des Dardanelles*).

De fait, si Drieu ne cesse de dire son désenchantement face aux nouvelles conditions du combat en 14, guerre de masse et de matières, abominablement moderne, qui « détruit toutes les valeurs viriles[13] », la nostalgie de ce qu'il nomme la « guerre éternelle » insiste, et il tente d'en repérer les résidus ténus, au prix parfois d'une déformation de la perception. Ainsi, lorsqu'il entendra pour la première fois du jazz dans les tranchées, avec l'arrivée des troupes noires américaines en 1917, il l'assimilera, de façon étonnante, à une musique militaire, confondant la batterie et les tambours, « terribles instruments de guerre[14] » : « il bat au cœur du monde, le tambour de ces nègres[15]. »

En réalité, la clique n'est que très rarement évoquée, et le rythme se défait dans une cadence chaotique (l'expression de « bruits pressés » revient constamment chez Genevoix). Ainsi, dans *Clavel soldat* : « les clairons ne sonnent plus, les tambours ne battent plus[16]. » Dans le même texte, le tambour-major est désormais sans emploi. La force d'entraînement de la musique militaire, dont la fonction était d'éveiller les ardeurs belliqueuses des peuples après avoir eu pour but d'éveiller celles des soldats jusque sur le champ de bataille au temps du fusil à poudre[17], se délite face à la puissance acoustique des nouvelles armes. Le tambour-major se tait. Il n'est plus qu'une « une sorte d'appareil enregistreur du canon » : « Quand les obus tombent, il est muet. Et rien ne peut alors exprimer sa concentration dans le silence. On dirait qu'il s'y réfugie, qu'il s'y enfouit. Et, couché, il semble demander pardon aux obus. Quand il n'y a pas d'obus, il prononce des paroles incohérentes, d'une voix sourde[18]. »

Si, entendu de loin, pour reprendre les termes d'Élie Faure, le bruit du canon « symbolise l'harmonie grandiose de la guerre » (« On sort pour y prêter l'oreille [...]. Sa croissance, sa décroissance, ses reprises montent, descendent [...]. On voit ses volumes sonores. Ils forment des architectures qui roulent dans l'univers sphérique [...]. Le tremblement des murs et le frémissement des vitres brodent, sur ses volutes moutonnantes, des vibrations qui les prolongent et font une onde ininterrompue entre elles et l'intimité de l'esprit[19] »), de près, cette harmonie se défait : « L'éclat strident des instruments trop proches déchire en lambeaux agressifs et coupés les uns des autres l'orage symphonique déchaîné[20]. » La guerre serait ainsi l'expérience d'une cacophonie, d'une « folle dislocation des bruits[21] », ou, pour reprendre les termes de Léon Werth, « une pétarade dramatique », un « théâtre de fous bruyants[22] ».

13. Pierre Drieu La Rochelle, *Socialisme fasciste*, Paris : Gallimard, 1934, p. 137.
14. Drieu La Rochelle, *La Comédie de Charleroi*, p. 110 (*Le Chien de l'écriture*).
15. Pierre Drieu La Rochelle, *Fond de cantine*, Paris : Gallimard, 1920 (« Jazz »).
16. Werth, *Clavel soldat*, p. 181.
17. Voir Didier Francfort, « La meilleure façon de marcher : musiques militaires, violence et mobilisation dans la Première Guerre mondiale », p. 17 du présent ouvrage.
18. Werth, *Clavel soldat*, p. 203.
19. Faure, *La Sainte Face*, p. 121.
20. Faure, *La Sainte Face*, p. 201.
21. Pézard, *Nous autres à Vauquois*, p. 177.
22. Werth, *Clavel soldat*, p. 89.

Qu'est-ce qui cause le bruit des projectiles dans leur vol ?

Les combattants ont eu très rapidement le souci d'apprendre à distinguer ces bruits – « chaque son a sa signification dans notre esprit[23] » –, à les échelonner, afin d'identifier les projectiles. Ainsi, Jean Norton Cru : « J'étudiai d'abord la technique élémentaire des armes pour résoudre les problèmes de la curiosité la plus immédiate. Qu'est-ce qui cause le bruit des projectiles dans leur vol ? Le chant modulé de l'obus, le son des balles qui semblent éclater[24] ? » Cette acuité auditive est d'autant plus vitale que, lorsque les projectiles sont proches, ils sont souvent invisibles : « J'ai relevé la tête, écrit Genevoix, automatiquement, dès la seconde qui a suivi l'explosion. Et voilà qu'une chose invisible passe en ronflant près de mon nez[25]. » Invisibilité fascinante en ce qu'elle est menace de mort : « les balles d'une mitrailleuse assourdissante [...] je suis pris d'une tentation irraisonnée de m'approcher de cette rafale mortelle, jusqu'à toucher cet invisible faisceau d'innombrables et minuscules lingots de métal, dont chacun peut tuer[26]. » Ainsi, moins on voit, plus on écoute.

Dans la désorientation très fréquente des soldats, leur errance, dans l'absence d'information, les bruits permettent de se repérer – « L'avance, le recul du bruit est le seul indice qui nous vient des fluctuations de la bataille. Rien dans les rares journaux qui nous arrivent[27] » – et surtout de repérer l'ennemi : « La fusillade de tout à l'heure [...] ça veut dire qu'un bataillon est passé de l'autre côté[28]. »

Le bruit change également la mesure du temps. Ce sont la dernière attaque, le dernier bombardement qui constituent désormais les points de repères dans le temps, repères qui « ne se renouvellent pas à intervalles fixes[29]. ». Le rythme se défait, la trame du temps se déchire, le soldat est comme englué dans le présent : « Dans ce bruit qui dure, égal aux bruits de choc d'écroulement et de tonnerre, les plus puissants parmi les bruits qui cessent vite, Clavel a le sentiment d'un temps, bien plus que d'un espace à franchir[30]. » Délié du passé et de l'avenir, ce présent carcéral devient comme un hors temps : sous les bombardements, le soldat vit « minute par minute, sans prévoyance, sans souvenance[31] ». Lorsque Clavel voit des rails qui pourraient le reconduire chez lui, il note : « la seule émotion qui lie à des souvenirs et des espérances. Les autres ne furent que des émotions

23. Max Deauville, *La Boue des Flandres et autres récits de la Grande Guerre*, lecture et choix de Pierre Schoentjes, Espace nord références, Loverval : Labor, 2006, p. 115.

24. Jean Norton Cru, *Témoins, essai d'analyse et de critique des souvenirs de combattants édités en français de 1915 à 1928*, collection Témoins et témoignages, Nancy : Presses universitaires de Nancy, 1993, p. 3.

25. Maurice Genevoix, *Ceux de 14*, Paris : Flammarion, 1990, p. 23.

26. Genevoix, *Ceux de 14*, p. 32.

27. Faure, *La Sainte Face*, p. 38.

28. Pézard, *Nous autres à Vauquois*, p. 69.

29. Werth, *Clavel soldat*, p. 297.

30. Werth, *Clavel soldat*, p. 135.

31. Pézard, *Nous autres à Vauquois*, p. 277.

de choc, des émotions par le bruit... Rien qui persiste, rien qui entre dans un homme et y prenne à jamais sa place[32]. »

Une balle, entêtée à me tuer

Le bruit est également ce qui provoque la peur, l'accompagne. On ne voit quasiment jamais l'ennemi, on entend des projectiles, qui sont comme une métonymie de l'ennemi. Chez Céline les balles sont personnifiées, douées d'une volonté propre : « De temps en temps, je ne savais d'où [...] une balle, comme ça, à travers le soleil et l'air me cherchait [...] entêtée à me tuer[33]. » Ou, chez Genevoix :

> Affreux bruit mat des balles qu'elles font lorsqu'elles frappent et s'enfoncent – un bruit qui fait tourner la tête et qui semble dire : « Tiens ! Regarde ! » Et ils regarderont ; ils verront le camarade s'affaisser ; ils se diront : « tout à l'heure peut-être ce sera moi ; dans une heure, dans une minute, pendant cette seconde qui passe, ce sera moi » et ils auront peur dans toute leur chair. Ils auront peur, c'est certain, c'est fatal[34].

Parler du bruit, le décrire, c'est en réalité dire la peur – l'une des expériences les plus difficiles à tenir sous la dépendance de la parole :

> Sous le canon, les hommes se taisent. Accroupis, ils semblent fixer on ne sait quoi, entre la pointe de leurs pieds. Parfois, un homme pose sur son voisin d'étranges yeux agrandis. On devine une interrogation, une prière aussi. Chacun est disposé à attribuer à tous les autres un mystérieux pouvoir de ne pas avoir peur, d'être invulnérable, et de se préserver de cette mort qui passe dans les airs et ne se laisse prévoir que par du bruit[35].

Sous les bombardements, dans la peur, l'homme est comme expulsé de lui-même, se faisant lui-même pur univers sonore : « Notre cœur nous déchirait d'explosions internes, ébranlait les parois de notre thorax pour s'échapper. La terreur nous frappait de suffocations[36]. » Et la fin du bruit laisse la place à un silence non apaisant, mais comme méduséen :

> Des détonations rares éclatent par-ci par-là, étonnamment sèches dans l'air engourdi et glacé. L'oreille les perçoit une à une ; mais entre elles, autour d'elles, semblant les menacer, les cassant net, le silence.
>
> Silence morne qui soudain s'abat comme une chape immense dont je sens la matière froide et lourde. Silence suppliant qui me semble voulu par quelque mystérieuse puissance de mal : l'angoisse est partout[37].

Silence de sidération, qui est celui des états semi-crépusculaires qui suivent toute commotion violente : « après les éclatements proches, qui ont remué la terre proche ou brisé un

32. Werth, *Clavel soldat*, p. 117.

33. Louis-Ferdinand Céline, *Romans I. Voyage au bout de la nuit, Mort à crédit*, collection Bibliothèque de la Pléiade, Paris : Gallimard, 1981, p. 19 (*Voyage au bout de la nuit*).

34. Genevoix, *Ceux de 14*, p. 88.

35. Werth, *Clavel soldat*, p. 91-92.

36. Werth, *Clavel soldat*, p. 75-76.

37. Genevoix, *Ceux de 14*, p. 47.

abri, c'est un affaissement. Il semble qu'on soit vidé de souvenirs. On est un corps où les émotions et les pensées dorment[38]. »

Notons que l'on peut observer des phénomènes inverses : non la sidération muette, mais au contraire l'ivresse du bruit, dans l'assaut, notamment, le désir, fou, de rivaliser avec le bruit des armes.

> Tout le monde tire. Chaque soldat [...] a la tête pleine du bruit que font à ses oreilles tous les lebels de la tranchée. Il ne voit rien d'autre, il n'entend rien d'autre ; et il tire [...]. Toutes ses idées coulent à la débâcle [...]. Il ne sait plus où il est. Il a conscience seulement que tout le monde tire autour de lui, qu'il se meut dans le bruit ; et il agit en automate [...], il fait sa part de bruit[39].

Il est frappant que très souvent la mention des bruits soit relayée, très longuement, par celle des visions (les effets des bombardements), comme si l'on pouvait plus facilement mettre en mots les perceptions visuelles (il est vrai que le temps du regard n'est pas le même que celui de l'écoute) : « le fracas des éclatements nous assourdit. Chaque fois qu'un obus tombe, c'est un éparpillement de gens qui courent en tous sens ; et, lorsque la fumée s'est dissipée, on voit par terre, faisant taches sombres sur le jaune sale des chaumes, de vagues formes immobiles[40]. »

Il y a également comme une tentative de pacifier le bruit, de le mettre à distance, en insistant sur sa monotonie : « Tout ce bruit, à la longue, engourdit [...]. On ne sursaute plus aux abois des "départs". On n'a plus dans la tête que cette espèce de mélopée interminable, qui décroît, rebondit, décroît encore puis rebondit, et finalement se fond en une rumeur immense et triste[41]. » Ou encore : « bombardements qui durent une heure, deux heures, 3 heures, 4 heures... C'est toujours la même chose, le même ennui, la même attente dans la même catastrophe. [...] Au début le canon excitait la curiosité. On comparait le shrapnell et le percutant, le bruit de l'arrivée et du départ. Maintenant [...] c'est le canon tout simplement[42]. »

Dans leur tête le fracas des bombardements

Le bruit ne laisse plus d'espace interne, nécessaire pour penser. Très souvent, le soldat ne réussit plus à se poser face à la chose. Il est, avec une rare violence, envahi par elle, confondu avec elle : « Ma tête est une marmite et mes pensées s'éparpillent comme des shrapnells[43]. »

---

38. Werth, *Clavel soldat*, p. 140.
39. Genevoix, *Ceux de 14*, p. 138.
40. Genevoix, *Ceux de 14*, p. 37.
41. Genevoix, *Ceux de 14*, p. 111.
42. Werth, *Clavel soldat*, p. 181.
43. Henri Fauconnier, *Lettres à Madeleine. 1914-1919*, préface de Roland Fauconnier, Paris : Stock, 1998, p. 70.

« J'ai dormi, malgré le canon dont j'entends, dont je sens le bruit dans mon sommeil, comme s'il était au centre de moi-même et que les parois de mon être fussent l'acier de l'engin[44]. »

Ce naufrage de la pensée se manifeste par celui de la parole articulée. L'excès de bruit conduit à une quasi-aphasie du soldat, dont le langage se réduirait, selon Brice Parain, à l'une des formes les plus pauvres de l'expression, la tautologie :

> Demandez [...] aux jeunes gens qui reviennent d'une guerre de construire une phrase sur la guerre. Ils ne le peuvent pas. Au seul nom de guerre ils entendent autour d'eux et dans leur tête le fracas des bombardements, ils voient des morts déchiquetés, [...] ils sentent un vide à la place de leur pensée, ils sont incapables de lier un mot à un autre [...] ; ils renonceront à en donner une image pour répondre finalement d'un air stupide : « la guerre c'est la guerre. Allez-y voir[45]. »

D'où la tentative de s'évader vers d'autres univers sonores ou de mobiliser d'autres sens. Ainsi l'écoute du chant des oiseaux : « Au petit matin, on n'entend plus ni le canon ni la voix des hommes, mais un bondissement en cercle dans l'espace de chants d'oiseaux se jetant leurs cris, se les renvoyant en mouvement perpétuel [...]. Soudain, Clavel éprouve l'irrésistible besoin de regarder, par-dessus la tranchée, le bois délavé par la pluie [...]. Risque absurde mais qu'il a voulu. Volupté d'une minute[46]. »

Ou chez Genevoix, l'enchantement d'une perception auditive qui forme comme un contrepoint aux sons disloqués de la guerre :

> J'approchais de nos tranchées [...] lorsqu'un son étrange m'a cloué sur place. C'était un chant léger, aérien, transparent comme le ciel d'où ses ondes venaient vibrer jusqu'à nous. Il avait des ailes ce chant ; il planait très haut [...]. Il y avait des moments où il semblait s'éloigner, faiblissant, perceptible à peine ; puis il reprenait, plus net, toujours limpide et presque immatériel. Un souffle de vent s'enfla, courut sur les feuillages ; et avec lui volèrent jusqu'à nous, très vite avant de s'être dispersés à l'étendue, quelques tintements bien détachés qui firent battre mon cœur à coups violents : c'étaient les cloches d'un village qui sonnaient.
>
> Et je restai là, immobile, écoutant la chanson des cloches éparses sur ces bois où des hommes s'épiaient les uns les autres, jour et nuit, et cherchaient à s'entretuer[47].

Chez Pézard, ce sont la remémoration de poèmes ou de mélodies (les valses de Chopin). Après un bombardement, il « fredonne doucement la douce chanson de Verlaine : "le ciel est par-dessus le toit, si bleu si calme"[48] ». Convoquée à plusieurs reprises dans le texte, la valse de Chopin conclut le livre : il en espère le retour, comme il aurait « parfois, désiré la fin de la guerre, pour entendre seulement un peu d'harmonie[49] ».

44. Faure, *La Sainte Face*, p. 131.
45. Brice Parain, *Recherches sur la nature et les fonctions du langage*, collection Idées, Paris : Gallimard, 1972, p. 52-53.
46. Werth, *Clavel soldat*, p. 246.
47. Genevoix, *Ceux de 14*, p. 134.
48. Pézard, *Nous autres à Vauquois*, p. 126.
49. Pézard, *Nous autres à Vauquois*, p. 365.

C'est quelquefois l'extrême concentration sur un autre sens que celui de l'ouïe qui permet de résister à l'assaut sonore. Genevoix se trouve près d'une racine énorme : « J'en palpe les rugosités, m'ingénie à y graver de l'ongle, patiemment, un cercle parfait. Et j'arrive, au bout de quelques minutes, à m'absorber si complètement que les souffles stridents et les éclatements des obus me laissent calme, presque détaché[50]. »

Jamais encore tu n'as entendu ça

Les phénomènes les plus spectaculaires sont ceux d'une métamorphose des bruits hostiles par l'écriture, qui les musicalise et produit comme un sentiment de triomphe sur le danger de mort. Ainsi, évoquant le bruit d'une balle, Pézard écrit : « c'était une note liquide et divinement unie, telle une ride mince sur une eau limpide ; c'était une note ni gaie, ni triste, mais froide comme la nuit de gel, et si fine qu'elle s'insinuait dans le silence cristallin, comme on voit luire une fêlure fugitive [...]. L'écho en aiguise encore mes lèvres par un sifflotement très aigu, très long, très clair. » Cela se prolonge par des airs chantés : « aujourd'hui encore je berce encore ma tristesse au rythme lentement apaisé, à la monotonie consolante [de] deux notes, qui tour à tour s'élèvent et s'abaissent, comme une poitrine où s'endorment des sanglots[51]. »

Il est frappant que dans ce texte apparaissent à plusieurs reprises des extraits de partitions musicales.

Dans un texte très énigmatique, *Le Merle*, Musil fait d'une sensation auditive de guerre une expérience quasi religieuse. Le récit de guerre est inséré parmi deux autres récits évoquant le chant, l'appel, d'un merle imitant un rossignol, qui aurait bouleversé à deux reprises l'existence du narrateur. Musil se trouve sur le front du Tyrol du sud :

> À ce moment, les yeux levés, en extase, j'entendis un léger tintement qui se rapprochait de mon visage. Il est possible, bien entendu, que ç'ait été l'ivresse, c'est-à-dire que j'aie d'abord entendu le tintement et, seulement après, compris l'imminence d'un danger ; mais aussitôt je me dis : une « flèche volante » ! C'étaient des tiges de fer acérées [...] que les avions lâchaient alors sur l'ennemi : touchaient-elles le crâne, on pouvait compter ne les voir ressortir qu'aux pieds ; mais elles touchaient rarement, et on a eu vite fait d'y renoncer. [...] C'était ma première « flèche volante » ; [...] les bombes et les balles de mitrailleuse font un tout autre bruit [...]. C'était une haute note ténue, chantante, simple, comme quand on fait vibrer le bord d'un verre, mais avec un élément d'irrégularité ; jamais encore tu n'as entendu ça, me disais-je. Et ce son était dirigé sur moi ; j'étais en liaison avec lui, et je ne doutai pas que quelque chose de décisif pour moi dût se produire [...] j'étais convaincu que dans la minute qui venait, j'allais sentir la présence de Dieu dans la proximité de mon corps. Ce n'est pas peu de chose tout de même pour quelqu'un qui a cessé de croire en Dieu à l'âge de huit ans[52].

50. Genevoix, *Ceux de 14*, p. 185.
51. Pézard, *Nous autres à Vauquois*, p. 436.
52. Robert Musil, *Œuvres pré-posthumes*, traduit de l'allemand par Philippe Jaccottet, Paris : Seuil, 1965, p. 175-177.

Ce chant ténu est comparé plus haut à « un rayon de vie, infini comme celui de la mort qui descendait ». La perception de ce son produit comme de l'ivresse et est assimilée à une sorte de révélation : « chaque fois que j'y pense, je voudrais revivre encore une fois, en plus clair, une expérience analogue. »

Texte très énigmatique, donc, qui peut s'entendre comme, dans l'extrême concentration sur une sensation auditive ténue, l'annonce de sa propre mort, une *élection* par l'ouïe – d'autant plus exaltante que l'auteur n'a pas été touché par la flèche.

Cette expérience extatique d'une élection peut apparaître comme l'envers de celle décrite par nombre de soldats : le hasard de la rencontre entre un projectile et un corps (« On est un point. Coïncidera-t-il ou non avec le trajet d'une balle ou d'un obus ? Ne coïncide-t-il pas déjà avec le trajet encore virtuel qui tout à l'heure, demain, dans un mois, suivra l'obus ou la balle[53] ? »). D'où la modification de la perception du corps propre : « une attention toute neuve, dont jamais auparavant Clavel n'avait usé, prend conscience en lui de tous les points de son corps, de tous ces points où peut frapper une balle[54]. »

La sublimation par l'écriture trouve une expression frappante chez Céline. Après un choc à la tête (qui a été à l'origine de la légende de sa trépanation), l'auteur a souffert sa vie durant d'acouphènes[55]. Ainsi dans un entretien consécutif à la parution de *Voyage au bout de la nuit*, en 1934 : « Quand je vous parle en ce moment, j'ai un train dans l'oreille gauche [...]. Il arrive, il s'arrête, il repart. Ce n'est plus un train maintenant, c'est un orchestre. Cette oreille est perdue. Elle n'entend plus que pour me faire souffrir. Je ne peux presque pas dormir[56]. »

Il n'aura de cesse de revenir sur ces vrombissements internes. Dans *Mort à crédit* : « Fièvre ou pas, je bourdonne toujours et tellement des deux oreilles que ça peut plus m'apprendre grand-chose. Depuis la guerre ça m'a sonné. Elle a couru derrière moi, la folie... tant et plus pendant 22 ans. C'est coquet. Elle a essayé quinze cents bruits, un vacarme immense[57]. » Puis dans *Guignol's band II* : « L'oreille me relance, me bourdonne ! et quels sifflets ! tambours ! cuivres ! vapeurs fusantes ! jeux d'usine ! Tout mon bastringue vacarme en tête ! Je suis tout orage et j'entends rien... Je suis malheureux par mon oreille[58]. »

Comme l'a montré Philippe Roussin[59], ces acouphènes seraient, selon Céline, à l'origine de la dramatisation de l'énonciation dans son écriture, écriture heurtée, faite d'ellipses,

53. Werth, *Clavel soldat*, p. 100.

54. Werth, *Clavel soldat*, p. 67.

55. Bourdonnements et sifflements intensifs ininterrompus perçus uniquement par la personne qui en est atteinte, s'accompagnant de vertiges.

56. *Cahiers Céline*, 1 (1976), p. 30.

57. Céline, *Romans I*, p. 536 (*Mort à crédit*).

58. Louis-Ferdinand Céline, *Romans III*, édition présentée, établie et annotée par Henri Godard, collection Bibliothèque de la Pléiade, Paris : Gallimard, 1988, p. 398 (*Guignol's band II*).

59. Philippe Roussin, *Misère de la littérature, terreur de l'histoire, Céline et la littérature contemporaine*, collection N.R.F. essais, Paris : Gallimard, 2005.

de phrases syncopées, d'onomatopées, de points de suspension, d'exclamatives, à l'origine de son « style télégraphique[60] ».

L'écriture de Céline serait née des chocs de la guerre. Ce qu'il appelle « le style "rendu" émotif » – « mon truc à moi, c'est *l'émotif*[61] ! » –, style qui en fait l'un des écrivains les plus inventifs du XXe siècle, aurait trouvé son rythme, son impulsion dans l'expérience traumatique du bruit : « cette façon d'écrire ! la mienne ! » ; « les déflagrations du monde ! [...] depuis 14, à vrai dire... novembre 14... broum[62] ! »

On peut considérer cela comme une fable, un désir d'enraciner l'écriture dans la pathologie de la guerre, en même temps que de la défier : le bruit se fait musique. « Imaginez-vous la musique sans points de suspension[63]. » Et l'auteur cherche à entrer « dans la tête » de son lecteur, comme les bruits de la guerre sont définitivement encryptés dans la sienne : « Le lecteur qui me lit ! il lui semble, il en jurerait, que quelqu'un lui lit dans la tête ! [...] pas simplement à son oreille !... non !... dans l'intimité de ses nerfs ! en plein dans son système nerveux ! dans sa propre tête[64] ! »

Je conclurai sur le rappel qu'il n'existe aucun enregistrement des bruits de cette guerre. Ils ont tous été reconstitués[65]. Nous ne pourrons jamais savoir de quoi ils étaient faits.

Nous songeons ici à la belle fable rabelaisienne des paroles gelées. Pantagruel arrive aux confins de la mer glaciale où fut livrée une bataille :

> Les paroles et les cris des femmes et des hommes, la rencontre des masses, le heurt des armures, des bardes, les hennissements des chevaux et toutes les autres clameurs du combat gelèrent en l'air. À cette heure, la rigueur de l'hiver étant passée, le temps étant redevenu doux et serein, elles fondent et sont entendues.
>
> Quand elles fondirent ensemble, nous entendîmes [suit une série d'onomatopées] goth, magoth et je ne sais quel mot barbare ressemblant aux bruits des hennissements des chevaux à l'heure du combat ; puis nous en entendîmes d'autres grosses, qui en dégelant, rendaient un son, les unes comme celui des tambours et des fifres, les autres comme celui des trompettes et des clairons.
>
> Croyez que nous eûmes de cela un bon passe-temps[66].

60. Céline emprunte l'expression au psychiatre Arnold Pick, qui le définit de la façon suivante : « absence de tous les mots qui ne sont pas indispensables, manifestant une détresse verbale ». Cité dans Roussin, *Misère de la littérature*, p. 73.
61. Louis-Ferdinand Céline, *Entretiens avec le professeur* Y, Paris : Gallimard, 1983, p. 34.
62. Cité dans Roussin, *Misère de la littérature*, p. 72.
63. Céline, *Entretiens avec le professeur* Y, p. 96.
64. Céline, *Entretiens avec le professeur* Y, p. 99.
65. Je remercie Laurent Véray, auteur du documentaire-fiction *L'Héroïque cinématographe* (2003), de ces informations. Les bruits qui constituent la bande-son de cette œuvre ont été reconstitués en 1931 par Léon Poirier (avec d'autentiques armes de la guerre) ; ceux qu'on entend dans le documentaire *En Somme* (2006, notamment un tir de canon et l'explosion d'une mine) ont été « fabriqués » par le musicien Martin Wheeler.
66. François Rabelais, *Le Quart Livre* (chapitre VI).

La meilleure façon de marcher : musiques militaires, violence et mobilisation dans la Première Guerre mondiale

Didier FRANCFORT

L'enregistrement récent, par le Quatuor Kocian[1], de *Militärminimax*, œuvre composée en 1923 par Paul Hindemith qui fut enrôlé comme « mousquetaire » puis incorporé dans le 222e régiment d'Infanterie et ne fut démobilisé que le 5 décembre 1918, met bien en évidence le jugement très critique que la génération sacrifiée par la guerre a pu porter sur la musique militaire. La parodier, c'est une façon de combattre la violence et la guerre. Le quatuor à cordes imite les cuivres. La caricature vise non seulement une musique responsable d'avoir contribué à la mobilisation violente de la société allemande, mais aussi tous les vestiges d'un ordre social ayant conduit à la guerre. Le titre du quatuor, composé en juillet 1923, évoque le mariage récent du prince de Fürstenberg (Max) et de la comtesse Wilhelmine (Mini).

La chose est entendue, depuis que Clemenceau a su la formuler : l'adjectif « militaire » fait perdre son sens à tous les mots. Ainsi, la justice militaire n'est pas la justice, la musique militaire n'est plus de la musique. On ne considère plus les marches militaires comme une musique comme les autres, mais comme une forme de sous-musique, intervenant non pour adoucir les mœurs, mais au contraire pour éveiller le caractère belliqueux des peuples. Les marches militaires auraient ainsi contribué à préparer les opinions et surtout les sensibilités à la Grande Guerre et à la violence. L'hypothèse conduit à attribuer à la musique une force attractive qui peut différer selon ses qualités propres, en particulier selon ses qualités rythmiques, et selon les cultures nationales[2] dans lesquelles

1. Voir *Minimax*, Paul Hindemith, Kocian Quartet (Pavel Hůla, violon, Jan Odstrčil, violon, Zbyněk Paďouzek, alto, Václav Bernášek, violoncelle), 1 disque compact, Praga PRD 350036, ℗ 2007, enregistré à Genève le 17 novembre 1995.
2. Voir Didier FRANCFORT, *Le Chant des nations. Musiques et cultures en Europe (1870-1914)*, Paris : Hachette littératures, 2004.

elle s'intègre. En observant et en analysant l'état des marches militaires dans les pays qui entrent dans le conflit mondial, on pourrait ainsi mesurer le degré de mobilisation, de violence latente des différentes nations. Les marches militaires seraient ainsi un indice. Plus un peuple marche au pas, mieux il marche au pas, plus il est prêt à combattre. Il nous semble nécessaire, pour commencer, de discuter une telle affirmation en essayant de distinguer la réelle efficacité des musiques militaires, dans les différentes sociétés, des accusations portées contre l'ennemi supposé avoir été poussé de manière aveugle dès avant guerre par un *drill* constant (forme répétitive d'entraînement) dont la musique militaire a été un élément capital.

Si dans les combats eux-mêmes, les marches militaires ne se font pas toujours entendre, la Grande Guerre est l'occasion, dans le chemin vers le front, dans la vie musicale du front domestique, dans les défilés d'entrée en guerre ou de célébration de la victoire, de rapprochements entre traditions musicales différentes. Les marches militaires sont alors dans un processus de mutation. De nouvelles œuvres sont créées, des emprunts, des adaptations et des parodies se multiplient. Ce sont ces créations de la Grande Guerre que nous verrons ensuite pour nous interroger sur l'après-guerre et sur la façon dont les marches militaires s'adaptent à des processus de démobilisation culturelle ou, au contraire, contribuent à ralentir ce processus en maintenant, dans l'exaltation du martèlement d'un rythme binaire, des sensibilités belliqueuses.

Les marches militaires, indices différentiels de mobilisation des sociétés ?

Tout laisse supposer que les marches militaires ont accompagné les fameux départs de troupe de l'été 1914, même si les documents photographiques ne font pas toujours apparaître les orchestres accompagnant la marche ou le départ en train. Mais toutes les sociétés entrant en guerre ont-elles la même culture de la marche militaire ? Quel est le pays de prédilection des marches militaires ? Du côté français, en 1914, on n'hésite guère à désigner l'Allemagne et une tradition spécifiquement prussienne, un *Folkloremilitarismus* musical[3]. La musique française est, de tradition, si peu militaire, que Berlioz a dû importer dans *La Damnation de Faust* une marche militaire de Hongrie. Bien des observateurs français déplorent, avant 1914, le triste état des musiques militaires nationales. Les chansons déplorant la perte des départements de l'Est annexés à l'Allemagne affectent souvent la forme de la complainte, de la chanson, bien que la triste chanson de Gaston Villemer et Henri Nazet, sur une musique de Ben Tayoux, *Vous n'aurez pas l'Alsace et la Lorraine*, ait pu être adaptée de manière tout à fait martiale. *Le Père la Victoire* de Louis Ganne sonne aussi de façon bien optimiste.

3. Voir Jakob Vogel, *Nationen im Gleichschritt. Der Kult der „Nation in Waffen" in Deutschland und Frankreich, 1871-1914*, collection Kritische Studien zur Geschichtswissenschaft, Göttingen : Vandenhoeck & Ruprecht, 1997.

La différence entre ce qui relève de la marche militaire et ce qui relève de la chanson patriotique n'est guère évidente. Quelques chansons sont à cet égard exemplaires, mêlant un couplet méditatif et un refrain entraînant comme une marche ou une citation de musique militaire : *Le Clairon* de Déroulède, *Le Régiment de Sambre et Meuse* de Planquette, *Le rêve passe* d'Armand Foucher et Charles Helmer créé en 1907 par Bérard. Deux airs de marche ont acquis, en 1914, une valeur emblématique. Il s'agit d'abord de *La Marche lorraine* de Louis Ganne, composée à l'occasion d'une fête fédérale de gymnastique qui s'est tenue en juin 1892 à Nancy et dédiée à la délégation tchèque des Sokols[4]. La partition indique d'ailleurs « léger et gracieux », nuances qui soulignent à elles seules les limites du caractère belliqueux du genre. L'autre grand succès de la marche militaire française est devenu, avant la Grande Guerre, une chanson de comique troupier. Il s'agissait bien, à l'origine, d'une marche militaire de Camille Robert. Sur cette musique, le parolier Louis Bousquet (1870-1941) avait écrit, sans doute en 1913, une charmante évocation des délices de la vie militaire : *La Madelon* (ou *Quand Madelon*). Ce marchand de cycles n'en est pas à ses débuts, il a écrit « sur mesure » sur des airs déjà connus et éprouve une certaine prédilection pour le comique troupier : *La Caissière du grand café, Avec Bidasse*. Charles-Joseph Pasquier, plus connu comme interprète spécialiste des personnages de tourlourou sous le nom de Bach, crée *La Madelon* à l'Eldorado au début de l'année 1914. Le succès est très limité. Ce n'est qu'avec la guerre et les tournées de Bach au front, que *La Madelon* s'impose avec la musique de Camille Robert, comme musique quasi officielle de l'armée française. Le grand Polin la chante, une traduction anglaise paraît en 1917 et le « Tourlourou », l'estaminet qui accueille les soldats français, devient « Le Vrai Poilu ».

Le cas des marches militaires allemandes remet lui aussi en cause les hypothèses de départ de ce travail qui supposait que les marches militaires occupaient une place active dans les cultures de guerre et les processus de mobilisation. L'Allemagne unifiée et victorieuse de 1871 ne s'identifie guère de façon univoque à des marches militaires. Il y a bien une culture de l'*Aufmarsch*, mais, musicalement, la composition d'œuvres de reconnaissance n'occupe pas tout le champ de la musique nationale. Les marches militaires conservent d'ailleurs longtemps une forme « régionale » accordée à la culture des anciens États de Prusse ou de Bavière. La marche de Richard Wagner, composée en 1871, intitulée *Kaisermarsch*, ne s'est jamais imposée comme musique officielle dans les cérémonies nationales. En revanche, la musique de Johann Gottfried Piefke (1815-1884) incarne une tradition prussienne qui peut être exportée avec succès. En 1914, les marches militaires ne sont pas complètement identifiables à la construction des cultures nationales. Elles sont un produit culturel susceptible d'être repris, adapté, parodié, plagié. L'Allemagne exporte ses marches militaires vers l'Amérique, mais aussi vers ses colonies africaines

4. Le Sokol est un mouvement patriotique tchèque de gymnastique fondé en 1862 par Miroslav Tyrš et Jindřich Fügner. Si l'influence du *Turnverein* allemand et des références à l'Antiquité grecque est réelle, le mouvement crée une synthèse originale qui se propose d'éduquer et de former la nation. Ses rassemblements de masse réunissent plusieurs centaines de milliers de participants.

et vers d'autres pays européens comme l'Espagne dont l'hymne national serait d'origine prussienne. Parmi les marches militaires, si l'on peut dire, à la mode en Allemagne en 1914, figurent des anciennes marches prussiennes, mais aussi des nouveautés comme les marches de Carl Teike (1864-1922)[5] en particulier son *Alte Kameraden*. La musique de Piefke rappelait la Prusse du Grand Frédéric : une armée qui défile avec des fifres et des tambours. La nouvelle Allemagne unifiée adopte des sonorités plus cuivrées et, de ce fait, plus contemporaines.

Mais l'Allemagne accueille aussi des spécialistes du genre, en particulier des ressortissants de la double monarchie des Habsbourg. Le célèbre compositeur et chef d'orchestre tchèque Julius Fučík (1872-1916) a influencé les marches militaires allemandes. Sa fameuse marche dite *Einzug der Gladiatoren* reçoit un hommage paradoxal sous forme d'une composition concurrente intitulée en 1905 *Abschied der Gladiatoren*, et composée par Hermann Ludwig Blankenburg.

Une étrange Europe des marches militaires existe bien. Cette Europe a été partiellement fondée au moment de la guerre de Crimée. L'armée ottomane a déjà troqué en partie les anciennes marches du *Mehter*, du corps des Janissaires, pour des musiques italiennes imposées par Giuseppe Donizetti (1788-1856). Le frère du célèbre Gaetano fut, en effet, le réformateur de la musique militaire turque. L'importance de cette guerre de Crimée toucha aussi durablement les autres protagonistes : les Britanniques découvrirent avec effroi que les différents orchestres de leur armée ne jouaient pas l'hymne national dans la même tonalité. De véritables mutations instrumentales se sont imposées dans les années 1850 : les nouveaux saxophones, surtout la famille des saxhorns et l'hélicon (invention russe). Le spectre musical des cuivres s'étend vers l'extrême grave. De façon paradoxale, c'est un pays qui n'a pas participé à la guerre de Crimée qui apparaît dans la seconde moitié du XIXe siècle comme le conservatoire des marches militaires : l'Autriche-Hongrie. C'est de Bohême, du conservatoire de Prague et des régiments stationnés à Vienne, à Budapest, à Sarajevo, que viennent les fameux *Kapellmeister* qui excellent dans le genre et sont recrutés dans tous les États nouveaux, nés dans les Balkans après 1878, pour forger une tradition de musiques militaires alors absente ou embryonnaire, par exemple à Sofia avec Josef Hohola (1845-1918), instructeur musical tchèque de la nouvelle armée bulgare. Ce sont de grandes figures de chefs qui vont triompher à Berlin, hors de la Monarchie ou même en Russie : Julius Fučík, auteur de la fameuse marche (tant reprise dans les cirques) *Vjed gladitorů* [*Einzug der Gladiatoren*, *L'Entrée des gladiateurs*], 1900), Václav Vačkář (1881-1954), Johann Nepomuck Kral (1839-1896), Karel Komzák, chef de l'orchestre militaire d'Innsbruck, Alphons Czibulka (1842-1894), chef de l'harmonie du 17e puis du 25e régiment de Prague avant de devenir compositeur d'opérette à Vienne, Josef Franz Wagner (1856-1908), « roi de la marche », *Militärkapellmeister* au 47e puis au 49e régiment

5. La liste de ses marches est d'une ampleur impressionnante et les titres sont souvent dans le registre de la proclamation loyaliste. Liste disponible en ligne : www.marchdb.net/composers/show/4/.

d'Infanterie, Carl Michael Ziehrer (1843-1922), Wilhelm Wacek (1864-1944), Richard Fricsay ou Fričaj (père du chef Ferenc Fricsay), Franz Lehár (1870-1948), etc.

Le modèle social s'exporte, par exemple vers la Roumanie où officie le fameux Ivanovici (1845-1902), auteur des célèbres *Flots du Danube*. Ce qui conduit au problème majeur : que font les *Kapellmeister* des armées européennes ? Des marches, certes, mais aussi des valses, des polkas... Aucune frontière claire ne peut être établie entre musique militaire et musique civile. Le genre de la marche est particulièrement ambigu. Les marches de la famille Strauss sont-elles des marches militaires ? Un examen au cas par cas s'impose. *La Marche de Radetzky*, de Johann (père), ne laisse aucun doute, mais, dans la masse des autres œuvres de la famille intitulées marches, intégrées à des opérettes ou isolées, l'ambiguïté peut subsister. Pourtant, ce sont bien des musiques régimentaires qui ont, par la suite, suivi les autres troupes au combat.

Les marches militaires peuvent ainsi difficilement être utilisées comme des instruments de mesure de la mobilisation des sociétés en 1914. Des synthèses, des transferts culturels sont à l'œuvre. Le passage d'un pays à l'autre s'accompagne ainsi du passage d'un genre musical à l'autre. Des spécificités « nationales » demeurent cependant. Les musiques italiennes sont plus rapides, même dans la *Marcia Reale* qui sert d'hymne national et surtout dans le pas de course des bersagliers ; les marches britanniques ont été l'objet d'un soin particulier des institutions et le niveau de formation des musiciens est remarquable. Le « folklorisme » musical implique un goût pour le pittoresque. L'armée bulgare adopte des rythmes complexes. Une tendance à chercher une différenciation dans l'instrumentation avec la cornemuse écossaise mérite d'être signalée : la tendance à unifier les musiques de marche se heurte à une autre tendance différenciant les cultures nationales, mais l'opposition a quelque chose de factice. Les marches militaires des musiciens tchèques célébrant la loyauté envers les Habsbourg ne se différencient guère musicalement des marches rythmées accompagnant les manifestations patriotiques et gymniques des Sokols, avec en particulier le compositeur patriote de Kolín : František Kmoch (1848-1912).

Avant 1914, un étonnant travail de redéfinition du sens social, musical, culturel de la marche militaire est à l'œuvre aux États-Unis. Ce travail n'est pas sans relation avec l'évolution des pratiques musicales européennes. Des compositeurs majeurs s'intéressent au genre et la fluctuation de la limite entre ce qui est de l'ordre de la musique militaire et ce qui est de l'ordre de la musique civile, de la musique de tradition classique ou des musiques populaires urbaines ou villageoises est particulièrement rapide. L'Amérique réinvente les musiques militaires et particulièrement les marches en créant ce qui a donné par la suite le jazz avec des musiciens comme John Philip Sousa (1854-1932), « roi de la marche » (lui aussi), qui dirige depuis 1880 le fameux U.S. Marine Corps Band. Cette remise en cause de la frontière entre les musiques de marche militaire et les autres musiques se pose non seulement en termes musicaux, mais en termes globaux d'histoire sociale. L'histoire musicale de l'Amérique fait des marches militaires un cadre où s'illustre, avec une joie exaltée d'autodidacte, Irving Berlin (1888-1989). En Amérique comme ailleurs, et en particulier au Royaume-Uni, les formes de sociabilité liées à la musique affectent un style militaire. C'est l'heure de gloire des fanfares et des sociétés musicales. Les orphéons, les harmonies municipales adoptent un uniforme. La vie associative musicale donne lieu à des concours de *bands*, à des rencontres d'harmonies municipales. Les cérémonies patriotiques nécessitent leur orchestre, le plus souvent avec uniforme, même si l'orchestre est fondé par une société ouvrière syndicale, marquée par une sensibilité socialiste. On pourrait, certes, déceler dans l'organisation quasi militaire des associations musicales le signe d'un embrigadement des sociétés avant 1914. L'exemple américain suffit à démentir cette vision simplifiée du phénomène. Les États-Unis, avant 1914, recensent de nombreuses associations musicales, mais il n'est pas question de leur faire jouer un rôle dans la réédition des violences qui ont marqué la guerre de Sécession. La vie musicale associative relève au moins autant de la sociabilité que de l'histoire de la culture de guerre. Ce qui vaut pour les Amériques doit valoir pour l'Europe. Peu avant 1914, tout un réseau civil et militaire d'orchestres en uniforme s'est généralisé. Dans l'Italie libérale unifiée, les fanfares (*bande*) ne sont qu'un des pans d'un réseau associatif et institutionnel complexe qui comprend aussi des chorales, des écoles de musique, des sociétés « philharmoniques » locales et compte, avant 1900, plus de 2 500 institutions : le phénomène est significatif de la volonté de laïcisation de la société voulue par les institutions unitaires. De façon comparable, en Grande-Bretagne, un championnat de fanfares peut attirer au Crystal Palace, en 1913, 80 000 amateurs. Ce pays[6] compte alors plus de 40 000 fanfares, pour plus de 200 000 musiciens. *The Brass Band News* annonce, en 1890, un tirage de 25 000 exemplaires. L'uniforme ne fait pas le soldat et il n'est pas question ici d'assimiler sociabilité musicale européenne d'allure militaire à diffusion d'un bellicisme préparant les sociétés européennes aux conflits.

Les marches militaires avant 1914 ne sont pas de façon univoque des indices du degré de mobilisation des sociétés qui entrent dans la Grande Guerre.

La Grande Guerre et la redéfinition du genre de la marche militaire

La Grande Guerre n'a pas radicalement modifié les caractéristiques musicales du genre de la marche militaire. Elle a accentué des traits présents avant-guerre et mis en contact des traditions diverses qui s'ignoraient. Il y eut cependant des créations de marches originales, nouvelles, qui se sont imposées dans le répertoire du XXe siècle naissant. Mais, là

6. Voir Eric David MACKERNESS, *A Social History of English Music*, collection Studies in Social History, London : Routledge & K. Paul, Toronto : University of Toronto Press, 1964. Dave RUSSELL, *Popular Music in England 1840-1914 : A Social History*, collection Music and Society, Manchester : Manchester University Press, 1987 ; nouvelle édition, 1997.

encore, la limite entre ce qui relève de la marche militaire et ce qui relève de la chanson, de la musique de divertissement et même de la musique savante n'est guère évidente. D'ailleurs, les conditions de la guerre et surtout la vie au front et le combat ne sont pas favorables aux défilés et aux marches militaires. L'accès à l'enregistrement, la diffusion des disques ont sans doute contribué à la redéfinition sociale d'un genre devenu, avec son usage généralisé, plus domestique et moins solennel. Les modalités de l'écoute influent sur la perception du genre. De grands compositeurs n'avaient pas hésité à composer des marches militaires : Beethoven, Tchaïkovski. Les marches en usage dans les armées belligérantes gagnent à être écoutées comme de la musique : ce qui leur apporte la dignité d'un hommage rendu, par ceux de l'arrière, à ceux du front. Les marches militaires, comme les chants de soldats, sont l'objet de campagnes qui mêlent publicité et mobilisation pour légitimer le genre de la musique militaire. Les nouveautés reflètent en partie l'histoire de la Grande Guerre. Lorsque le combat s'enlise, les chants rassurent, remobilisent. La victoire est célébrée de façon différente et se pose alors la question de la place de ce répertoire spécifique dans la démobilisation culturelle que nous verrons plus loin.

Parmi les nouvelles marches militaires créées pendant la guerre ou dans l'immédiat avant-guerre et appelées à s'inscrire durablement dans le répertoire, on peut citer la marche russe intitulée, en 1913, *Adieu Slavianka* (*Прощание славянки*), de Vassili Ivanovitch Agapkin (1884-1964), marche composée en 1912 à Tambov en l'honneur des soldats bulgares engagés dans la guerre balkanique et demeurée au répertoire de l'époque soviétique d'autant plus facilement que le compositeur, né et éduqué à Tambov, a fait sa carrière, après la révolution d'Octobre, en dirigeant l'orchestre du N.K.V.D. Mais la musique d'Agapkin servit également aux armées blanches de l'amiral Koltchak. Il faut dire que la musique innovait par rapport aux vieilles marches dynastiques. On ajouta, en 1914, des paroles de circonstance, expliquant ce qu'était l'« adieu à la femme slave » pour les soldats russes.

Parmi les autres nouveautés diffusées massivement avec la Grande Guerre, une marche est devenue tellement populaire qu'elle est souvent considérée comme une création plus récente, ne serait-ce qu'à cause du film *Le Pont de la rivière Kwaï* qui a associé l'élégant tempo médium au souvenir des combats de la Seconde Guerre mondiale, alors que la *Colonel Bogey March* date bien de 1914 et qu'elle a été composée par un certain lieutenant Ricketts (1881-1945), *bandmaster* dans les Marines royales de Plymouth qui utilisa le pseudonyme de Kenneth Alford. Il composa d'autres marches sans atteindre le succès absolu de cette marche universellement connue, avec, par exemple, *The Great Little Army* (1916, dédiée aux corps expéditionnaires britanniques en France), *The Middy* (1917, commémorant la bataille du Jutland), *The Voice of the Guns* (1917), *The Vanished Army* (1918, à la mémoire de tous les soldats britanniques disparus pendant la Grande Guerre). La différence entre l'hymne qui commémore et la marche s'atténue. *It's a Long Way to Tipperary* est présenté de façon significative comme « *The Marching Anthem on The Battlefields of Europe* ».

Les titres des marches composées pendant le premier conflit mondial et les paroles qui, parfois, les accompagnent mettent en évidence des attitudes différentes face à la guerre : exaltation ou retenue. Lorsque l'on entend le *Soldatenblut* de Franz von Blon (1861-1945), on n'imagine guère un goût particulier pour les déferlements de brutalité. Une des créations de la guerre engage la musique vers une forme de légitimation de la violence. Il s'agit d'une marche commémorant un des épisodes de l'été 1914 pendant lequel la violence a touché les civils. Les événements de Badonviller font partie des atrocités étudiées par John Horne et Alan Kramer. L'armée bavaroise se sent attaquée par des francs-tireurs embusqués et s'en prend aux civils. L'événement est immédiatement célébré comme un acte de courage par une marche composée par Georg Fürst (1870-1936), ancien trompettiste dans le *Musikkorps* d'un régiment stationné à Munich, devenu *Musikmeister* du 2e bataillon de Chasseurs de Staubing, puis du 5e régiment d'Infanterie bavarois de Bamberg en 1902, et enfin chef de la musique de l'infanterie de Munich en 1911. Sa *Badenweiler Marsch* a été, de façon significative, la marche militaire d'Adolf Hitler. Fürst composa d'autres marches de circonstance, dédiées à des unités combattantes, à des officiers supérieurs, à des lieux de combats comme l'Isonzo. Il composa aussi une marche funèbre (*Trauermarsch*). Les créations de la guerre – dont les titres cherchent à donner un sens explicite en dédiant par exemple, comme Carl Teike, une marche au Graf Zeppelin – ne mettent pas fin, paradoxalement, à cette formidable ambiguïté qui caractérise le rapport des marches militaires avec l'émergence de nouvelles musiques populaires. La guerre accentue peut-être même ce phénomène en facilitant le rapprochement, sinon la synthèse, d'éléments d'origines diverses.

C'est en grande partie dans cette guerre que se stabilise le genre de ce qui commence à être nommé *jazz*, genre musical nouveau qui entretient une forme de familiarité. Le pianiste Willie Smith (1897-1973), surnommé pour sa prouesse en Argonne « *The Lion* », a servi dans la 153e brigade « noire » de la 92e division de l'armée américaine, chez les « Diables noirs » où il fut promu sergent ; il a également fait de la musique pendant la guerre, comme tambour major d'un orchestre de cuivres. Sa version d'*Alexander's Ragtime Band* laisse subsister l'allure d'une marche. Un autre musicien a joué un rôle important, lors de la guerre de 1914-1918, dans l'émergence et la diffusion de nouvelles musiques populaires à la frontière du jazz et de la musique militaire : James Reese Europe (1881-1919). Pianiste et violoniste, il permit à des musiciens noirs de jouer au Carnegie Hall et d'accéder à des studios d'enregistrement en 1913. En 1917, il fut affecté au 15e régiment d'Infanterie, avec le pianiste Eubie Blake (1883-1983). Le commandant leur fit constituer une musique de régiment, musique qui rejoignit ensuite les « Diables noirs » et le 369e d'infanterie, avant de revenir triomphalement aux États-Unis. À la demande du général Pershing, le lieutenant Europe eut la fierté de faire défiler, en dirigeant la musique du 369e, des troupes américaines, françaises et britanniques. Il joua à Paris au théâtre des Champs-Élysées et reçut la croix de guerre. Un enregistrement de mars 1919 permet d'entendre l'air martial et syncopé de *My Choc'late Soldier*. L'idée d'une importation du jazz dans les valises de l'armée américaine en Europe à partir de 1917 pose donc mal la question de l'interaction de musiques de sources très différentes fusionnant en partie en Europe au moment des armistices. Il faudrait tenter de retrouver ce qui a pu être entendu au moment des défilés des troupes coloniales. Peut-on extrapoler en écoutant des enregistrements de marches dont le titre évoque les colonies comme la marche *Punjaub* de Charles Payne ?

Le mélange des genres qui redéfinit la marche militaire en lui incorporant des éléments de chanson est de l'ordre du transfert culturel, d'un pays à l'autre, d'un usage social de la musique à un autre. La culture de l'après-guerre se profile dans ces synthèses ; les migrants, exilés politiques ou économiques jouent un rôle de tout premier plan comme médiateurs, non seulement entre une culture du pays d'origine et une culture du pays d'accueil, mais aussi comme médiateurs entre des cultures autres, venant des Amériques, des pays engagés ou non dans le conflit. *Sambre et Meuse* devient une marche canadienne. Enrico Caruso chante *Over there* de George M. Cohan (1878-1942), composé en 1917 comme un chant patriotique américain d'adhésion au modèle de son pays d'accueil. La victoire se chante au rythme de l'enthousiasme d'un début de conflit. Est-ce le signe que les marches militaires maintiennent une forme de mobilisation culturelle ?

Les marches militaires dans le processus de démobilisation culturelle

Comment les musiques militaires retournent-elles à la vie civile ? On continue à composer des marches militaires dans le monde retournant à la paix. On continue à citer le rythme de ces marches dans des chansons. *La Madelon de la victoire* éclipse sa grande sœur meurtrie au combat. Les manifestations politiques se déroulant comme des défilés adoptent des chants, des musiques de marche difficiles à différencier des marches militaires. Peut-être est-ce à cause de ces défilés de victoire que la Grande Guerre reste associée au souvenir de marches militaires. Mais cet usage de la marche n'est pas l'indice de la persistance à l'identique des cultures de guerre. Ce sont souvent des marches de la paix, aux accents assez martiaux, difficiles à repérer en tant que telles sans connaître leur titre.

Le compositeur qui passe, dans les années 1920, pour devenir *der deutsche Marschkönig* est Hermann Ludwig Blankenburg (1876-1956). Né en Thuringe dans la famille d'un berger, il reçoit une formation musicale dans le *Trompeterkorps des Feldartillerie-Regiments* à Breslau et connaît des succès dès avant la Grande Guerre. Il a composé, semble-t-il, plus de 1 200 marches militaires. Les États nés du démembrement des empires, ont besoin de former, pour leur armée, des signes de reconnaissance parfois issus, comme en Pologne, du détournement d'anciens chants de marche de régiments de l'armée russe impériale. Le nouvel État polonais trouve son propre répertoire avec la célébration des artisans de l'indépendance et le chant de la première brigade de Piłsudski (*Pierwsza Brygada*). L'Albanie cherche des musiciens issus de l'ancienne monarchie pour diriger la fanfare du président Zog[7].

Le nouvel État tchécoslovaque utilise les marches composées avant guerre pour accompagner les démonstrations de gymnastique du mouvement patriotique des Sokols, qui contestaient la domination des Habsbourg. Ce faisant, il leur confère la dignité des musiques officielles de vieilles institutions d'état. La sonorité des cuivres est, chez Leoš Janáček (1854-1928), le signe d'une mobilisation de la nation nouvelle. La *Sinfonietta* de 1926 devait s'appeler *Sinfonietta militaire*. Le premier mouvement est intitulé « Fanfares » et sert de musique de circonstance dans les cérémonies de la Tchécoslovaquie nouvelle. Le jeune État emploie de nouvelles marches militaires, en particulier celles de Václav Vačkář (1881-1954). Le mouvement des Sokols défile au rythme de marches qui n'enlèvent rien à son caractère éminemment compatible avec toutes les exigences démocratiques. L'usage de la musique militaire n'est en rien systématiquement révélateur d'un totalitarisme qui prendrait logiquement la suite de la mobilisation de la Grande Guerre. De réels compositeurs comme Josef Suk (1874-1935) offrent au Sokol des musiques de marches qui, tirées de leur contexte, évoqueraient facilement des musiques liées à des régimes autoritaires. La fameuse assertion attribuée à Clemenceau[8] devient même un obstacle épistémologique lorsqu'il s'agit de réfléchir sur le sens de musiques rendant hommage aux marches militaires et aux institutions de l'armée. Tout en étant une femme peu suspecte de penchants totalitaires ou militaristes, Vítězslava Kaprálová (1915-1940) compose, en 1937, une *Sinfonietta militaire* (*Vojenská symfionietta*) au moment où les menaces hitlériennes sur le nouvel État commencent à se préciser. Le compositeur tchèque de musiques de danse, Karel Vacek (1902-1982), reste fidèle à sa formation musicale dans des fanfares et continue, au milieu de ses valses, tangos et polkas, à composer des marches.

Le plus étonnant est de retrouver un goût pour la marche militaire chez ceux qui ne cessent de dénoncer le militarisme et ses méfaits. Hanns Eisler (1898-1962) célèbre les ouvriers révolutionnaires. On pourra objecter que le compositeur militant ne participe pas à la démobilisation culturelle. Soit, mais il faut se méfier de l'attribution d'une étiquette de « militariste » à toutes les musiques qui retrouvent la forme de la marche militaire. Toutes les nuances d'adhésion, d'humour, de parodie, de renversement sont envisageables. Comment interpréter la marche qui accompagne la séduction virile du tambour-major dans *Wozzeck* de Berg ? Comment caractériser, par rapport à l'institution militaire, la marche féministe d'Ethel Smyth (*The March of Women*, 1911, devenu chant de bataille du mouvement pour le vote des femmes) ? Des compositeurs perçus souvent comme « originaux » ont eu une prédilection particulière pour la forme de la marche militaire qu'ils ont utilisée pour

7. Voir Joseph Roth, « Tirana, la capitale », *Frankfurter Zeitung*, 15 juin 1927. (Traduction française figurant dans Joseph Roth, *Croquis de voyage*, récits choisis, préfacés et traduits de l'allemand par Jean Ruffet, collection Le don des langues, Paris : Seuil, 1994, p. 299).

8. Selon laquelle la musique militaire est à la musique, ce que la justice militaire est à la justice.

dénoncer les guerres et affirmer leur pacifisme : Percy Grainger (1882-1961), compositeur américain d'origine australienne, et Charles Ives (1874-1954), presque contemporain de Schoenberg. Là encore, il est difficile de séparer la séduction qu'exerce la marche militaire et le refus de l'institution militaire qu'implique le choix d'un détournement parodique, même chez Hindemith que nous avons évoqué au début de cette réflexion. Il serait ainsi exagéré de considérer que l'on ne se moque véritablement que de ce que l'on aime. Et la fascination des marches militaires s'accompagne de détournements parodiques beaucoup plus explicites que ceux d'Ives et de Grainger. La musique viennoise de salon et de cabaret a maintenu, après le démembrement de la monarchie, un rapport aux vieilles musiques militaires. Ainsi, le chansonnier Hermann Leopoldi (1888-1959)[9] évoque par exemple ses ennuis d'assuré social aux prises avec un dentiste en citant un pot-pourri de mélodies viennoises où se repère aisément le *Deutschmeister-Regimentsmarsch* de Jurek, composé avant guerre, à l'époque où Stefan Zweig voyait dans le goût des Viennois pour la musique militaire des « maîtres allemands » ou des Hongrois le signe de leur caractère paisible et ouvert à l'altérité culturelle.

> Même le plus humble citoyen assis devant son verre exigeait de l'orchestre qu'il lui jouât de la bonne musique, comme du cabaretier qu'il lui servît du bon vin nouveau ; au Prater, le peuple savait exactement laquelle des fanfares militaires avait le plus d'« allant », les « Maîtres allemands » ou les Hongrois[10].

Le réemploi des techniques et de l'esthétique des marches militaires dans le cadre de la démobilisation a relancé, après 1918, le mouvement des associations musicales d'amateurs. Il se peut que l'uniforme ait été ainsi maintenu comme un élément de représentation de la vie sociale et comme une structuration culturelle de la société civile.

On ne peut limiter l'imprégnation de marches militaires au poids détestable de l'apologie de la violence contre les civils qui accompagne le *Badenweiler Marsch*. Le goût pour les marches militaires ne peut se dissocier du goût pour leurs détournements multiples et, parfois, contradictoires. L'hypothèse qui consistait à rechercher dans les marches militaires des indices du degré de mobilisation des sociétés et à caractériser ainsi les spécificités de leur culture de guerre et de leur aptitude à sortir de cette culture se trouve ainsi largement invalidée. Les marches militaires servent autant à démobiliser qu'à mobiliser, à obtenir la docilité qu'à parodier l'autorité. La place des musiques militaires dans la Première Guerre mondiale n'est en rien une préfiguration de l'utilisation des musiques dans la mise en place de systèmes totalitaires.

---

9. Leopoldi a montré comment retourner le caractère autoritaire de la marche en écrivant une *Marche de Buchenwald* au moment de sa déportation.

10. Stefan Zweig, *Le Monde d'hier. Souvenirs d'un Européen*, traduit de l'allemand par Serge Niémetz, Paris : Belfond, 1993, p. 38.

La vie quotidienne des pipes and drums *pendant la Grande Guerre*

Dominique Huybrechts

La recherche musicale sur la Grande Guerre est demeurée inexistante, jusqu'à ce qu'un petit-fils de poilu rédige un ouvrage abondamment illustré sur la musique populaire et les chansons des poilus. Ce livre, enrichi de photos d'instruments conçus au front, constitue un précieux document pour qui s'intéresse à la pratique musicale populaire au sein de l'armée française[1]. Malheureusement, la musique dite « sérieuse » n'apparaît pas dans ce livre, alors qu'elle est bien présente au front comme à l'arrière, notamment lors des séances de divertissement des soldats.

Mon expérience dans ce domaine, illustrée par un livre que j'ai fait paraître en 1999[2] et qui retrace la mobilisation des compositeurs Maurice Ravel, André Caplet, Jean Cras, Jacques Ibert, Paul Hindemith, Arnold Schoenberg et celle d'interprètes comme Fritz Kreisler, Paul Wittgenstein ou Maurice Maréchal, est la conséquence de ce constat : la recherche musicale sur 14-18 était un terrain resté en friche. La liste des compositeurs et des interprètes qui clôt mon ouvrage n'a cessé de s'enrichir depuis, au hasard de découvertes qui apparaissent comme ces objets de mort qui remontent régulièrement à la surface des plaines labourées de Flandres ou de la Somme : Joseph Boulnois, Guy de Cholet, Fernand Halphen, Frederick Kelly, O'Brien Butler, etc., des noms de compositeurs oubliés, que la guerre emporta dans sa violence aveugle... sans que puisse s'épanouir leur talent. Tous nous ont laissé un patrimoine musical, certes limité, mais qu'il conviendrait de redécouvrir. La lecture des tablettes de la Schola cantorum ou encore de la *Gazette des classes de composition du Conservatoire* petit journal des sœurs Boulanger – devrait nous apporter d'autres noms de musiciens disparus dans la tourmente.

Le présent texte s'inscrit dans la perspective d'un élargissement du champ des recherches à des domaines aussi variés que la musique militaire, les divertissements de troupe, la composition au front, la facture musicale dans les tranchées, les conditions d'existence

1. Voir Claude Ribouillault, *La Musique au fusil avec les poilus de la Grande Guerre*, Rodez : Rouergue, 1996.
2. Voir Dominique Huybrechts, *1914-1918, les musiciens dans la tourmente. Compositeurs et instrumentistes face à la Grande Guerre*, Mont-de-l'Enclus : Scaldis, 1999.

des musiciens-soldats, les lettres et les journaux intimes des musiciens au front, etc., autant de facettes d'un monde encore inexploré[3]. Le champ d'investigation est énorme, car, dès que l'on se met à lire les carnets de guerre et les lettres des musiciens-soldats, on prend alors la mesure de l'étendue du phénomène. Et lorsque l'on découvre un instrument fabriqué au moyen d'une caisse de munition ou d'un vieux casque troué, comme il en existe dans les réserves de l'Historial de Péronne, on se met à rêver d'une exposition d'envergure qui rassemblerait les fruits de cette activité insolite des tranchées. Un recensement complet de ces objets mériterait d'être réalisé.

La vie quotidienne des *pipes and drums*

Imaginez, dans un fracas extraordinaire d'obus et de mitraille, qu'un soldat en kilt, n'ayant pour arme qu'une cornemuse à l'épaule, grimpe sur le parapet de la tranchée au mépris du danger qui l'entoure, et parcourt le *no man's land* devant ses camarades en entonnant un air bien connu.

À côté des fanfares militaires régimentaires, au rôle presque décoratif et peu exposé aux risques des combats, existe un type de musicien qui risque régulièrement sa vie, bien plus encore que le téméraire compositeur André Caplet dont la légende affirme qu'il parvint à jouer du piano démontable dans sa casemate de tranchée[4], c'est le musicien de combat :

> Sur le champ de bataille, on ne doit faire usage des sonneries que dans des circonstances exceptionnelles ; le droit de les ordonner est réservé aux officiers généraux et aux commandants des détachements isolés ; les sonneries en avant et pas de charge sont seules autorisées. Ces sonneurs-batteurs en action, fusil en bandoulière, faciles à repérer, exposent très souvent leur vie[5].

Cette instruction sur les batteries et les sonneries du champ de bataille, publiée en juin 1912 par le ministère de la Guerre, est à la mesure du grand danger que courent ces musiciens de l'armée française. Telle est aussi la tâche des *pipers in action* (cornemuses en action) de la Première Guerre mondiale. Une tragédie à elle seule dans une boucherie sans nom : le tribut payé par ces musiciens écossais est énorme : 500 tués et 600 blessés ou invalides, pourcentage exceptionnellement élevé par rapport au nombre de *pipers* en service à cette époque. Car même si l'armée britannique a levé plus de 100 régiments écossais, et qu'il n'y a jamais eu autant de *bagpipers* au même moment, il n'en demeure pas moins évident que les pertes en musiciens de ce type sont plus importantes que dans n'importe quelle autre fonction combattante. Leur seul crime est de galvaniser les camarades de combat au moyen d'une arme redoutablement efficace : la cornemuse, héritage

3. L'association Musiciens entre guerre et paix s'est donné pour objectif de développer cette recherche.
4. En 1914, dans une lettre à Robert Godet, Debussy évoque le courage de son ami le compositeur André Caplet, sergent de liaison d'infanterie dans le secteur de Verdun. Voir Claude Debussy, lettre à Robert Godet, 4 septembre 1916. Cité dans Huybrechts, *1914-1918, les musiciens dans la tourmente*, p. 82.
5. *Ministère de la Guerre, instruction du 1er juin 1912 sur les batteries et sonneries*, Paris : Librairie Chaplot. Cité dans Ribouillault, *La Musique au fusil*, p. 214.

ancestral de l'Écossais. Il faut pour cela un culot insensé, un héroïsme suicidaire ancré dans une tradition militaire héritée de Waterloo et de la guerre de Crimée. En effet, on se souvient qu'à Waterloo, le *piper* McCay du 79e Régiment écossais, s'échappa de son carré pour affronter seul le feu français en jouant *Codagh na Sith* (*Guerre ou Paix*), un air populaire. Cent ans plus tard, à la bataille de Loos en 1915, Laidlaw, du King's Own Scottish Borderers, conduit à son tour son régiment, sans masque à gaz et sous une pluie de balles et de shrapnells en jouant « *over the top* » avec sa *warpipe*. Le *piper* Bill Millin du 4e commando reproduira les mêmes gestes à la bataille de Normandie trente ans plus tard.

La Grande Guerre est principalement une guerre de position. Durant les premiers mois, elle ressemble encore étrangement aux batailles de l'ère napoléonienne, où les charges de cavalerie alternent avec les attaques de fantassins en rangs serrés, sonneries de clairon et tambour pour les uns, cornemuses et tambours pour les autres. On aurait pu croire que l'arrivée des chars et des avions sonnerait le glas de ce conflit meurtrier au relents d'opérette... il n'en est rien, comme le prouvent les nombreux témoignages qui montrent que, malgré les bouleversements technologiques qui apparaissent progressivement sur le champ de bataille, cette pratique se poursuit jusqu'à la fin de la guerre et perdure encore dans l'armée britannique.

Statut du *piper* dans l'armée anglaise

L'organisation de la vie du *piper* militaire est réglée depuis le XIXe siècle et n'a subi aucune modification particulière depuis. Le *piper* d'aujourd'hui ne diffère en rien de celui de la Première Guerre mondiale. Bien que les *pipers* forment une fanfare (*band*), ils sont tous individuellement membres d'une compagnie qui dépend du bataillon. Chaque musicien doit répondre aux servitudes de la troupe, sauf dans les Scots Guards qui dépendent directement de la reine d'Angleterre et qui ont comme seule mission de jouer leur cornemuse (c'est ce qui explique que les *pipers* écossais postulent en général aux Guards plutôt que dans tout autre régiment). En outre, le régiment des Scots Guards est le seul à recruter dans toutes les régions d'Écosse, alors que les autres régiments ont une vocation plus régionale (par exemple les Scottish Borderers recrutent dans les Lowlands, à la frontière avec l'Angleterre).

Les *pipers* des Scots Guards reçoivent les meilleurs instruments et ont pour mission de jouer à la parade et à la relève de la garde à Buckingham. L'histoire de l'Écosse et celle de ses nombreuses batailles en vue d'accéder à une indépendance, qui ne lui fut jamais accordée, a eu un impact souvent négatif sur le statut du joueur de cornemuse dans l'armée britannique, au point que, peu avant la Première Guerre mondiale, les *pipers* sont officiellement désignés comme tambours ou trompettes, car il n'est pas concevable de tolérer les signes extérieurs d'appartenance à ce peuple dissident des Highlands.

L'admission dans un *pipe band* régimentaire n'est pas chose aisée. Le joueur de cornemuse qui postule dans le *band* n'est pas admis *de facto* dans cette fonction. On distingue deux catégories de *pipers* dans la compagnie :

– le *full piper* : *piper* officiel du régiment, à raison de deux ou trois par compagnie ;
– l'*acting piper* : *piper* de réserve, qui vient alimenter le *band* au fur et à mesure des pertes. Il occupe une fonction ordinaire dans la troupe.

Un *piper* qui monte en grade devient *sergeant piper* et ensuite *pipe major*. Pour ce faire, il doit montrer des aptitudes à composer, à jouer des *pibroch* (sorte de prélude improvisé en solo) et à diriger un *pipe band*. Le *pipe major* reste cependant sergent de bataillon toute sa vie et n'accède jamais au statut d'officier (*warrant officer*), contrairement au *drum major*, qui peut monter en grade. Il n'est donc pas difficile de comprendre pourquoi les *pipers* ne se bousculent pas pour accéder au titre de *pipe major*. Lors des *tattoos*[6] et parades, le *drum major*, placé devant le *pipe major*, dirige à la fois la fanfare (*brass band*) et les cornemuses et tambours (*pipe band*).

La vie du *piper* dans la caserne et dans le camp

Dans chaque régiment écossais, la vie du casernement est réglée par le *piper*. Il annonce le réveil des soldats, l'appel aux repas, et signale le couvre-feu nocturne. Chaque unité possède ses propres airs (*tunes*). Ainsi, aux Royal Scots, le *pipe band* du régiment joue *Highland Laddie*. Une unité de Camerons[7] ne joue en principe jamais l'air des Seaforths de la région des Campbells, respect des clans oblige. Une ou deux fois par semaine, vers 18 heures, le *pipe band* au complet joue *Playing the Retreat*, sans doute l'air le plus populaire, et anime la caserne pendant une demi-heure. Suivent les airs connus et l'air officiel du régiment. Au mess des officiers, il est courant qu'un *piper* joue de table en table, après quoi il est autorisé à lever le verre à la santé de ses supérieurs (en général du whisky).

Le *piper* à la guerre

La présence de la cornemuse au combat remonte au XIVe siècle, sans doute à la bataille de Bannockburn. On la retrouve à Waterloo, dans les guerres coloniales et pendant la guerre de Crimée. Mais c'est durant la Première Guerre mondiale qu'elle fait le plus parler d'elle et qu'on la retrouve aux quatre coins du globe, en Flandres, en Artois et dans la Somme, en Macédoine, en Turquie, en Égypte, en Palestine, en Mésopotamie, en Inde, en Afrique du Sud et en Russie. La cornemuse n'est pas un instrument étranger pour les Sikhs, les Gurkhas, les Pathans et les Drogas, chaque régiment de filiation écossaise appartenant

6. Le terme *tattoo* signifie à la fois parade militaire et roulement de tambour.
7. Régiment de l'armée britannique regroupant essentiellement des volontaires issus de l'Écosse. Ne pas confondre avec les Cameronians, fusiliers écossais.

aux dominions ou aux ANZAC (unités d'Australie, de Nouvelle-Zélande, d'Afrique du Sud et du Canada) dispose de son propre *pipe band*. En France, les villageois et les poilus se souviennent de la musique des *pipe bands* écossais. C'est surtout à l'endroit de jonction entre le front occupé par l'armée française et l'armée britannique côte à côte, aux environs de Soissons ou dans le saillant d'Ypres, qu'on les rencontre le soir à la relève, lorsqu'ils jouent *Playing the Retreat*. On se souvient aussi du grand rassemblement de 110 *pipers* et 70 tambours sur la place d'Arras, le 25 mai 1917, un événement unique qui est resté gravé dans les mémoires des habitants de la ville et qui préfigure les grands *tattoos* d'Édimbourg médiatisés.

En période de repos, la musique des Écossais assure les loisirs pour d'autres armées alliées, françaises ou belges. Le plaisir est alors garanti :

> Allons plutôt écouter la musique des Highlanders, qu'un coup de baguette magique semble avoir fait sortir du sol pour exaucer nos désirs ; en effet les *bagpipers*, munis de leurs instruments enrubannés, précèdent des joueurs de tambour dont les caisses, armoriées aux couleurs du vieux régiment, jettent dans la foule des uniformes kakis la note délicate d'un archaïsme cependant somptueux. Et les musiciens forment le cercle, entourés par les *tommies* au repos. Confortablement installés sur des balles de foin comprimé, nous nous abandonnons au charme bizarre des vieux airs évocateurs, le miaulement des cornemuses et le roulement de gros tambours[8].

La vie quotidienne du *piper* au front

Le *piper* est avant tout un fantassin et, lorsque le bataillon est envoyé en première ligne, la plupart des *pipers* sont affectés à des tâches diverses tandis que ne sont maintenus dans le *pipe band* que les cinq *full pipers* et leur *pipe major*, soit six en tout[9]. Les autres, appelés *acting piper* servent dans la troupe et alimentent le *pipe band* au fur et à mesure des pertes. Souvent, les *full pipers* et les *acting pipers* se retrouvent au complet, notamment lors des prises d'armes du régiment. Durant les premiers mois de la guerre, on utilise les *acting pipers* et les *full pipers* dans des fonctions de combat telles que mitrailleurs Lewis, estafettes, pourvoyeurs en munitions et rations, mais surtout comme *stretched bearers*.

La photo de couverture du livre *Les Musiciens dans la tourmente* montre des *pipers* en marche dans la région de Doullens portant en brassière, sur le haut du bras droit, une bande avec un sigle à deux lettres : S.B. Cette abréviation, qui signifie *stretched bearer*, désigne une fonction bien répandue chez les *pipers* écossais, qui consiste à ramasser les blessés du champ de bataille. L'armée anglaise en compte 32 par régiment. On évalue alors une capacité de 16 brancards par attaque, la durée de transport d'un blessé étant estimée à une heure environ. Les premiers soins sont alors administrés sur place par les S.B. Lorsque les S.B. ont réussi à atteindre le poste de secours des urgences, ce qui n'est pas sans risque,

8. Pierre Mac Orlan, *La Clique du café Brebis, histoire d'un centre de rééducation intellectuelle*, Paris : La Renaissance du livre, 1919. Cité dans Ribouillault, *La Musique au fusil*, p. 76.
9. Mac Orlan, *La Clique du café Brebis*. Cité dans Ribouillault, *La Musique au fusil*, p. 76.

un tri est effectué par les médecins militaires, certains soldats sont opérés sur place, tandis que d'autres sont évacués vers des hôpitaux de campagne plus éloignés du front ou vers les hôpitaux militaires ou civils de France et d'Angleterre.

> En 1916, l'antenne d'aide aux blessés était devenue le principal lieu de chirurgie d'urgence. Mais on opérait aussi dans les antennes aux pansements, à portée de tir de l'ennemi. Il existait une sélection toutefois dont on cachait la réalité aux victimes mais que les médecins entre eux ne pouvaient nier. L'armée française appelait cela le « triage » ou le « classement », c'est elle qui avait institué ce système qui consistait à choisir les blessés qui pouvaient supporter le voyage vers l'arrière, puis à séparer ensuite ceux qui « méritaient » une opération et ceux qui allaient mourir. Plus les blessés étaient nombreux, plus le dernier groupe grossissait. Une antenne médicale d'aide aux blessés disposait d'une tente spéciale, connue comme étant le mouroir[10].

Le travail des *pipers* affectés comme S.B. consiste donc à récupérer les soldats blessés du champ de bataille, travail périlleux, car exposé en permanence aux tirs ennemis, sans perspective de défense. Il est en effet impossible pour les S.B. de riposter aux tirs du fait qu'ils portent un blessé sur leur dos ou que leurs mains sont occupées par un brancard. Un grand nombre de *pipers* périssent ainsi lors de l'évacuation des blessés.

Cependant, il est une autre fonction pour le *piper*, bien plus périlleuse encore, mais non officielle, qui consiste à escalader le parapet de la tranchée avec sa cornemuse et de précéder l'assaut de ses camarades en jouant « *over the top* », pour reprendre une expression consacrée des *pipers* de la Grande Guerre. Les *pipers* en action, s'exposent donc immédiatement aux tirs ennemis, sans possibilité d'auto-défense. La tradition écossaise des Highlanders de la guerre des Boers ou de la bataille de Waterloo, trouve donc son prolongement en 1914, avec la bénédiction tacite des états-majors écossais et anglais. Au début du conflit, peu de *pipers* ont l'occasion de jouer au combat, car la guerre de mouvement n'autorise pas vraiment ce type d'action. Chaque homme, y compris le musicien, doit participer à l'offensive, et l'idée de perdre un *piper* au combat est un luxe que les commandants de bataillons ne peuvent se permettre. La guerre des tranchées bouleverse toutes les données de la bataille. Les assauts sont désormais limités dans l'espace et dans le temps et les belligérants sont séparés par un *no man's land* de quelques dizaines de mètres seulement, véritable terrain de prédilection des joueurs de cornemuse.

Quelques faits d'armes

La première occasion de voir un *piper* jouer au combat semble avoir eu lieu à Cuichy le 25 janvier 1915, lorsque le 1er bataillon des Black Watch y subit de fortes pertes. Durant les premiers jours de la deuxième bataille d'Ypres, en avril 1915, notamment lors de la contre-attaque au gaz par les Allemands, les *pipers* canadiens jouent un rôle particulier : dans leur avance à l'intérieur de Bois-Saint-Julien, les *pipers* du 16th Canadian Scottish sont touchés de plein fouet, prélude à bien d'autres pertes tout au long de la guerre.

10. John Keegan, *Anatomie de la bataille*, Paris : Robert Laffont, 1975, p. 249.

On raconte que deux *pipers* enlevèrent leur masque à gaz pour entonner un air et soutenir ainsi le moral des hommes, alors que le terrain était recouvert de camarades touchés par cette nouvelle arme terrifiante. Après quelques mètres parcourus par les deux musiciens, le *pibroch*[11] se tait : les *pipers* ont cessé de jouer, étouffés et rendus aveugles par le gaz mortel.

Après l'échec de la première attaque de Festubert le 9 mai 1915, le 1er Black Watch reprend l'assaut grâce à ses *pipers*. « Les hommes disparaissent dans la fumée et leur seule présence au combat est signalée par les cornemuses. Lorsqu'ils atteignent enfin les tranchées allemandes, *piper* Andrew Wishart reste en haut du parapet et joue jusqu'à ce qu'il soit blessé[12]. » Le 17 mai de la même année, le 4e Camerons mène son attaque avec cinq *pipers* et leur *pipe major*. Ils en reviennent indemnes, bien que leurs cornemuses aient été fortement endommagées.

Lors de la grande offensive sur Loos en septembre 1915, l'engagement des musiciens aux côtés des compagnies prend une tournure jamais rencontrée auparavant. L'armée britannique engage deux corps d'armée complets sur un front de plus de dix kilomètres, auquel participent plus de 30 bataillons écossais. Les King's Own Scottish Borderers sont entraînés par un vétéran de presque 60 ans, le *pipe major* Mackenzie, ancien des colonies. Sévèrement touché en jouant « *over the top* », il meurt le lendemain. Les *pipers* les plus méritants – et ils sont nombreux à jouer pendant cette fameuse bataille – reçoivent le nom de « *Pipers of Loos* ». L'un d'entre eux, *piper* Laidlaw du 7th K.O.S.B., obtient, à cette occasion, la Victorian Cross, la plus haute distinction militaire de l'armée anglaise, pour avoir entonné, bien que touché, l'air *Blue Bonnets Over the Borders*.

L'offensive de la Somme, qui commence le 1er juillet 1916, en réplique à l'attaque allemande sur Verdun, et qui met en position plus d'une douzaine de divisions britanniques dont deux écossaises, confirme et amplifie les actes héroïques de ces musiciens isolés. Les nombreux rapports issus des autorités militaires françaises attestent tous la grande valeur de ces hommes partis la cornemuse à l'épaule, que la mort attend au bout du *no man's land*. Ils continuent d'honorer ainsi leurs ancêtres et leurs unités, de manière brillante, mais suicidaire.

Dans son avance sur Mametz, le 2e bataillon de Gordons est accompagné par la musique de ses *pipers*. Un officier de la 20e brigade décrit leur action : « On entendait leurs cornemuses jouer ; cela sonnait curieusement parmi les bruits d'explosions d'obus, les bruits des mitrailleuses. Je ne l'oublierai jamais[13]. »

L'une des plus fameuses attaques de la bataille de la Somme a lieu le 8 octobre 1916, lors du deuxième assaut par le 16e bataillon des Canadian Scottish de la tranchée appelée

11. Il s'agit d'une sorte d'improvisation sur un thème traditionnel. Tout *piper* qui brigue la place de *pipe major* doit être capable de bien jouer des *pibrochs*.

12. C. A. Malcolm, *The Piper in Peace and War*, London : Hardwicke, 1993, p. 106.

13. Keegan, *Anatomie de la bataille*, p. 253.

« Regina trench » à Courcelette. C'est à cette occasion que le joueur de cornemuse James Richardson, âgé de 18 ans seulement, obtient à titre posthume la Victorian Cross. Né à Lanark en Écosse, il grandit à Glasgow et arrive au Canada peu avant la Grande Guerre. Sa famille, comme beaucoup d'autres du nord de l'Angleterre, s'était installée en Colombie britannique, à la recherche d'un travail. Mais lorsque la guerre éclate, le jeune Jimmy, alors apprenti électricien à Vancouver, s'engage dans les Canadian Scottish. Arrivé dans le secteur de Courcelette, au nord-est d'Albert, James Richardson demande l'autorisation à son supérieur de jouer en action, ce qui lui est accordé. Et voici ce que le colonel Leckie, chef de son bataillon, écrit après la bataille à son sujet, prétexte à proposer officiellement la Victorian Cross à ce jeune musicien :

> Grâce à sa bravoure, il obtint la permission de son officier supérieur de jouer « *over the top* ». Lorsque la compagnie approcha de l'objectif, il y avait un réseau de barbelés et un feu intense, ce qui causa de nombreux morts et démoralisa la formation. Réalisant la situation, le *piper* Richardson courut entre les barbelés en jouant avec sang froid. L'effet fut instantané. Inspirée par son exemple splendide, la compagnie s'élança, passa l'obstacle et captura la position. Après avoir participé aux opérations de bombardement, il ramena un camarade blessé et quelques prisonniers. Mais après avoir parcouru 150 mètres environ, Richardson se rendit compte qu'il avait laissé sa cornemuse dans la tranchée ennemie. Il insista pour y retourner et on ne le revit jamais[14].

Suite aux hécatombes de *pipers in action* durant les batailles de Gallipoli, Loos, Festubert, Ypres et de la Somme, certains états-majors supérieurs commencent à interdire ce genre d'élan aux accents suicidaires. Bien que parfaitement conscients de l'effet galvanisant que cela procure à la troupe, les chefs militaires prennent des mesures pour protéger les musiciens, dont la formation nécessite par ailleurs un investissement particulièrement coûteux pour l'armée (sept années d'études en moyenne). Mais dans l'ensemble, les officiers sur le terrain n'interdisent jamais à leurs *pipers* de soutenir le moral de leurs hommes. Par ailleurs, le nombre de candidats *pipers* dans les unités écossaises ne fait que croître, dès le début de la guerre, de sorte que chaque *piper* tombé est aussitôt remplacé par un autre. Le réservoir humain est énorme, notamment à cause de la crise qui sévit dans la construction en Angleterre.

Dès l'appel lancé par lord Kitchener, alors secrétaire à la Guerre, l'armée anglaise se retrouve avec six fois plus d'hommes que prévu initialement, de quoi organiser cinq nouvelles armées. C'est le début d'une histoire émouvante, celle des bataillons de *pals*, les unités des copains. Le réseau associatif et les entreprises jouent à ce titre un rôle décisif dans le recrutement de ces nouvelles unités, parmi lesquelles les *pals* d'Écosse, très nombreuses. À côté des unités formées à la Cunard, dans les assurances et les grands magasins, il y a quantité de jeunes mineurs des Lowlands et aussi de nombreux *pipers* des *bands* locaux, tous candidats à servir la cause de la Grande-Bretagne et de ses alliés.

---

14. Paul Reed, *Courcelette*, collection Battleground Europe, Barnsley : Cooper ; 1998, p. 94. Traduit par nos soins.

Les hauts faits de bravoure des *pipers*, parfois stimulés par l'obtention de décorations (Victorian Cross, Distinguished Cross Medal et Military Medal) et de citations à l'ordre du régiment auquel ils appartiennent, ne constituent pas une tâche officielle et aussi répandue qu'il puisse paraître. L'accompagnement des troupes en marche en jouant *Playing the Retreat* ou se rendant sur les positions en jouant *The Regimental March* est de loin l'activité la plus répandue des *pipers*. Le fait que de nombreuses unités étrangères intègrent la cornemuse montre à quel point elle devient l'instrument de marche par excellence. Les officiers écossais et même anglais reconnaissent qu'au plus bas de leur condition physique et mentale, les hommes redoublent de courage et de forme au moment où se mettent en marche les *pipes and drums*.

Les *pipes and drums* en unité

Ce n'est qu'en 1854 que l'armée britannique reconnaît officiellement la constitution d'un *pipe band* pour chaque régiment des Highlands, à raison de cinq *pipes* par régiment plus le *pipe major*. Les unités des Lowlands n'en obtiennent que plus tard. Le corps expéditionnaire anglais de 1914-1918 comprend cinq types d'unités d'infanterie qui disposent de *pipes and drums* :

1. Les unités de l'armée régulière : ce sont les grands régiments traditionnels d'Écosse, parmi lesquels les Scots Guards, les Royal Scots, les Black Watch, les Seaforth Highlanders, les Royal Scots fusiliers, les King's Own Scottish Borderers, les Cameronians, les Gordon Highlanders, les Queen's Own Cameron Highlanders, les Argyll and Sutherland Highlanders. Ils ont tous en commun une longue tradition de *pipers*, arborant sur leur cornemuse les insignes et les citations de l'unité et portant le tartan et la couleur de tissu de kilt du clan auquel ils appartiennent ;
2. les unités des forces territoriales : ce sont des unités constituées bien avant 1914 qui regroupent des volontaires pour une certaine durée, rappelant les vocations militaires privées du milieu de l'ère victorienne. Elles rassemblent des hommes aux origines identiques, souvent issus d'une même campagne ou d'une même ville. Ce sont les territoriaux qui, arrivant dès 1915, occupent le terrain à la suite des premières unités régulières décimées, en attendant l'arrivée des armées Kitchener. Ils sont affiliés à un grand régiment d'*active* (par exemple le 2nd Home Defence Battalion 2/4th[15] Seaforth, affilié aux Seaforth Highlanders) ;
3. les unités Kitchener ou nouvelles armées (*pals*), régiments affiliés constitués à la demande de lord Kitchener dès la fin de l'année 1914 et qui regroupent des hommes de souche écossaise ou irlandaise appartenant à des régions diverses de Grande-Bretagne : Tyneside Scottish, London Scottish, Lovat Scouts... (par exemple le

15. Le 2e bataillon du 4e régiment des Seaforth Highlanders.

7th Seaforth Service Battalion fait partie de la 1re armée Kitchener, se bat à Loos en 1915, dans la Somme, à Passendaele et Ypres) ;

4. les unités ANZAC (Australie, Nouvelle-Zélande, Afrique du Sud et Canada) et dominions (Inde, Pakistan...) possédant des *pipes and drums*, toutes affiliées aux grands régiments écossais. De nombreuses unités des dominions qui ne possèdent pas de tradition de *bagpipers* avant la guerre finissent par en posséder. Celles affiliées aux régiments d'Écosse sont formées de descendants d'émigrés écossais expatriés avant la Première Guerre. Les différentes sociétés civiles de *pipers* de Nouvelle-Zélande fournissent le matériel et les hommes pour deux bataillons. Le début du conflit provoque un afflux massif de volontaires canadiens (le plus gros contingent des dominions) qui a pour conséquence la création de nouvelles unités ANZAC, certaines reflétant la tradition ou les origines écossaises. Les *pipers* canadiens se distinguent pendant l'attaque de la crête de Vimy, mais aussi dans la Somme et dans le saillant d'Ypres. Quant aux *South-African pipers*, ils combattent surtout à Bois-Delville, dans la Somme ;
5. les unités irlandaises régulières disposant également de *pipes and drums* (Inniskilling Fusiliers, Irish Guards...) munis de cornemuses à deux bourdons au lieu de trois comme chez les Écossais. Cette tradition remonte à 1286, lorsque les *pipers* irlandais plaidèrent la cause d'Édouard Ier en Gascogne. On retrouve ces mêmes *Irish pipers* à la bataille de Crécy.

La tradition militaire des *pipes and drums* perdure aujourd'hui dans l'armée britannique et symbolise bien plus encore : l'appartenance au clan et aux libertés de l'Écosse. Cette pratique remonte à des temps très reculés : comme le barde, le joueur de cornemuse suit son chef au combat. Le premier se veut le témoin de ses actes de bravoure, le second veut insuffler au clan, par sa musique, un héroïsme plus grand encore. L'impact de la musique des *pipes and drums* sur le moral et la détermination du soldat est attesté dans toutes les chroniques militaires. Lorsque la troupe est au bord du découragement et dans un état d'extrême fatigue, l'effet galvanisant du *piper* apparaît comme l'ultime moyen de redonner du courage. À la grande différence des autres armées, là où le soldat n'obéit plus qu'aux ordres et dans la perspective de sanctions infligées par ses supérieurs, l'Écossais reprend courage au son de son instrument « fétiche », se remet en marche et retrouve même un esprit combatif.

De toutes les guerres auxquelles les régiments écossais ont participé, la Première Guerre mondiale fut le théâtre du plus grand nombre d'actes héroïques de joueurs de cornemuse. Ils constituent, par leur ampleur et par leur singularité, un phénomène exceptionnel dans l'histoire musicale des armées occidentales, même si d'autres cas isolés similaires ont été signalés, notamment dans l'armée française.

Un travail de recherche sur l'emploi des cornemuses, bombardes et binious des régiments territoriaux bretons mériterait d'être réalisé dans le prolongement de cette étude. En effet, au début de la guerre, les régiments français regroupent des hommes issus d'une même région ou d'une même colonie. Leurs chants et leurs instruments sont des signes distinctifs de reconnaissance et d'appartenance, susceptibles de redonner du moral, dans des conditions d'éloignement parfois difficiles à supporter. On raconte qu'à l'instar des *pipes and drums*, les régiments bretons montent au combat au son de leurs instruments traditionnels : « Désormais, comme les écossais suivent leurs *bag pipers*, c'est au son de la bombarde et du biniou, paré du ruban tricolore à l'hermine héraldique de Bretagne, que le régiment marche au feu. Et Dieu sait si les bretons y vont de bon cœur[16] ! »

16. *L'Illustration*, 3 juillet 1915. Cité dans Ribouillault, *La Musique au fusil*, p. 106.

La bombarde et le biniou bretons sur le front.
Le colonel d'un régiment de territoriaux, du recrutement de Bretagne, a adjoint à ses tambours et à ses clairons les deux instruments favoris de la vieille Armorique.

L'Illustration, 3 juillet 1915 – collection Symétrie

Instruments de soldats : typologies, fonctions, transmission

Florence GÉTREAU

Le résultat des recherches présenté ici n'est encore que provisoirement représentatif du sujet. Il s'agit d'une sorte d'avant-propos à un travail encore en devenir. En effet, les collections de l'Historial de la Grande Guerre ont été le point de départ d'un premier examen de la question[1]. Plusieurs dizaines d'instruments y sont conservés depuis la constitution des collections de cette institution à partir de 1987. Ils sont de nature, d'origine, de fonction très variées. Certains d'entre eux peuvent être rapprochés de deux spécimens conservés au musée de la Musique à Paris. Il serait souhaitable de pouvoir associer à ce corpus les instruments réunis par Philippe Krümm, un musicien traditionnel qui s'est intéressé depuis de nombreuses années aux instruments utilisés ou construits pendant cette guerre. Certains ont été reproduits par un autre musicien traditionnel, Claude Ribouillault, dans son ouvrage intitulé *La Musique au fusil avec les poilus de la Grande Guerre*[2]. Ces spécimens ont d'ailleurs été exposés dans diverses circonstances[3]. Enfin, il n'a pas encore été possible d'explorer les collections du musée de l'Armée. Cette lacune devra évidemment être comblée[4].

À l'Historial de Péronne, parcourir les salles, étudier les pièces conservées dans les réserves ou lire les cahiers d'inventaire nous place immédiatement au cœur du sujet. On y trouve mentionnés des spécimens dont les intitulés sont tantôt banals, tantôt éloquents : un harmonica dans sa boîte (Inv. 6 647, 1-2) ; une flûte traversière dans son étui (Thibouville frères, Ivry, Eure, Inv. 15 836) ; un fifre allemand (Inv. 8 899) ; une trompe britannique (Swainey, 1862, Inv. 4 382) ; une trompette de cavalerie (Pelisson, Guinot et

1. Que Marie-Pascale Prévost-Bault, conservateur en chef, trouve ici toute ma gratitude pour la générosité de son accueil et son aide constante.

2. Claude RIBOUILLAULT, *La Musique au fusil avec les poilus de la Grande Guerre*, Rodez : Rouergue, 1996.

3. Notamment à Musicora à Paris ou à l'occasion du Festival de Saint-Chartier.

4. Je remercie une fois encore Marie-Pascale Prévost-Bault qui a bien voulu enquêter auprès de son collègue conservateur du musée de l'Empéri, Jean-Louis Riccioli. Neuf instruments de régiments ayant trait à la Grande Guerre y sont conservés (3 tambours, 1 tambour du Maghreb, 3 clairons, 1 trompette, 1 trompe) ainsi que 2 cannes de tambour maître.

Blanchon, Inv. 19 033) ; un clairon de charge prussien (Inv. 1 377) ; un clairon à l'insigne du 154ᵉ régiment d'Infanterie (Inv. 3 553) ; un tambour allemand avec ses baguettes (Klapinoth & Straubel, Weissenfels, Inv. 8 089) ; un tambour français (Gaillard et Loiselet, Inv. 4 779) ; un violon fabriqué à partir d'une boîte de masque à gaz français (Inv. 2 227) ; un violon fabriqué par un soldat inexpérimenté (Inv. 41 089) ; une mandoline artisanale fabriquée à partir d'une boîte métallique (Inv. 40 781) ; une mandoline fabriquée à partir d'un casque Adrian (Inv. 20 442 et Inv. 5 937).

Il faut ajouter à cet inventaire à la Jacques Prévert quelques instruments ayant une notoriété particulière : une flûte traversière (voir figure 1) en maillechort d'Auguste Bonneville (Inv. 019 399) ayant appartenu à l'écrivain Georges Duhamel (1884-1966) qui fut chirurgien pendant la guerre, ainsi qu'un « violoncelle artisanal » utilisé par François Gervais, soldat au 313ᵉ régiment d'Infanterie, un violoncelle construit pour le violoncelliste Maurice Maréchal et un violon construit par René Moreau, violoniste élève de Guy Ropartz, brancardier au 152ᵉ régiment d'Infanterie (les deux premiers instruments sont conservés à Péronne, les deux autres au musée de la Musique à Paris).

Figure 1. Flûte traversière, Bonneville, Paris, début du XXᵉ siècle, instrument ayant appartenu à l'écrivain Georges Duhamel. Péronne, Historial de la Grande Guerre, Inv. 019399.

© Y. Medmoun

Typologies

Les instruments utilisés pendant la Grande Guerre pourraient bien sûr être considérés tout d'abord selon leur provenance et donc suivant des critères nationaux. On remarquera ainsi que les pratiques instrumentales ne sont pas forcément équivalentes des deux côtés du front : du côté allemand les accordéons diatoniques semblent plus nombreux[5] et l'utilisation de la *bumbass* ou basse des Flandres véritablement caractéristique. Ce cordophone populaire très sommairement construit (c'est un monocorde composé d'un bâton, d'une vessie – ou d'une boîte de conserve dans les modèles les plus évolués – et d'une

5. Voir Ribouillault, *La Musique au fusil*, p. 85 (figure 69).

corde tendue, mise en vibration par un archet), apparaît régulièrement sur les photographies représentant des soldats allemands[6]. Les armées alliées se sont-elles déplacées avec leurs emblèmes nationaux, voire régionaux ? On conserve de fait l'image d'un cornemuseux jouant un instrument serbe à large pavillon recourbé dans un camp à Königsbrück en Saxe[7]. On peut trouver aussi des cas surprenants comme ces hautbois et tambours asiatiques des soldats indiens débarquant à Marseille, ou ces *war pipes* jouées par l'armée des Indes[8].

En France, on utilise volontiers le mélodéon[9] dans les moments de détente, tandis que les emblèmes régionaux servent très officiellement pour les musiques de position : le musée national des Arts et Traditions populaires a reçu le don, en 1952, d'un ensemble de biñious et bombardes de la 73e territoriale d'Infanterie qui fut dirigée par le lieutenant-colonel de Quengo de Tonquédec[10]. Ces instruments à anche, emblématiques de la Bretagne, ont été probablement tournés par un facteur à Lorient (Le Goff ou Jacob), puis sans doute offerts par « L'œuvre du biniou aux armées » et joués par des soldats bretons comme l'atteste le numéro de *L'Illustration* du 3 juillet 1915[11].

Une autre façon de différencier ces instruments est de s'appuyer sur leurs caractéristiques et contrastes de facture : d'un côté les instruments manufacturés, de l'autre les instruments artisanaux, faits par des professionnels ou improvisés par les soldats. Appartenant aux premiers, on peut considérer que les instruments des régiments, que ce soient les cuivres à embouchure (clairons, trompettes, trompes de signal, tubas), les flûtes (fifres, flûtes traversières) et bien sûr les tambours, sont des instruments issus des grandes manufactures de chaque pays. De même, les instruments utilisés pendant les périodes de cantonnement sont en partie issus de la petite et moyenne industrie de la facture instrumentale. C'est le

Figure 2. Harmonica, Matthias Hohner, Allemagne, vers 1914-1918, modèle « Im Schützengraben ». Péronne, Historial de la Grande Guerre, Inv. 10 713.
© Y. Medmoun

6. Voir Ribouillault, *La Musique au fusil*, p. 94 (figure 79), 125 (figure 102), 147 (figure 119), 151 (figure 125) et 171 (figure 150).
7. Voir Ribouillault, *La Musique au fusil*, p. 119 (figure 99).
8. Voir Ribouillault, *La Musique au fusil*, p. 115 (figures 96 et 97).
9. Accordéon diatonique bi-sonore comportant une rangée de boutons pour la mélodie à la main droite, et 2 ou 4 boutons ou clefs à la main gauche pour l'accompagnement.
10. Marseille, MUCEM, Inv. 1952 110 (1 à 9). Collection donnée par Yves Moreau de Bellaing, de Guingamp (Côtes-d'Armor), comportant 2 binious et 7 bombardes.
11. Une reproduction de cette photographie est conservée aux archives historiques du MUCEM (cliché 86 63 12). Voir *Musique bretonne. Histoire des sonneurs de tradition*, Douarnenez : Le Chasse-Marée – Armen, 1996, p. 228-229.

Figure 3. Mandoline construite à partir d'un bidon, 1917. Péronne, Historial de la Grande Guerre, Inv. 33 786.

© Y. Medmoun

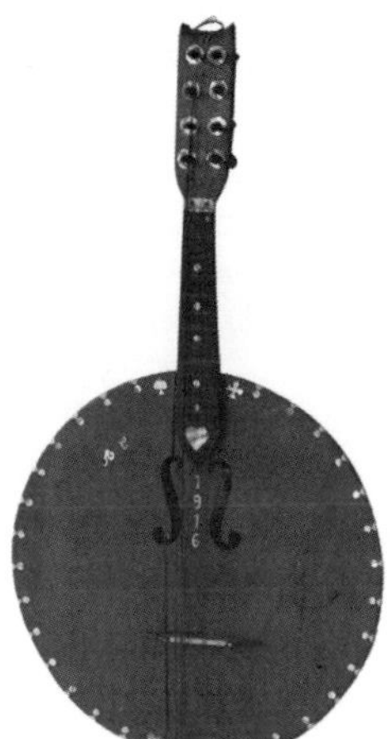

Figure 4. Mandoline construite à partir d'une bassine par « A. C. », 1916. Péronne, Historial de la Grande Guerre, Inv. 40 813.

© Y. Medmoun

cas pour les harmonicas, les accordéons (avec leurs variantes de systèmes selon les pays), les violons et mandolines manufacturés. Ces produits sont adaptés à ce nouveau marché, comme on peut le constater sur un harmonica produit par la manufacture allemande M[atthias] Hohner (Inv. 10 713) qui porte la marque « Im Schützengraben » (voir figure 2). Son étui est particulièrement éloquent aussi puisqu'il comporte une étiquette montrant les différentes occupations des soldats dans une tranchée, celles liées à la guerre et d'autres se rapportant aux rares loisirs musicaux : l'un d'eux joue de l'harmonica, l'autre de l'accordéon, deuxième spécialité bien connue de la firme Hohner.

Du côté des instruments de l'artisanat professionnel, on citera bien sûr les cornemuses et les hautbois régionaux (les vielles à roue, sans doute trop lourdes, encombrantes et fragiles, semblent absentes de ces pratiques), comme ceux de Bretagne mentionnés ci-dessus, des cornemuses du centre France (Béchonnet à Effiat) et d'Auvergne (cabrettes) n'étant pas rares dans l'iconographie des loisirs de guerre.

Viennent ensuite les instruments improvisés par les soldats, sorte d'art naïf qui touche largement les instruments à cordes. Nous l'avons vu, les *bumbass* reprennent du côté allemand une tradition multiséculaire présente dans le nord de l'Europe tant dans la musique de rue, de carnaval, que de charivari. Mais un nombre impressionnant de violons – et plus rarement de violoncelles – de toutes morphologies, aux matériaux les plus divers (montés de cordes qui ne sont pas toujours de boyau), ainsi que des pseudos banjos et mandolines, ont été patiemment préparés. Ces instruments de fortune sont souvent composés à partir d'objets usuels détournés.

On s'en fera une bonne idée en comparant deux pseudo-mandolines conservées à Péronne : l'une (voir figure 3) a été faite dans ce qui fut un bidon plat ou une boîte de conserve en fer-blanc peint (elle provient du Pas-de-Calais). L'autre (voir figure 4) est le réemploi d'une bassine également en fer-blanc à laquelle on a ajouté une table d'harmonie en acajou entourée de motifs de nacre. Bien sûr ces instruments arborent tous des dates et des inscriptions personnalisant leur appartenance et les circonstances de leur conception. C'est ce que montre l'inscription trouvée sur la face antérieure du manche traversant la caisse d'un banjo (Inv. 16 954). Elle indique qu'il a été fait à « Reims, juillet 1918, avec le concours de Bertrand », d'ailleurs à partir de la partie inférieure de la bombe[12] d'un casque Adrian.

Mais cette facture improvisée peut être entièrement manuelle et donc individuelle et dans ce cas fort créatrice, comme on le découvre sur une mandoline avec un décor floral en relief (on y dénombre coquelicot, rose, laurier disposé en couronne, lierre courant sur les éclisses) (voir figure 5). Sa caisse circulaire et son manche sont en chêne, bois trop lourd pour être habituellement utilisé en lutherie. Elle est marquée « Souvenir des campagnes 1914-1916. Didon/ Charles ».

La lutherie des instruments à cordes frottées (dérivés des violons et violoncelles) a bien sûr posé des problèmes particuliers aux soldats qui s'improvisèrent luthiers. En l'absence de fers à ployer pour préparer les éclisses, de rabots pour dégrossir d'épaisseur les tables et fonds, ces soldats-luthiers ont dû supprimer les courbes complexes comme les voûtes et réaliser un maximum de travail au canif, à la scie et à la râpe. Alban Chassac, un violoneux de campagne de Saint-Genès-de-Lombaud (33670) près de Bordeaux, se fit construire en 1915 un violon[13] dont les accessoires (chevilles, cordier, chevalet) sont des fournitures industrielles. Mais le fond plat est en noisetier, et la table en sapin provient d'une caisse d'emballage. Le corps en forme d'ogive, comportant ainsi un minimum de courbes, est monté par assemblages. La volute (d'une main sûre qui atteste une connaissance précise du modèle classique), la finesse de la touche et le joint du dos montrent une dextérité indéniable (voir figure 6). L'instrument n'a pas de barre d'harmonie, mais comporte une âme. Les ouïes ont été dégagées grâce à une scie.

Appartenant à cette même typologie des instruments populaires, un violon réalisé par Jean de Laincourt en

Figure 5. Mandoline sculptée, Charles Didon, 1914-1916. Péronne, Historial de la Grande Guerre, Inv. 17 068. Vue de face et de dos.

© Y. Medmoun

12. Il s'agit du cadre circulaire de métal découpé dans la partie bombée du casque.

13. L'instrument a été acquis par l'Historial de la Grande Guerre en 2007 (Inv. 40 093).

juillet 1916 (voir figure 7) est le fruit d'une technique toute différente qui rappelle les instruments archaïques, soit populaires, soit de type médiéval : de petite taille et creusé dans la masse (comme une pochette de maître à danser[14]), il a été affiné avec une râpe ou une lime. La table d'harmonie et la touche semblent en noyer, un bois de substitution tant pour l'épicéa des tables que pour l'ébène des touches. Ici les chevilles et le chevalet ont été faits à la main. Le profil de la volute, avec son cul-de-poule très relevé et très marqué, n'est pas sans rappeler la lutherie alémanique du XVIIe siècle[15].

Figure 7. Violon, Jean de Laincourt, juillet 1916. Péronne, Historial de la Grande Guerre, Inv. 25 058. Vue de face et de dos.

© I. Muthesius

Figure 7 *bis*. Violon, Jean de Laincourt, juillet 1916. Péronne, Historial de la Grande Guerre, Inv. 25 058. Détail de la volute.

© I. Muthesius

Plus proche du travail d'un sculpteur que de celui d'un menuisier sans outils appropriés, un autre violon montre combien chaque instrument reste la création et l'interprétation très

Figure 6. Violon, construit pour Alban Chassac, 1915. Péronne, Historial de la Grande Guerre, Inv. 40 093. Vue de face et de dos.

© Y. Medmoun

14. Sur la typologie et la technique de construction des pochettes, voir Claude Lebet, *La Pochette du maître à danser*, La Chaux-de-Fonds : l'auteur, 1999, p. 9.

15. Voir Olga Adelmann & Annette Otterstedt, *Die Alemannische Schule. Geigenbau des 17. Jahrhunderts im südlichen Schwarzwald und in der Schweiz*, Berlin : Musikinstrumenten-Museum, 1997 (notamment les planches regroupant les profils de volutes, p. 184-188).

personnelle d'un individu. Le violoniste René Moreau (1883-1964), un élève de Guy Ropartz au conservatoire de Nancy, n'est sans doute pas l'auteur de son instrument de campagne (voir figures 8 et 9), contrairement à ce qu'écrit sa fille au moment où elle offre l'instrument au musée du Conservatoire de Paris (voir ci-après). Il semble plutôt l'œuvre d'un sculpteur que d'un habitué des proportions de violon. Cheviller et manche sont monoxyles. Les éclisses, qui n'ont pas de traces de pliure, sont encastrées dans la table d'harmonie et le fond, comme dans les violons archaïques. Elles sont achevées par de la peau de chèvre. La sculpture en relief du fond, avec des feuilles de chêne (reprises sur la table) et des tiges végétales verticales inspirées de l'Art nouveau, ainsi que l'exubérance de la volute – mi-hippocampe, mi-feuillage – constituent un cas extrême.

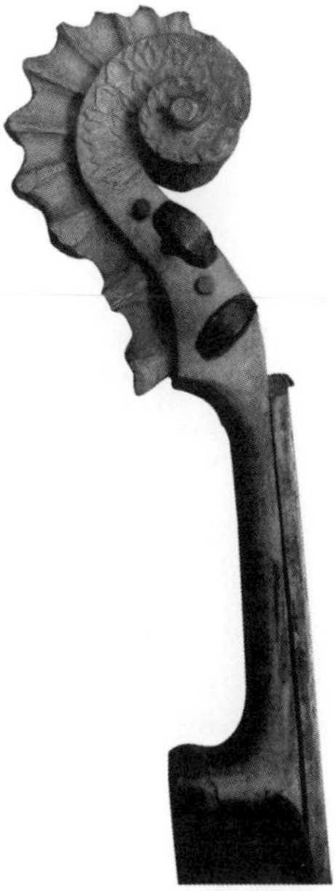

Figure 8. Violon construit pour René Moreau, 1914-1918. Paris, musée de la Musique, Inv. E. 972 2 1. La caisse vue de face et de dos.

© I. Muthesius

Si l'on passe maintenant aux violoncelles, on remarquera que les contraintes posées par leurs proportions en font des instruments répondant à des critères relevant des deux catégories précédentes : conception et réalisation individuelles, mais réutilisation d'objets utilitaires (notamment d'indispensables caisses de bois de sapin).

Figure 9. Violon construit pour René Moreau, 1914-1918. Paris, musée de la Musique, Inv. E. 972 2 1. Détail de la volute et détail du tenon-cordier.

© I. Muthesius

Figure 10. Violoncelle de guerre, Marcel Larguier d'après les plans de Joseph Gribaud, Mareuil-sur-Oise, 2 décembre 1916. Péronne, Historial de la Grande Guerre, Inv. 47 719.

© Y. Medmoun

Figure 11. Violoncelle de guerre, Neyen & Plique, 30 juin 1915, construit pour Maurice Maréchal. Paris, musée de la Musique, Inv. E. 969 3 1. La caisse.

© I. Muthesius

L'Historial de la Grande Guerre de Péronne a pu acquérir, en décembre 2007, un violoncelle fabriqué en décembre 1916 à Mareuil (Oise), par un sapeur du 7e génie, Marcel Larguier, sur les plans de Joseph Gribaud (voir figure 10). Sans coins, sa morphologie rappelle de loin le violon de Chanot, mais ses proportions sont très maladroites. Fond et table sont plats, décorés de motifs floraux gravés et teintés. Les éclisses sont plates, cintrées, encastrées semble-t-il[16]. Les ouïes, en forme de « S » sont placées très haut et inversées par rapport aux usages. Cet instrument très rustique eut très vraisemblablement une utilisation populaire.

Contrastant par sa massive et sobre construction, mais aussi par son renom, le violoncelle de guerre de Maurice Maréchal (1892-1964), concertiste et pédagogue de réputation internationale, a été construit pour ce musicien par deux menuisiers (Neyen et Plique, qui ont signé leur travail) à partir d'une caisse de munitions (voir figures 11 et 12). Comme l'écrira plus tard la veuve de l'interprète, « seul le chevalet et le sillet ont été envoyés au front par la mère de l'artiste ». Nommé « Le poilu », peu après sa construction fin octobre 1915, l'instrument est mentionné plusieurs fois dans le journal de guerre de Maréchal récemment publié[17], mais les circonstances de sa construction ne sont jamais précisées. Il avait en tout cas, selon son utilisateur, « un son de viole de gambe », expression qui souligne probablement une attaque précise et un timbre plus nasal qu'ample dus à une caisse plate et polygonale, éclisses comprises, à l'utilisation d'un bois résineux grossier pour tout l'instrument et aussi à l'absence de voûtes. Les inscriptions portées dans et sur l'instrument indiquent auteurs, date et lieu de fabrication (respectivement Neyen & Plique, [62460] Ourton, 30 juin 1915).

La notoriété du musicien est également proportionnelle à celle de son auditoire, comme cet instrument en porte

16. Nous n'avons pu étudier l'instrument. Nous remercions vivement Marie-Pascale Prévost-Bault de nous avoir envoyé des photographies et une notice signalétique.

17. Voir Lucien Durosoir & Maurice Maréchal, *Deux Musiciens dans la Grande Guerre*, présentation de Luc Durosoir, préface de Jean-Pierre Guéno, Paris : Tallandier, 2005, p. 223-343 (première mention p. 265, note 1).

le témoignage : les généraux Henri Gouraud (1867-1946), Ferdinand Foch (1851-1929) et Charles Mangin (1866-1925), ainsi que les maréchaux Joseph Joffre (1852-1931) et Philippe Pétain (1856-1951) ont apposé leur signature à différents emplacements du corps de l'instrument. Sur le plan de ses caractéristiques typologiques, ce violoncelle présente une grossière volute en rouleau (pour reprendre une expression des inventaires d'ateliers du XVIIIe siècle employée pour désigner les volutes très sommaires des petites violes à bon marché[18]) qui le rapproche d'un autre violoncelle de campagne, celui de François Gervais (1885-1956), violoncelliste à l'orchestre des Concerts Lamoureux (voir figures 13 et 14). Son instrument fut fabriqué entre fin mai et début juin 1915 par un de ses compagnons du 313e régiment d'Infanterie, charpentier de son état, portant le patronyme de Montereau.

Cet instrument est exceptionnellement bien documenté puisqu'il est accompagné de plusieurs photographies (voir figures 15 et 16) montrant le musicien en situation de jeu, mais surtout par plusieurs documents autographes :

- un manuscrit non relié (voir sa description et notre transcription en annexe du présent article), explicitant sous une forme rédigée, mais avec des repentirs, la genèse et la réalisation de l'instrument. Ce manuscrit est écrit après la confection de l'instrument (fin mai-début juin 1915), mais avant décembre 1915, date de la mise en place d'une barre d'harmonie, dont l'absence est explicitement mentionnée, alors qu'elle est décrite dans le petit carnet dont la description suit ;
- un petit carnet (Inv. 23 391), portant pour titre *Violoncelle « Montereau »* : 14,5 × 9,5 cm, il est composé de huit feuillets recto verso, consistant en une description sommaire, avec les dimensions et matériaux de l'instrument, accompagnée de nombreux croquis techniques et d'une « Critique » pendant ses mois d'utilisation sur

Figure 12. Violoncelle de guerre, Neyen & Plique, 30 juin 1915, construit pour Maurice Maréchal. Paris, musée de la Musique, Inv. E. 969 3 1. Détail de la fixation du manche.

© I. Muthesius

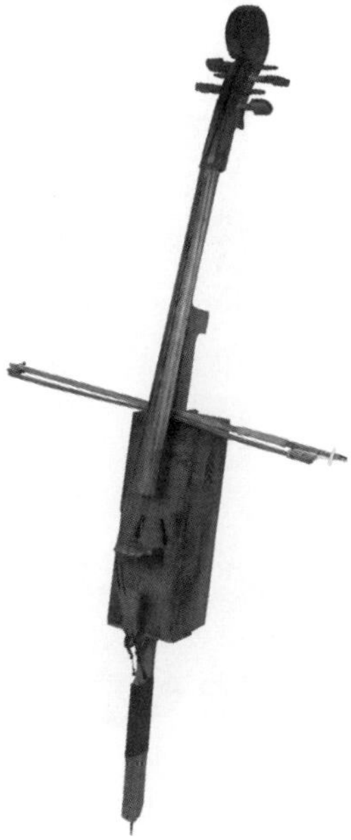

Figure 13. Violoncelle de guerre, Montereau, mai-juin 1915, construit pour François Gervais. Péronne, Historial de la Grande Guerre, Inv. 23 375.

© Y. Medmoun.

18. Voir Sylvette Milliot, *Documents inédits sur les luthiers parisiens du XVIIIe siècle*, collection Publications de la Société française de musicologie, Paris : Société française de musicologie – Heugel & Cie, 1970, p. 129 (inventaire après le décès de Nicolas Bertrand, 10 novembre 1725 : « un pardessus a roulleaux »).

sa solidité, sa sonorité, sa réalisation. Il se termine par un « Tableau des pertes du Régiment » d'août 1914 à septembre 1917 et par une très courte notice sur le *Violoncelle « Koch »* (voir les figures 17 à 24)[19] qui ne semble pas nous être parvenu.

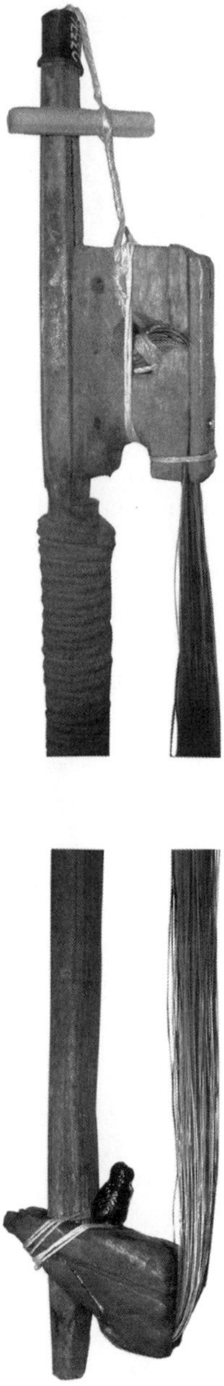

Figure 14. Violoncelle de guerre, Montereau, mai-juin 1915, construit pour François Gervais. Péronne, Historial de la Grande Guerre, Inv. 23 375. Détail de la pointe et de la hausse de l'archet.

© I. Muthesius

Figure 15. François Gervais jouant son violoncelle avec son régiment. Péronne, Historial de la Grande Guerre.

© Y. Medmoun

19. Pour une étude de cet instrument, voir Éric Sauda, *Le Violoncelle de François Gervais construit au front en 1915*, mémoire de maîtrise de l'université Charles-de-Gaulle – Lille III, 2004 (133 pages). L'auteur ne donne malheureusement aucune précision sur la nature et les références des manuscrits autographes qu'il a eu à sa disposition. Sa transcription des deux documents ci-dessus mentionnés est malheureusement entachée de très nombreuses approximations et de lectures fautives. Son analyse organologique de l'instrument aurait mérité une meilleure connaissance de la lutherie classique et des traités de référence en matière de facture instrumentale. Sa démarche centrée sur la sonorité hypothétique de l'instrument nous semble illusoire.

Figure 16. François Gervais jouant son violoncelle. Péronne, Historial de la Grande Guerre.

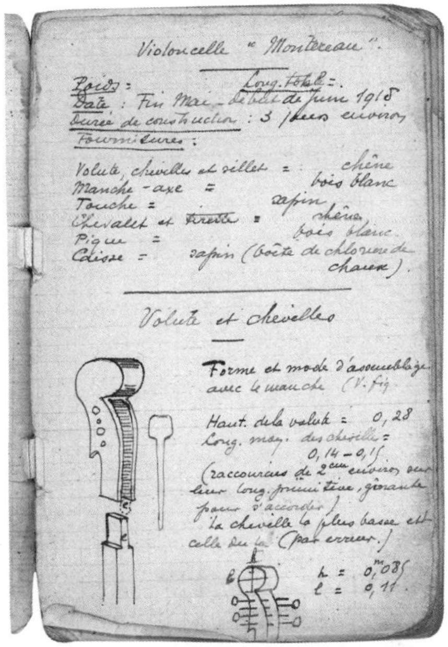

Figures 17 à 24. Carnet décrivant le *Violoncelle « Montereau »*, manuscrit autographe de François Gervais, 1915-1917. Péronne, Historial de la Grande Guerre, Inv. 23 391.

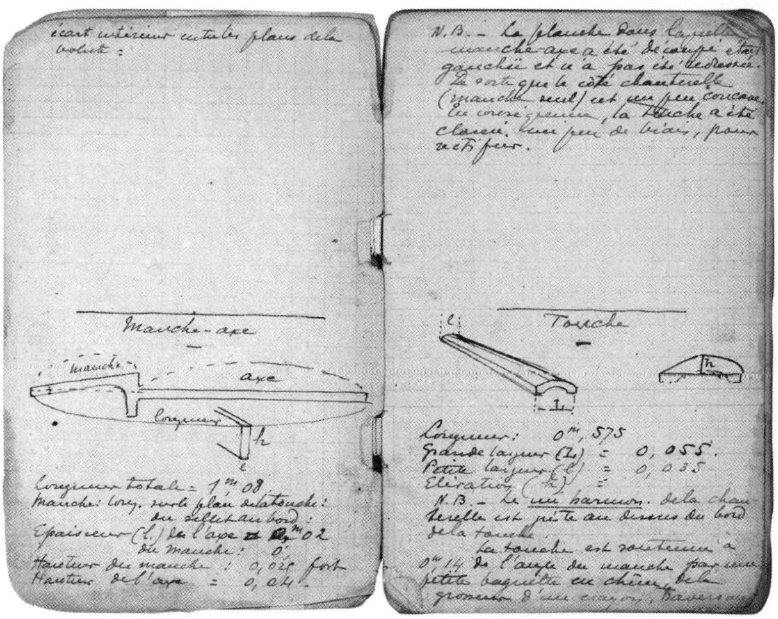

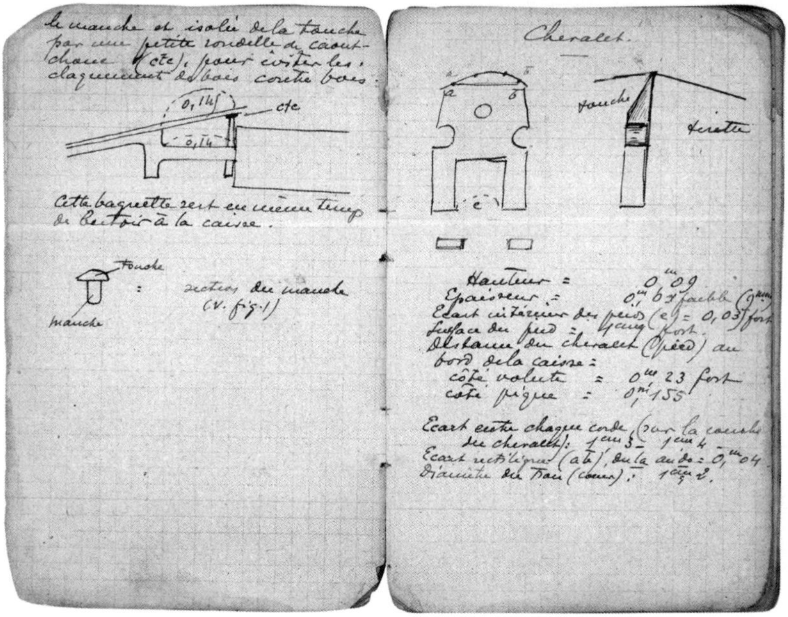
Chevalet.
Hauteur = 0,09
côté volute = 0m 23 fort
côté pique = 0m155

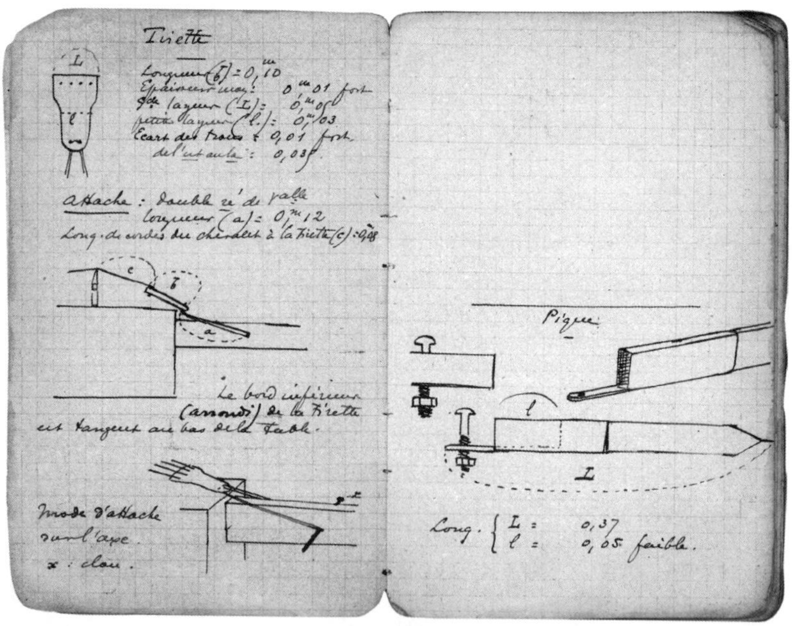
Tirette
Pique
Long. { L = 0,37
l = 0,05 faible.

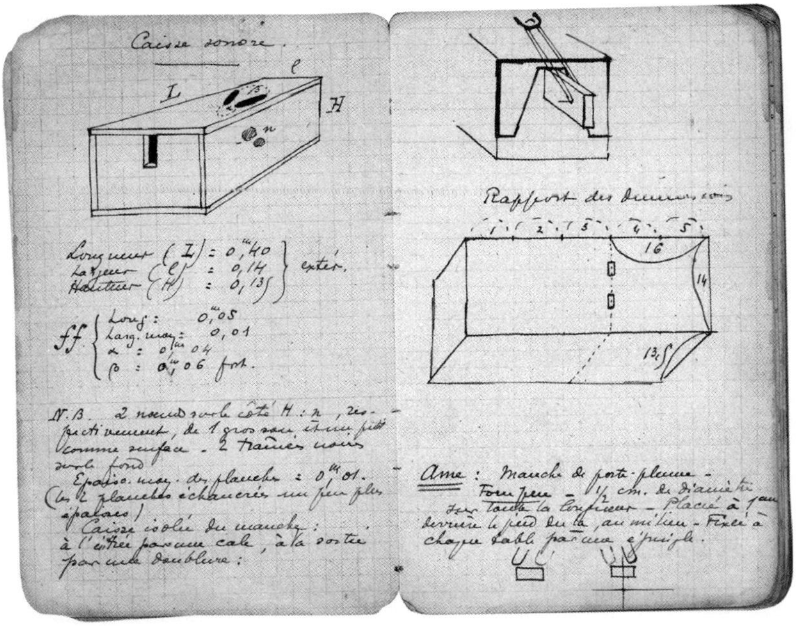
Caisse sonore.
L
l
H
n
Longueur (L) : 0m,40
Largeur (l) : 0,14
Hauteur (H) : 0,135
extér.
ff
Long : 0m,05
Larg. moy. : 0,01
α : 0m,04
β : 0m,06
Caisse isolée du manche :
Rapport des dimensions
1 2 3 4 5
16
14
13,5
Ame : Manche de porte-plume.

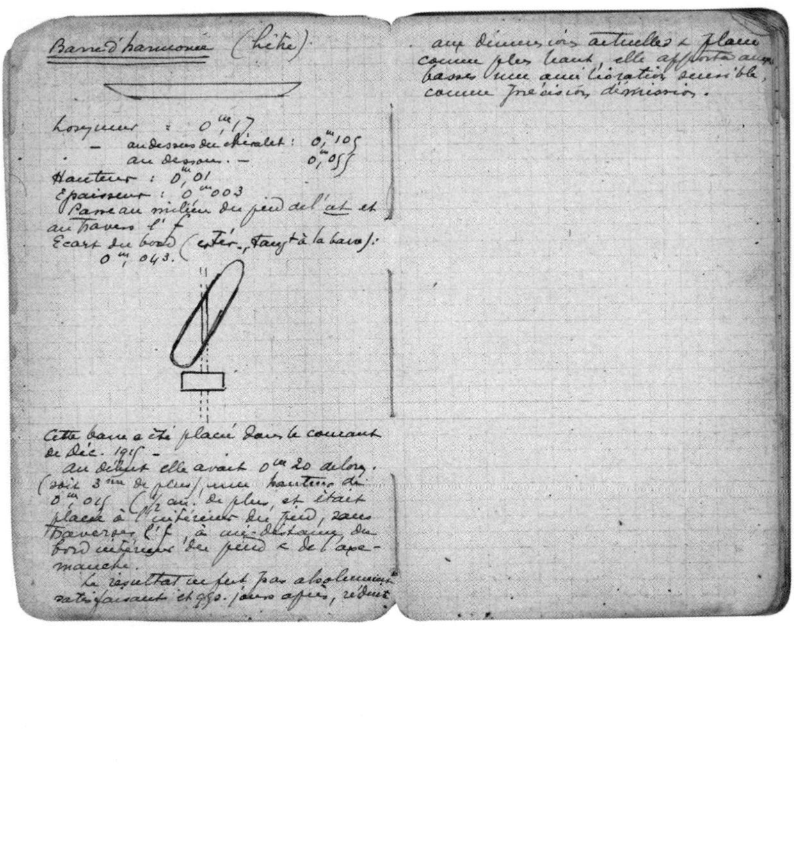
Barre d'harmonie (hêtre).
Longueur : 0m,17
Hauteur : 0m,01
Epaisseur : 0m,003
Ecart du bord
0m,043.
Cette barre a été placée dans le courant de Déc. 1915 –

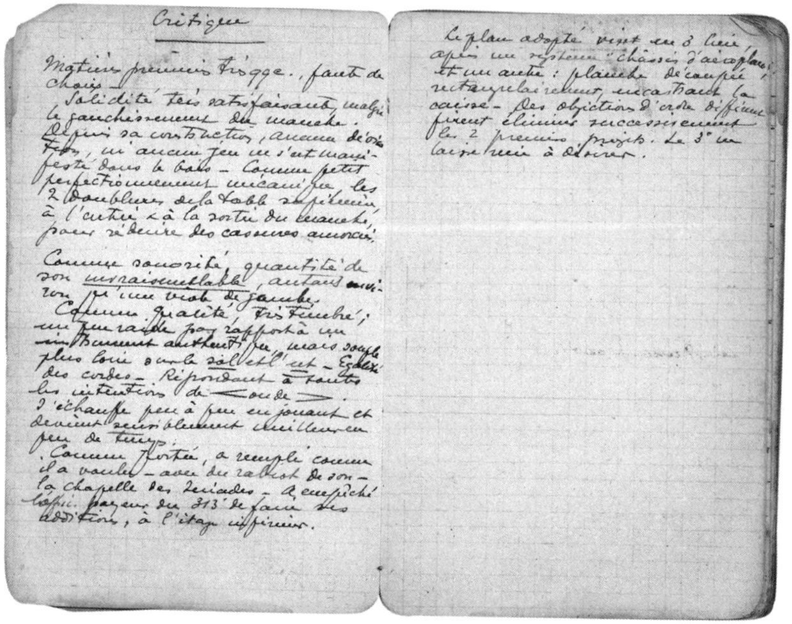
Critique

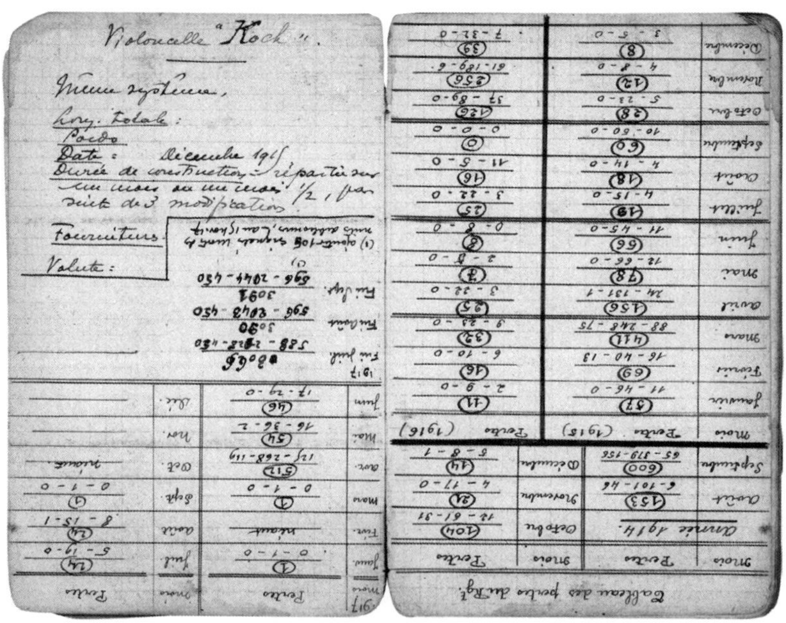
Violoncelle « Koch ».
Tableau des pertes du Rgt.

Par ailleurs, l'Historial dispose des dix carnets de guerre tenus par François Gervais dont voici le détail :

Numérotation du carnet par François Gervais	N° d'inventaire Historial de la Grande Guerre	Dates extrêmes relevées
1	23 389	8 août 1914 – 28 octobre 1914
2	23 379	29 octobre 1914 – 10 janvier 1914
3	23 380	14 janvier 1914 – 28 août 1914
4	23 381	7 septembre 1914 – 9 janvier 1915
5	23 382	10 janvier 1915 – 11 juin 1915
6	23 383	12 juin 1915 – 7 septembre 1915
7	23 384	21 septembre 1915 – 8 décembre 1916
8	23 385	8 décembre 1916 – 1er mai 1917
9	23 386	2 mai 1917 – 14 août 1917
10	23 387	avril 1918 – 17 mars 1919

Tableau récapitulatif des carnets de guerre de François Gervais : 8 août 1914 – 17 mars 1919.

Deux autres carnets, de mêmes dimensions (14,5 × 9,5 cm), tenus par François Gervais, sont consacrés à des statistiques[20]. En mettant en relation l'ensemble de ces sources (les dix carnets ci-dessus restant très avares de notations sur l'instrument et son utilisation musicale puisqu'il est l'objet des deux autres sources manuscrites mentionnées en premier), avec l'instrument conservé depuis 1999 à l'Historial, grâce au don de Françoise Gervais (décédée en 2006, professeur d'analyse au Conservatoire de Paris et fille de François Gervais), voici les détails qui caractérisent cet instrument par rapport à tous ceux que nous avons pu observer précédemment : le corps est fait à partir d'une caisse d'emballage en sapin qui contint du chlorure de chaux (d'où la sécheresse exceptionnelle du bois), il est « embroché » sur un axe monoxyle avec le manche (comme dans le cas d'un banjo ou de nombreuses vièles non européennes) ; la pique est télescopique ; l'archet dispose d'une hausse coincée qui retrouve les principes de tension de la mèche utilisés dans les archets du XVIIe siècle, le système de fixation de la mèche à la pointe de l'archet étant proche de celui de nombreux archets observés en ethnographie et les crins noirs étant équivalents de ceux que l'on observe sur les archets représentés dans les natures mortes de l'époque baroque. En l'absence de colle, tout est assemblé, ligaturé, cloué, vissé (voir le boulon de la pique télescopique).

20. Le carnet 23 388 concerne les renforts, l'état-major du 313e, les mouvements, les tués et blessés, les citations à l'ordre de la IIIe armée, d'août 1914 à décembre 1915. Le carnet 23 390 concerne la campagne 1914-1915 avec le résumé des pertes du 313e régiment d'Infanterie, avec pourcentages, et tableau synoptique des pertes par régiment et bataillon, d'août 1914 à décembre 1915.

Le plus frappant reste la démarche conceptuelle et, comme lors d'une réalisation expérimentale, l'évaluation constante des solutions, des résultats, laquelle est parfois suivie de modifications. Les notations consignées dans la partie « Critique » du carnet 23 391 concernant la solidité assez bonne, la puissance « invraisemblable » qui est comparée à celle d'une viole de gambe (notation qui rappelle le commentaire de Maurice Maréchal cité ci-dessus à propos de son propre violoncelle de campagne), et la cohérence du plan et du choix de construction, renvoient à plusieurs remarques contenues dans le manuscrit non daté.

Fonctions

C'est bien sûr en lisant les multiples carnets de guerre, conservés notamment à l'Historial de la Grande Guerre, que l'on pourrait retracer avec précision les diverses circonstances d'utilisation de ces instruments, si différents dans leurs typologies :

– « fonction militaire de combat » pour les instruments qui sont avant tout des bruiteurs chargés d'indiquer les déplacements dans le tohu-bohu effrayant du front (c'est vrai des sifflets, trompes, crécelles, sirènes, voire des cloches) ;

– « fonction militaire de représentation », notamment pour les clairons et tambours d'infanterie et les trompettes de cavalerie, au langage codifiant le rituel des armées. On note dans l'un des carnets de Maurice Maréchal, le 20 août 1915 : « Ce qui me fit le plus d'impression, c'étaient les commandements brefs des chefs et les mouvements brusques exécutés dans le silence par toutes ces armes, tandis que les musiques envoyaient dans l'air pur *La Marseillaise*[21] » ;

– « fonction ludique et d'exutoire », adaptation des musiques populaires, entre bal musette, jazz et orphéons : c'est celle qu'incarne le jeu des harmonicas, des *bumbass*, des mandolines et violons accompagnant chansons et danse ;

– « fonction d'évasion », salvatrice, poétique, esthétique, mais aussi funèbre et religieuse, parfois mondaine, souvent élitaire : là encore, les carnets de guerre de Maurice Maréchal en donnent des exemples variés. Le 1er novembre 1915, il note ainsi :

> Le pays est agréable et j'ai trouvé à faire de la musique avec une bonne musicienne, madame de Francqueville. Elle a des sonates de piano et violon de Haendel tout à fait merveilleuses. J'ai bénéficié grâce à ce pauvre « Poilu » si modeste, que me portent Neyen et Plicque [sic], d'une chambre dans ce château dont, trois jours plus tôt, j'habitais majestueusement les communs en compagnie des téléphonistes. Nous jouons à l'église, hier et ce matin. L'harmonium est bon. Hier : marche de Gluck, andante de Thomé, ce matin : les *Chants russes*, et pour la Toussaint : le *Panis angelicus*[22].

---

21. Durosoir & Maréchal, *Deux Musiciens dans la Grande Guerre*, p. 255.
22. Durosoir & Maréchal, *Deux Musiciens dans la Grande Guerre*, p. 265-266.

Le 23 février 1916, il retrouve Durosoir et joue sur son « Poilu » :

> Enfin, j'arrivais à Saleux vers 5 heures. Tout de suite on me mena au lieutenant Lainé et Durosoir et les autres arrivés. On entra au salon et nous nous mîmes à table devant un quatuor de Grieg. Mon violoncelle amusait beaucoup les autres. Durosoir disait que ce violoncelle ferait le désespoir des luthiers. Puis Mangin fit son entrée. Très très aimable ! Il s'amusa aussi beaucoup du violoncelle-Poilu. Et je lui jouai dessus les *Chants russes*. Il me demande mon nom et dit : « C'est un nom bien militaire » ; enfin, il fut charmant. Il doit donner dimanche une soirée à des officiers anglais et, dit-il, ce violoncelle sera sûrement une grosse attraction[23].

> Mercredi 1er mars 1916. Saint-Rémy-en-l'Eau. [...] à 7 heures, Mangin nous priait de venir, il voulait offrir un peu de musique à ses hôtes. La marquise, en effet, était là avec ses filles et le général avec tout son état-major. J'ai eu beaucoup de succès avec mon instrument que tout le monde regardait sur toutes les coutures. Un capitaine de cavalerie surtout n'en revenait pas. Mangin se fit encore donner des détails. Il est évident qu'ils furent épatés d'entendre la *Tarentelle* là-dessus[24].

Le dimanche 11 juin 1916, les musiciens du général donnent « Deux séances pour les poilus. Au programme : quatuor de Beethoven (*Les Harpes*), sonate de Franck, poème de G. Dupont » et il remarque que « l'attention religieuse de tous était vraiment notre meilleure récompense. Je crois qu'il serait bon de leur donner souvent de la bonne musique comme cela. C'est un moyen d'évasion admirable[25]. »

On le voit, les acteurs sont conscients du pouvoir de leurs instruments. Plusieurs décennies plus tard, après leur disparition, leurs descendants vont ajouter voire modifier le message symbolique de ces instruments de fortune dont les qualités sonores et fonctionnelles sont pour nous impossibles à restituer et évaluer. La fonction mémorielle, quasi héroïque, dépasse largement celle que les musiciens du front prétendaient donner à ces instruments. Et l'on remarquera que les musées, quels qu'ils soient, ont rarement répondu aux vœux de sacralisation des donateurs.

Transmission

Il faut en effet rappeler que le premier don d'un instrument de la Grande Guerre (le violoncelle de Maréchal) au musée du Conservatoire de Paris date de 1969, soit un demi-siècle après les événements. Il est suivi par celui du violon de René Moreau en 1972. Quant aux instruments conservés aujourd'hui à l'Historial de la Grande Guerre de Péronne, ils y entrent à la fin des années 1980. Il faudrait bien sûr compléter ces informations avec celles que devraient fournir les collections du musée de l'Armée.

Dans la plupart des cas, outre les courriers de donation mentionnant l'instrument, il subsiste des documents de natures variées. Des photographies du soldat avec son instrument, pendant la guerre, mais aussi après la guerre, en uniforme, posant pour la postérité.

23. Durosoir & Maréchal, *Deux Musiciens dans la Grande Guerre*, p. 282-283.
24. Durosoir & Maréchal, *Deux Musiciens dans la Grande Guerre*, p. 285.
25. Durosoir & Maréchal, *Deux Musiciens dans la Grande Guerre*, p. 302.

Figure 25. Alban Chassac posant avec son violon en 1922, D. Castéra, Bordeaux. Péronne, Historial de la Grande Guerre, Inv. 46 093.

© Y. Medmoun

Le donateur, le plus souvent de la famille en ligne directe, ajoute en général une notice dont nous verrons qu'elle est déjà acte de mémoire, avec ses détails héroïques et anecdotiques parfois édulcorant le témoignage direct du soldat. Mais la donation peut s'accompagner de la documentation préparée par le soldat lui-même, comme les manuscrits autographes de François Gervais expliquant la construction et toutes les caractéristiques de son instrument. C'est un cas extrême et probablement unique.

Si nous revenons au violon d'Alban Chassac de 1915 présenté plus haut, remarquons que lors de la proposition de vente faite en février 2007 à l'Historial de la Grande Guerre par son petit neveu, l'instrument est accompagné d'une photo détourée, prise en 1922 par « D. Castéra/[à] B[ordeaux] » (voir figure 25). Le détourage est le symptôme d'un travail mémoriel.

Le cas du violon de René Moreau (1883-1964), fils, petit-fils et frère de musiciens et de compositeurs (piston, violon), est sans doute encore plus caractéristique. Il suffit de lire la lettre de donation de sa fille au musée du Conservatoire, le 1er juillet 1972, qui compose déjà un récit où les détails pittoresques, voire purement fantaisistes (ils ne résistent pas à la mise en rapport avec notre analyse typologique) et la mise en scène ne sont pas absents :

> Mais je veux essayer de faire l'historique du violon de papa : construit dans les tranchées en Alsace. Fait d'une vielle boîte de madeleines de Commercy. Tout travaillé et sculpté au couteau de poche ! teint... à la teinture d'iode ! agrémenté de peau de chèvre sur les côtés. Je ne sais d'où venaient les cordes, en tout cas, l'archet a été fait avec les crins de la queue du cheval du colonel ! L'instrument marchait si bien qu'avec celui-ci il joua la *Méditation de Thaïs* aux Boches de la tranchée d'en face. Il joua, monté sur une petite éminence. Tout le monde se tut et l'écouta jouer ! le lendemain, on entendait jouer de la musique dans la tranchée adverse...
>
> Un autre violon, plus étrange encore dans sa forme, et tenant presque de l'imagination hugolienne, a été exposé juste après la guerre de 14, a eu le premier prix (artistes de l'Armée[26]) et c'est avec ce prix que René Moreau a offert à ma mère sa bague de fiançailles[27].

Mlle Moreau ajoute une notice destinée à la présentation de l'instrument dans les vitrines du musée. On notera maintenant le changement de ton (dans un registre commémoratif

26. Nous ne désespérons pas de trouver la trace de ce concours.
27. Mlle Moreau, lettre de donation du violon de son père, René Moreau, au Conservatoire, 1er juillet 1972. Paris, musée de la Musique, dossier administratif de l'œuvre.

et presque épique), les précisions supplémentaires, les variantes dans l'établissement de la chronique :

> 1914-1918 : dans les tranchées –
>
> Armé de son talent, de son couteau de poche et d'une immense patience, René Moreau a taillé ce violon, chevilles comprises, dans les seuls matériaux que lui offrait la nature, alors ravagée par la folie des hommes.
>
> Ce violon est né aux confins des Vosges et de l'Alsace, d'un grand sapin abattu pour la cause et de divers matériaux complémentaires recueillis au hasard des étapes.
>
> L'instrument marchait d'une façon assez satisfaisante pour que, grâce à lui, René Moreau puisse relever le défi lancé par un camarade sceptique. C'est ainsi qu'il joua *La Méditation de Thaïs*, monté sur une petite éminence, face aux tranchées ennemies. L'exploit dura 25 minutes... le lendemain, on entendait notamment jouer de l'harmonica chez l'adversaire. Pas une balle n'avait rompu la trêve.
>
> René Moreau (1883-1964), artiste-musicien, élève de Guy Ropartz, Conservatoire de Nancy. Pendant la guerre de 14-18 : musicien brancardier au 152e R.I.[28].

Concernant maintenant le violoncelle de Maurice Maréchal, notons qu'il est presque toujours associé à diverses photos (voir figures 26 et 27). Elles ne peuvent malheureusement être mises en rapport avec les situations de jeu décrites dans ses carnets. Elles ont cependant une fonction mémorielle indéniable.

Figures 26 et 27. Maurice Maréchal posant avec son violoncelle. Paris, musée de la Musique.

28. Mlle Moreau, lettre de donation du violon de son père, René Moreau, au Conservatoire, 1er juillet 1972. Paris, musée de la Musique, dossier administratif de l'œuvre.

Lorsque Mme Loïs Maréchal, sa veuve, offre le violoncelle en octobre 1969 au musée du Conservatoire de Paris, elle propose des tirages de ces photographies et les accompagne, comme le fera Mlle Moreau pour le violon de son père, d'une notice qui replace l'instrument dans son contexte historique :

> Le violoncelle de guerre était fabriqué pour Maurice Maréchal pendant que le régiment était au repos, derrière les lignes dans le Pas-de-Calais, à Ourton (juin, 1915).
>
> Deux menuisiers, Neyen et Plique l'ont construit dans une caisse de munitions, et l'ont signé de leur nom (côté inférieur à droite) avec l'indication : 274e reg. D'Infanterie en Campagne – 30 juin 1915. Ce violoncelle était nommé « Le poilu » par Maréchal. Seul le chevalet et le sillet ont été envoyés au front par la mère de l'artiste.
>
> Grand fut l'étonnement des deux menuisiers quand ils entendirent, dans une cour de ferme, à Ourton, cette voix dont ils étaient les créateurs.
>
> Maréchal, avec son ami André Caplet, jouait souvent au Quartier général, soit des sonates, soit en trio ou quatuor. C'est ainsi que les Maréchaux de France ont apposé leur [sic] signatures sur la table de l'instrument, après les concerts. On peut lire la signature de Joffre (partie inférieure gauche), celle du Maréchal Foch (partie supérieure droite), celle du Général Mangin (coin supérieur gauche) et celle de Goureau [sic] et Pétain vers le centre droit.
>
> Chaque fois que le régiment se déplaçait pour aller au front l'instrument voyageait dans le fourgon de ravitaillement au dessus des conserves, dites « boites [sic] de singe ». C'est ainsi qu'il fut amené deux fois au siège de Verdun[29].

On voit combien ce récit, fondé sans doute sur les souvenirs de l'époux, mais pas sur ses carnets, retient certains détails du récit oral familial qui peuvent cependant être vérifiés par d'autres sources : une lettre du général Mangin à sa femme confirme ainsi : « Le violoncelle nous suit, à mon insu, déguisé en quartier de bœuf dans un sac à viande[30]. »

Finissons avec le violoncelle de François Gervais. Nous avons proposé une datation pour les deux manuscrits (carnet et feuilles séparées) qui le documentent avec tant de précisions. Même si tous deux ont été rédigés pendant la guerre, ils ne sont pas un journal de bord à proprement parler. Dans les deux cas, il s'agit de sources à caractère historiographique, c'est-à-dire de notes rédigées ultérieurement à la conception et la réalisation de l'instrument, en pleine conscience de leur future dimension historique. Une sorte de travail de documentation comme l'indique d'ailleurs Gervais, dans son désir manifeste de témoigner pour la postérité. Ceci n'est bien sûr pas négligeable, dans la perspective de cet acte de transmission qui apparaît particulièrement fort dans le cas de cet instrument.

Les instruments de soldats peuvent ainsi apparaître comme émouvants, anecdotiques, mais aussi relevant des arts populaires et même de l'art brut. Observons que beaucoup de créateurs et d'utilisateurs de ces instruments les ont entourés, peu de temps après leur création, de messages variés devant leur permettre de consacrer leur rôle de porteur

29. Paris, musée de la Musique, dossier administratif de l'œuvre.

30. Charles MANGIN, *Lettres de guerre (1914-1918)*, édition de Claude MANGIN & Louis-Eugène MANGIN & Stanislas MANGIN, Paris : Arthème Fayard, 1950, p. 65 (lettre du 16 novembre 1916). Je remercie vivement Georgie Durosoir d'avoir attiré mon attention sur ce témoignage.

de mémoire : photographies pour l'exemple, témoignages et récits recomposés. Quant aux descendants des créateurs, au moment de faire passer ces objets du cadre familial et domestique à la visibilité publique, ils les ont également accompagnés de notices constituant souvent une geste dont les termes doivent retenir tout autant notre attention.

Annexe

Manuscrit autographe de François Gervais décrivant la genèse et la réalisation de son violoncelle de campagne[1]

L'idée d'avoir un violoncelle, ou plus exactement de me faire construire un violoncelle, m'est venue dans les circonstances suivantes :

Le 8 ou le 9 mai – c'était à Bellefontaine où il y avait un peloton d'Instruction, dont la direction était confiée au lieutenant-colonel de Galembert, qui résidait alors à Puteaux – l'idée vint de faire le soir une petite représentation en plein air en recrutant dans le peloton les talents divers et les bonnes volontés. Le colonel Galembert approuvait beaucoup ce genre de délassement pour les hommes. Donc dans l'après-midi, on dresse une petite scène entourée de verdure, située en plein pré, éclairée de quelques lampions, quelques chaises pour les officiers, des bancs et... la pelouse pour le reste du public. Le programme était constitué par des chansons sentimentales ou comiques, des monologues, des pièces de vers.

Vers la fin de l'après-midi, comme on attendait l'arrivée du colonel, invité à dîner par le capitaine et le lieutenant commandant de peloton, on me signale l'existence d'un violon construit par un artilleur du 45e. Cet artilleur était venu à la fête avec quelques camarades. On me donna en même temps quelques vagues détails mais passablement intrigants sur l'anatomie de ce violon. Je sors, je m'informe ; on appelle « Albrecht, amène ton violon ». Albrecht s'approche et me tend son instrument : une boîte à harengs, avec des côtés plats et plans, un manche, une touche, un chevalet et 4 cordes ! Ce qui frappait d'abord l'œil, c'était l'absence absolue de lignes courbes, puis les dimensions inusitées du manche, de moitié plus long que ce que l'on aurait attendu, au total un peu la silhouette d'une guitare, dont la boîte aurait été établie à la règle. Tout de même, il y avait bien des petits bouts de courbe, mais si peu, dans les coins, comme honteux et difficiles à percevoir. Au milieu du cercle de curieux qui se pressait autour de nous, je tournai et retournai l'instrument

1. Document composé de 21 feuillets (dont 10 numérotés et 10 non numérotés) non reliés, 20 × 15 cm, sans titre, sans date [entre juin et décembre 1915], Péronne, Historial de la Grande guerre, sans numéro d'inventaire. La transcription qui suit a été uniformisée (orthographe, ponctuation, etc.). Une version page à page, avec un titre qui ne correspond pas à la nature du document (ce n'est pas un « carnet »), des passages non déchiffrés et des erreurs de transcription, figure dans le travail de maîtrise d'Eric Sauda (cité note 19 page 50 du présent ouvrage) aux pages 87-106 de son mémoire.

sur toutes ses faces (et Dieu sait combien il [en] avait !). Albrecht attendait mon avis ; je fis sonner les cordes avec mon pouce : c'était menu de son, d'une portée limitée, mais clair. En toute sincérité, je complimentai Albrecht, en faisant quelques restrictions pour le format inusité du modèle, qui devait être trompeur pour un exécutant habitué à un instrument exact. Albrecht me répondit fort justement qu'il y était accoutumé et que cela ne gênait point.

Jusque-là tout allait bien ; j'étais content d'avoir vu cette curiosité. Mais tout de suite les choses se gâtèrent : quelqu'un fit à haute voix la réflexion qu'il fallait que j'en joue le soir. Or j'étais hors d'état de jouer convenablement de cet instrument-là qui m'était inconnu ; il y avait une dizaine de mois que mes doigts ne savaient plus ce que c'était qu'un instrument. Je me défendis donc comme un beau diable – « Mais si ! » – « Mais non ! » – J'aurais eu le dernier mot, si le sous-lieutenant adjoint au colonel, et mon supérieur direct, n'était intervenu à son tour, joignant ses instances aux autres, parlant au nom du colonel, « qui serait certainement ravi... », etc. Je me trouvais seul de mon avis, bien qu'ayant raison – je cédai ; et avec l'état d'âme que dût avoir Samson faisant crouler les colonnes du temple, je répondis : « Et bien, c'est bon : je jouerai ce soir. Mais qu'on me laisse l'instrument avant ! » – Et je m'enfermai avec, me rendant compte des intervalles, me rendant surtout de plus en plus compte de la difficulté que j'aurais à en tirer des notes justes. Et l'archet ! une baguette de noisetier, du crin tendu avec des fils de cuivre, les parties les plus fragiles consolidées avec un pansement de chatterton ! Après plusieurs tentatives infructueuses pour le tenir d'une manière classique, je l'empoignai à pleines mains.

C'est dans ces conditions périlleuses que je m'exhibai le soir, sur le théâtre de verdure, aveuglé par les lampions, clignotant comme un chat-huant, et serrant l'instrument entre mes genoux, comme un petit violoncelle ; et sous prétexte que le violoncelle est un instrument chantant, je jouai deux morceaux, dans un mouvement très lent qui me laissait le temps d'aviser entre chaque note, et de « repérer » mes emplacements, la *Rêverie* de Schumann et *O Sole mio* !

Il se trouva que tout le monde fut enchanté et qu'on ne pensa plus qu'à recommencer le dimanche suivant. Un homme averti en vaut deux : comme le colonel me faisait quelques compliments, je profitai de l'occasion pour lui raconter mes transes et lui expliquer que jouer dans de pareilles conditions devenait un jeu de hasard, que je serais toujours enchanté de jouer, à condition que ce soit sur un instrument familier ; bref, je lui demandais l'autorisation de m'en faire construire un, un violoncelle cette fois, à mon idée. Le colonel s'amusa de l'idée, me permit tout ce que je lui demandai et me conseilla de voir les sapeurs à ce sujet, tous qualifiés pour m'aider.

Le soir même, je m'abouchai avec Montereau, sapeur et charpentier d'une adresse réellement remarquable. Je lui dis : « Montereau, voilà ! des séances de sueur froide comme hier soir, je n'en veux plus. Jouer tant que l'on voudra. Mais je veux avoir un instrument à moi. Peux-tu m'en faire un ? J'ai l'autorisation du colonel. » – Montereau est un garçon réfléchi qui ne parle pas à la légère ; il prit un temps et me dit : « Moi, je ne demande pas mieux – mais il faut d'abord du bois, des planches – et puis je vais te dire : un violon, un violoncelle, ça ne me connaît [pas] beaucoup, ça n'est pas ma partie – De sorte que si tu pouvais me faire un plan, me conseiller – comprends-tu ? » – « Montereau, tu auras ton plan, demain ou après midi » – Poignée de main ; le pacte était signé. Ayant Montereau, j'étais tranquille.

Je me mis donc à élaborer un plan. En tout premier lieu, j'éliminai le modèle connu du violoncelle, comme trop volumineux pour la joie des armées, demandant en outre des planches assez larges, difficiles à se procurer ; enfin nécessitant pour sa construction une connaissance approfondie des détails, tasseaux, contre-éclisses, que je n'avais pas. Et puis, j'avais au fond une démangeaison de créer quelque chose, un modèle à moi, pour le plaisir. Dans ces conditions, tout était à trouver, depuis la forme, jusqu'au plus petit détail d'agencement.

Je tâtonnai longtemps. La première idée qui me vint fut celle-ci, inspirée surtout par le principe de solidité légère qui était l'une de mes idées directrices : une caisse sonore (élément nº 1), un manche-touche (élément nº 2 – les deux éléments essentiels) reliés ensemble par un chassis allongé à 3 branches prolongeant le manche et encastrant la boîte, soit l'union modifiée des fuselage (α, β, γ) de l'aéroplane :

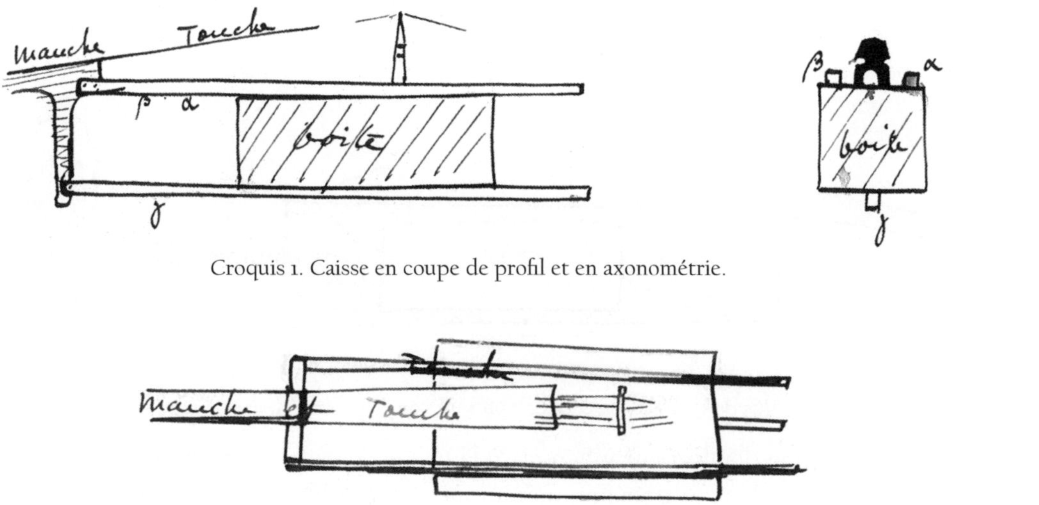

Croquis 1. Caisse en coupe de profil et en axonométrie.

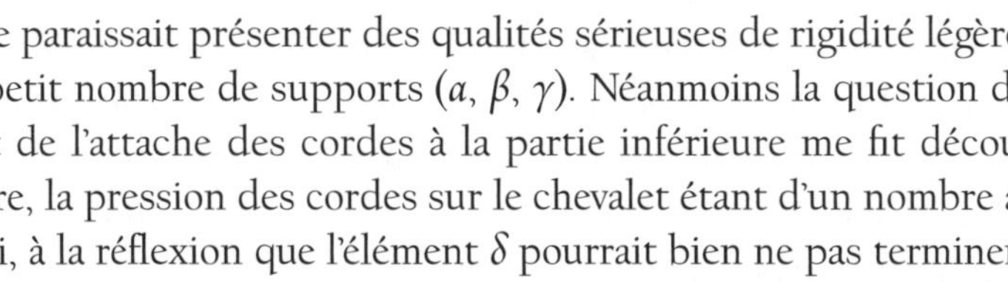

Croquis 2. Vue de la caisse en plan.

Ce système me paraissait présenter des qualités sérieuses de rigidité légère, étant donné la place et le petit nombre de supports (α, β, γ). Néanmoins la question de l'assemblage de la pique et de l'attache des cordes à la partie inférieure me fit découvrir des difficultés. En outre, la pression des cordes sur le chevalet étant d'un nombre appréciable de kilos, je pensai, à la réflexion que l'élément δ pourrait bien ne pas terminer la campagne, et même bien avant, prendre la forme fléchée suivante en dépit de toutes les attaches δ possibles :

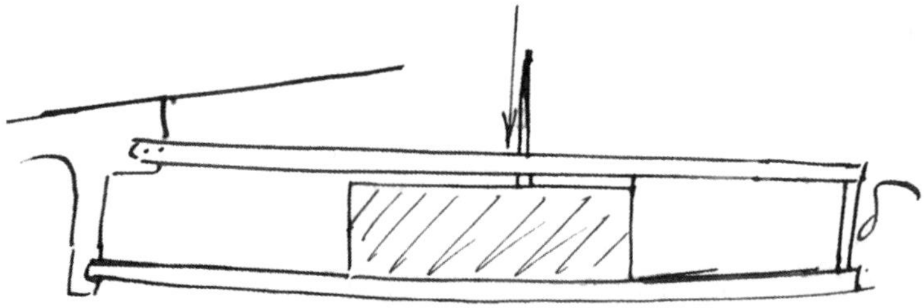

Croquis 3. Vue en coupe de l'instrument avec représentation des forces exercées sur le chevalet devant entraîner la déformation du fond.

En outre, du côté manche, les moyens d'attache me paraissaient d'une rigidité plus qu'aléatoire. Dès lors, c'était l'assemblage compromis (défaut mécanique) et l'introduction de claquements, provoqués par les vibrations entre a, β, δ d'une part et la caisse sonore (défaut acoustique).

Malgré ses avantages, j'abandonnais ce projet.

Une deuxième idée fut plutôt l'excès contraire. Manche, touche et caisse sonore conservés, je constituai mon système d'assemblage, non plus par des baguettes risquant d'être trop élastiques, mais par une planche entière, prolongeant, ou ne faisant même qu'un avec le manche et ajourée d'un rectangle, destiné à recevoir exactement ma caisse.

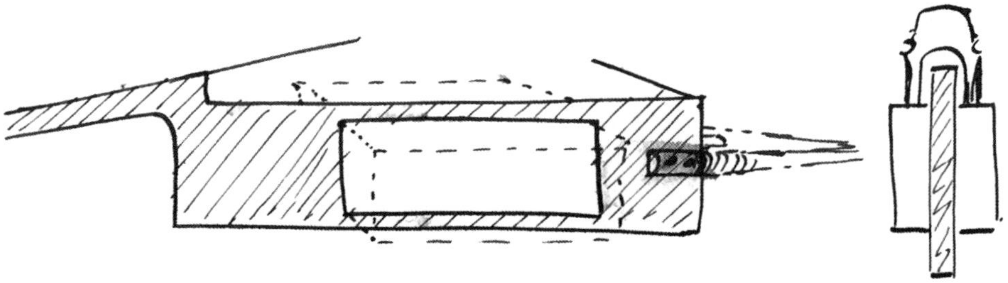

Croquis 4. Vue de la caisse, en coupe, montrant son évidemment, et vue axonométrique.

À part la question de lourdeur inhérente à la masse du cadre, il n'y avait cette fois aucun vice rédhibitoire dans le domaine mécanique. L'assemblage de la pique, l'attache des cordes, au delà du chevalet, tout se résolvait sans peine. La pression différente des pieds du chevalet avait même été envisagée. Mais au point de vue acoustique, cette ceinture raide du cadre était inquiétante ; l'introduction de cales intermédiaires de surface réduite mettait en question la solidarité des pièces. Montereau trancha la chose en déclarant que, vu les dimensions *minima* que je prévoyais pour ma boîte, une planche cadre de cette largeur risquait de se faire attendre longtemps.

Et j'abandonnais ma deuxième idée.

La troisième, et définitive, fut la résultante de mes premiers tâtonnements. Au lieu de faire passer la caisse au travers du cadre, je fis passer le cadre (réduit dès lors à un simple manche) au travers de la caisse, contre la table supérieure, mais isolé d'elle. Pique et attache de cordes trouveraient à se placer à l'extrémité de ce manche, qui aurait lui-même un « plat » assez élevé pour maintenir la caisse à l'abri de toute déviation ou inclinaison provoquée par l'appui inégal du chevalet. Vulgairement parlant, c'est le système du poulet embroché, la broche supposée assez plate pour empêcher le poulet de toucher.

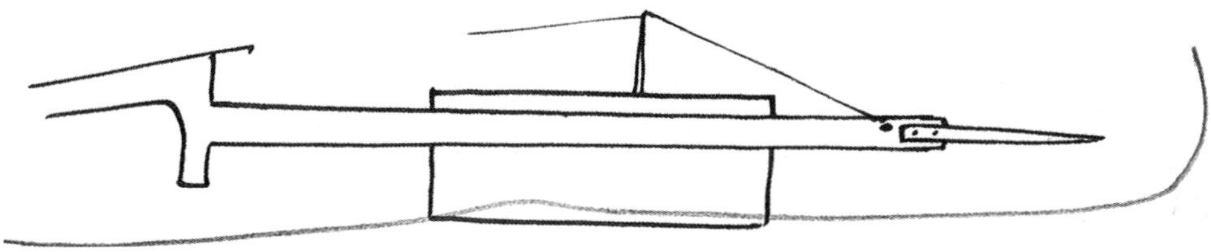

Croquis 5. Profil de la caisse et du pied.

Ce troisième plan, auquel je me tins et que je communiquai à Montereau, satisfit à la fois le menuisier et le violoncelliste. Il fut du reste réalisé intégralement. J'en dressai un, aussi exact que possible, avec un crayon noir, de l'encre, du crayon bleu, du crayon rouge pour bien différencier l'extérieur, l'intérieur, les projections, etc. Et je l'expliquai de mon mieux à Montereau, qui si je ne me trompe, l'a toujours dans sa poche. Montereau me dit : « Par quoi commençons nous ? » – « Par le manche. Trouve une planche de sapin de 0,25 de large, 1,20 m de long × 0,02 d'épaisseur. » La planche fut trouvée, dessinée, découpée, et le violoncelle enfin commencé se présenta sous les apparences suivantes :

Croquis 6. Pièce axiale monoxyle structurante prolongeant le manche, de profil.

l'inclinaison a–b avait fait l'objet de patients calculs ; il en dépendait la hauteur du chevalet ; donc une pression plus ou moins considérable des cordes, donc plus ou moins de sonorité. Je ne sais pourquoi, je m'étais tenu à la hauteur ordinaire du chevalet, soit 9 à 10 cm. Pour l'élément nº 1, c'est-à-dire la caisse sonore, malgré des investigations poussées dans tous les coins du cantonnement, il fut malheureusement impossible de trouver les planchettes nécessaires. Montereau me proposa le bidon de pétrole ; il y en avait précisément un de disponible. Mais le bidon n'eut pas l'heur de me plaire. Je redoutais sa sonorité dure et métallique ; puis, connaissant la pression du chevalet, je prévoyais, à brève échéance, un affaissement considérable du dessus. Je reconnaissais la nécessité d'une caisse en bois.

En désespoir de cause, je pensai à aller à l'infirmerie du régiment quémander une boîte de médicaments, vide, pas trop abîmée. Et c'est alors que le médecin major, M. Rottier, touché de mes efforts, me donna quelques planches d'une boîte de chlorure de chaux, planches de dimension modeste, mais en excellent état. Elles passèrent immédiatement dans les mains expertes de Montereau ; en un clin d'œil, elles furent rabotées, passées au verre, entaillées pour l'entrée, la sortie du manche. Tous les sapeurs furent mobilisés, et le chantier s'anima d'une vie inusitée.

Ce chantier était situé dans l'atelier d'un excellent homme de Bellefontaine, menuisier lui-même. Chacun se partagea la besogne pendant que Montereau se réservait le gros de l'ouvrage, l'un découpa le chevalet, un autre le tire cordes. Je m'absentais 5 minutes toutes les heures pour aller les voir, accueilli chaque fois par la même phrase : « justement on t'attendait ; on ne sait pas le contour de ceci, l'épaisseur de cela ». Je traçais des lignes, vérifiais un aplomb, une longueur. La plupart du temps, il n'y avait que des corrections insignifiantes à faire. Mes sapeurs ont apporté à ce travail, je me plais à le reconnaître, une intuition, et une compréhension de ce que je voulais réellement extraordinaires.

Depuis, faute d'entretien, leurs idées ont dû devenir confuses ; mais je suis persuadé qu'au moment de la construction, ils ont eu, de l'instrument à cordes en général, ce qu'on appelle en philosophie l'idée claire (silhouette d'ensemble et de détails) et l'idée distincte (rôle et rapports réciproques de chaque élément).

En tout cas, une fois familiarisés avec la silhouette nouvelle pour eux, de mon instrument, et progressivement initiés à son mécanisme acoustique, ils me suggérèrent quelques bonnes idées, et devinrent même réellement créateurs ; c'est ainsi qu'après leur avoir grosso modo expliqué qu'il me fallait une pique de tant de long, pour terminer l'instrument, démontable, et soumise à tel et tel effort, ils me congédièrent purement et simplement : « Reviens dans une heure, on voit ce qu'il faut ; on va te faire une pique ».

La rognure du manche, une pointe au bout, et une ceinture de fer blanc (ex-boîte de singe[2]) laissant un creux pour le bout du manche, firent l'affaire ; une petite prolonge en dessous, traversée en même temps par le manche par un boulon vertical, et j'avais ma pique.

Croquis 7. La pique à chaque extrémité.

2. Note de l'auteur : une « boîte de singe » peut renvoyer soit à une boîte en métal contenant de la viande, soit à un obus.

Pour la volute, ce fut encore mieux ; j'hésitais à leur faire faire volute et chevilles, organes difficiles à découper et à ajuster. Ce fut l'un des sapeurs, Paul Fouché (le grand Paul, comme nous l'appelons), qui me mit de force une pièce de chêne dans les mains : « Si, si, t'occupe pas, dessine-nous une volute et la forme des chevilles. » Une heure après, ma volute était faite, les trous des chevilles percées, avec une petite confusion du reste : la cheville du *la* étant la plus basse, au lieu de celle de l'*ut* ; erreur pittoresque et que je leur pardonne de bon cœur, car la fièvre les avait gagnés aussi ; les chevilles de chêne étaient ajustées et tenaient très convenablement. La pièce de chêne, assez épaisse, avait été entaillée jusqu'à sa partie ronde, pour encastrer le haut du manche aminci.

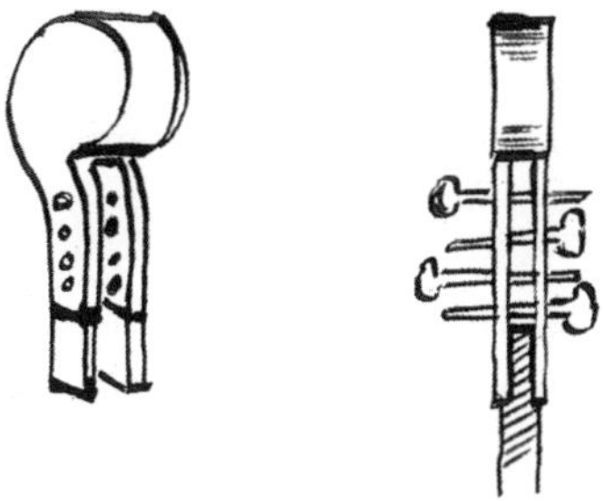

Croquis 8. La volute de trois quarts et de face.

Je finis cette description en mentionnant quelques menus détails : l'introduction d'une cale (a) mince (prévue dès le début), fixée sous le manche et destinée, chose très importante, à isoler ce dernier de la table de dessus, pour lui laisser toute sa vibration ; et une petite baguette de bois (b) traversant le manche, pour arrêter la caisse et soutenir la touche.

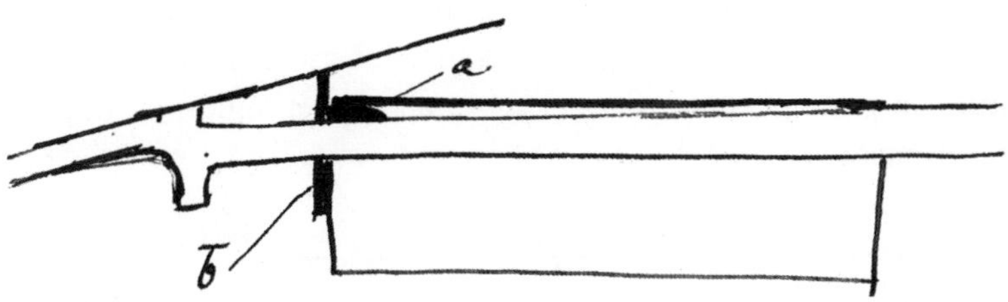

Croquis 9. Caisse de profil montrant le joint manche-caisse et la cale.

L'instrument était fini et fut présenté tel quel au colonel de Galembert qui le trouva très curieux et complimenta vivement Montereau, qui l'avait amplement mérité.

Les cordes et colophane commandées ne devaient me parvenir que quelques jours plus tard. Néanmoins j'avais tendu un fil à la place du *la* et une autre à la place de l'*ut*, pour tenir le chevalet debout, et ces deux fils résonnaient déjà très distinctement. Néanmoins, Montereau était un peu soucieux et me demandait si je croyais que « cela sonnerait ». Me fiant au témoignage de mes deux fils, je lui dis : « Montereau, la cause est jugée maintenant ; cela sonnera, et bien. » L'idée que je m'en faisais à cette époque était encore au dessous de la réalité.

Montereau me demanda à différentes reprises de lui répéter le son, ce que je lui promis de bon cœur. Le lendemain de la présentation au colonel nous quittions Bellefontaine pour Lochères. À Lochères, je m'occupai d'un archet. Une baguette de fusil ramassée dans la rue m'en fournit l'élément principal. C'est du sapin léger, résistant, malgré un nœud inquiétant en plein milieu. Mon collègue de bureau prit à son tour la chose à cœur et me promit de trouver des crins assez longs. Il fit un tour dans le cantonnement, entortilla quelques ordonnances et me rapporta triomphalement une mèche de 200 et quelques crins, noirs, résistants, superbes qui se trouvèrent suffisamment longs. On les ligatura à chaque bout avec du fil poissé, on perça au fer rouge un petit bout de bois pour faire la tête, un autre pour la hausse et l'archet se présenta ainsi :

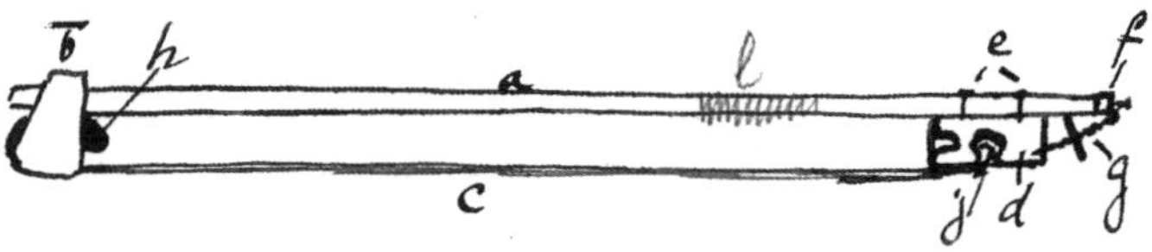

Croquis 10. L'archet vu de profil avec sa pointe et sa hausse.

a. baguette (trop courte de 2 centimètres) ;
b. tête, traversée par la baguette, et munie d'une rigole large, pour recevoir le crin, faisant le tour extérieurement, la ligature du bout à l'intérieur de l'archet (b) et servant à fixer le crin, coincé et établi par ailleurs au départ, entre la baguette et l'ouverture de la tête ;
c. mèche de crin, dont l'autre ligature est introduite transversalement et dans un évidement de la hausse et trop grosse pour s'échapper. Le dessous de la hausse a reçu depuis un petit plaquage (k) « cloué » avec des épingles, et jouant l'office de la plaquette de nacre ;

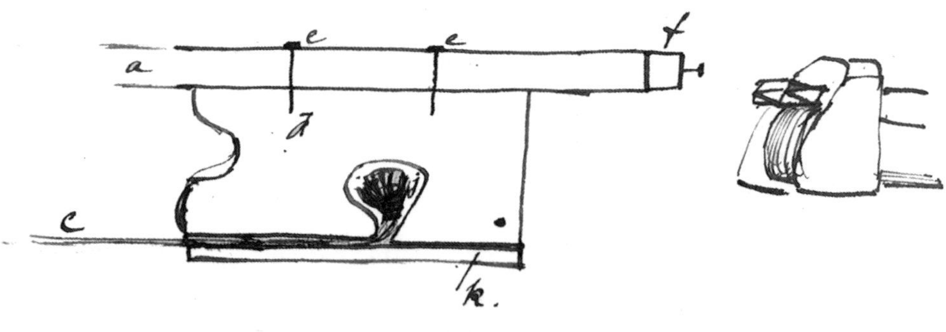

Croquis 11. La hausse de profil, et la pointe de trois quarts.

d. hausse, pouvant glisser le long de la baguette et [se] maintenir contre elle par les deux pointes (e) glissant elles-mêmes dans une fente de la baguette ;

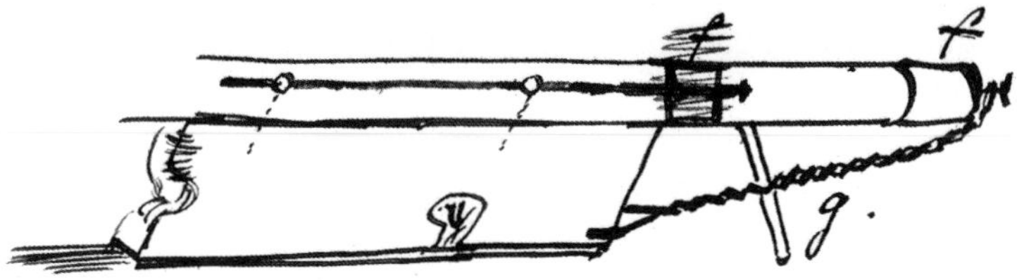

Croquis 12. La hausse de profil montrant le système de tension.

e. ceinture de cuivre (tiré collet de cartouche) pour empêcher la baguette de fendre ;

f. fil poissé double, traversant la hausse et tournant autour du clou de (f), avec un petit morceau de bois entre les deux fils pour faire tourniquet (système de la scie de bûcheron).

Les cordes arrivèrent un jour, et tout travail fini, j'allais chercher Montereau : « Montereau, les cordes sont arrivées ! Viens écouter la première note ».

Accord rapide, colophane... et Montereau entendit la première note. Elle était bien jolie, cette première note ; l'instrument était très souple, facile d'expression et d'une sonorité déconcertante : un timbre très net et non seulement ni nasillard ni bois vert, mais réellement distingué ; un son qui se prêtait à toutes les intentions, tous les *crescendo* et *decrescendo*. Tout sortait clair, tout chantait même dans le haut du *sol*, les harmoniques aussi plus faciles que sur un vrai instrument. J'essayai toute la montée du *Concerto* de Saint-Saëns, à la fin de l'*andante* : toutes sortaient sans hésitation, et à cette époque, il y avait dix mois que je n'avais touché un instrument et je me sentais bien maladroit. Montereau était stupéfait, et je l'étais presque autant que lui.

Par la suite, le lendemain ou le surlendemain, je trouvai trois notes qui roulaient : le *sol*, *la*, *si*, au milieu de la chanterelle. La correction fut faite le jour même ; je mis une âme à mon instrument : un manche de porte plume, « cloué » aux deux tables par deux épingles. Les deux mauvaises notes disparurent. Je n'en ai jamais retrouvé d'autres depuis.

Quand je repense à cette sonorité invraisemblable, si transparente, si émouvante parfois et égale à celle d'une viole de gambe, je me demande si le chlorure de chaux qui a été le prétexte de maintes plaisanteries, et dont la mention a toujours amené le sourire aux lèvres, n'a pas eu sur cette sonorité une influence considérable.

Je m'en amusais moi-même au début, en ne voyant pas d'autre utilité que d'avoir immunisé le bois contre les vers. À la réflexion, la chaux, qui est un corps avide d'humidité, a peut-être mis le bois dans l'état de sécheresse désiré. Je livre l'idée aux luthiers, aux fins d'expertise. En tout cas, cette caisse vibre au moindre choc ; et souvent, en transportant mon instrument sous bois, les branches qui le frôlaient, même enveloppé, le faisaient résonner comme une harpe éolienne[3].

Voici, à titre documentaire les caractéristiques de mon instrument

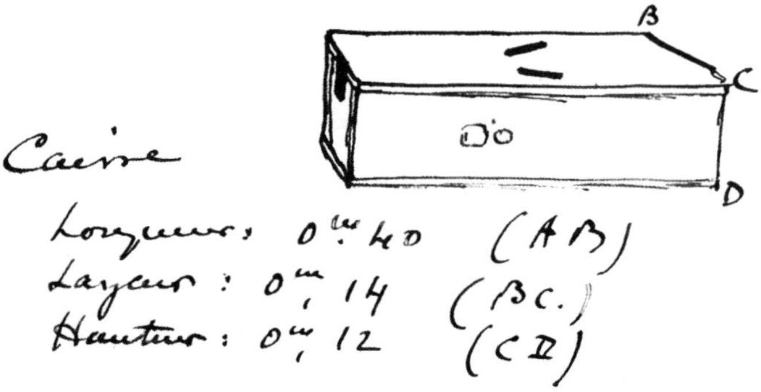

Croquis 13. La caisse avec ses mesures.

L'âme est placée très verticale, à l'arrière, derrière le pied du chevalet, côté chanterelle.

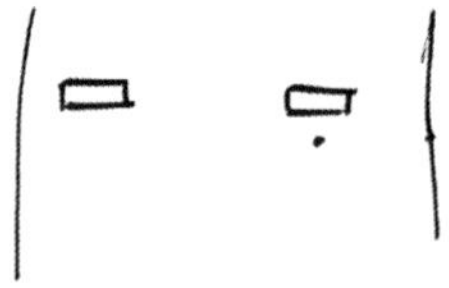

Croquis 14. Positionnement du chevalet.

Les ff ont été remplacés par deux ouvertures obliques, de 5 cm de long.

Les pieds du chevalet ont à peu près 1 centimètre chacun.

La longueur de cordes derrière le chevalet (a) et du tire cordes (b), l'attache (c) (*ré* double), les longueurs des cordes, les dimensions et place de la touche, la hauteur du chevalet et des cordes, sont celles d'un véritable violoncelle.

Le manche, du sillet au coude, a les 23 centimètres réglementaires et le manche a le renversement courant.

3. Comme portée de son, en différents lieux et différentes circonstances, mes voisins de l'étage inférieur m'ont spontanément apporté leur rassurant témoignage, dans une forme parfois un peu vive mais d'une indiscutable sincérité.

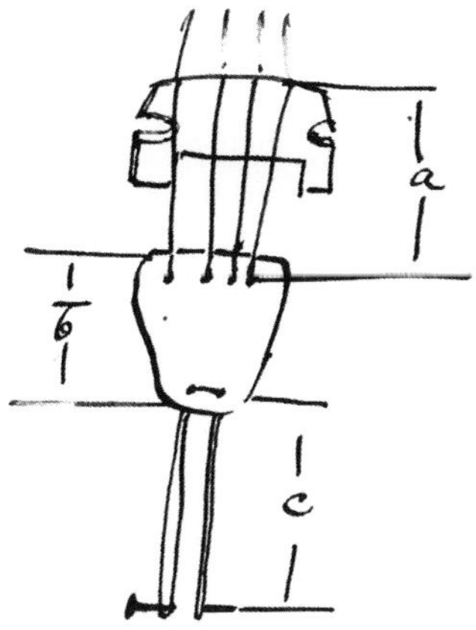

Croquis 15. Le cordier et le chevalet.

Il n'y a pas de barre d'harmonie. Et actuellement à la sortie de la caisse, sous le tire cordes, le manche est isolé de la table de dessus. À part le placement très hypothétique d'une barre, je ne vois aucun perfectionnement à lui apporter.

Enfin, il n'est pas entré un atome de colle dans la construction ; manche et volute, manche et touche, caisse, tout est cloué. Il n'y a de colle que sous l'étiquette, une superbe étiquette en italien approximatif, revêtue du cachet du Régiment, de la signature de Montereau et de la mienne.

Derniers détails : comme poids, l'instrument est sensiblement plus léger qu'un fusil (ceci dit sans aucune arrière-pensée malicieuse). L'instrument m'a coûté commercialement 0,10 F, prix du boulon d'assemblage de la pique, et comme faux frais, un certain nombre de « litres à 0,13 F », les sapeurs m'ayant fait remarquer que « le bois sec risquait de se fendre ». C'est moi qui me suis fendu...

L'irruption magnifique : deux grands violons au cœur de la guerre

Georgie Durosoir

Depuis octobre 1915, un petit groupe de musiciens a bénéficié de conditions privilégiées, par la volonté de la hiérarchie militaire (et notamment celle du général Mangin)[1]. Tout en assurant leur service (infirmier, brancardier, agent de liaison), ils pratiquent régulièrement la musique en diverses formations de chambre pour lesquelles ils transcrivent de grandes œuvres du répertoire. Après les mutineries de mai 1917, les régiments ont été reconfigurés et les musiciens se trouvent séparés les uns des autres. Les conditions pour faire de la musique sont de plus en plus difficiles. Cependant, deux tendances se dessinent : à l'état-major de l'armée, les généraux estiment de leur devoir de protéger les artistes, patrimoine national. À l'état-major de la division, les musiciens rencontrent des oppositions parfois mesquines et de multiples obstacles qu'ils se plaisent à contourner. En octobre 1917, le sergent Caplet[2] est responsable d'un colombier et le soldat Durosoir[3] est son adjoint ; les soldats Magne[4] et Maréchal[5] effectuent un stage de téléphonie sans fil (T.S.F.), d'autres musiciens sont dispersés dans diverses formations. Leur périmètre d'action est cependant assez restreint : la région de Noyon. Caplet part à Paris chaque fois qu'il le peut, en permission légale ou, le plus souvent, clandestine. Il assiste à tous les concerts parisiens où l'on joue de ses œuvres. Des dames de l'aristocratie constituent son arrière-garde et s'activent à la diffusion de ses dernières compositions.

---

1. Deux sources principales ont permis d'établir la chronique des événements relatés ici : les lettres du violoniste Lucien Durosoir à sa mère et les carnets de guerre du violoncelliste Maurice Maréchal (voir Lucien Durosoir & Maurice Maréchal, *Deux Musiciens dans la Grande Guerre*, présentation de Luc Durosoir, préface de Jean-Pierre Guéno, Paris : Tallandier, 2005). On a pu avoir recours, occasionnellement, aux lettres de Lucien Durosoir non publiées dans l'ouvrage cité ci-dessus.
2. André Caplet (1878-1925), compositeur et chef d'orchestre, prix de Rome en 1901.
3. Lucien Durosoir (1878-1955), violoniste et compositeur. Après une importante carrière internationale commencée en 1900, il est mobilisé en août 1914. De retour du front en février 1919, il se retire dans le sud-ouest de la France où, loin de tout contact avec les milieux artistiques parisiens, il compose, entre 1920 et 1937, une œuvre faite de 41 opus.
4. Henri Magne (?-?), pianiste, professeur de piano au conservatoire de Caen.
5. Maurice Maréchal (1892-1964) violoncelliste, professeur au Conservatoire de Paris après la guerre.

« Je ne pense plus, je ne vis plus, je n'écris plus... C'est peut-être la conviction qu'il n'y a rien, plus rien d'intéressant pour moi dans la vie qui me porte à ce détachement de tout[6]. » C'est dans un contexte de mauvaise humeur générale et de dégoût de la situation présente que va naître, parmi les musiciens, l'idée de donner, au moment de Noël, un concert spirituel dans la cathédrale de Noyon[7]. Sous l'apparence d'une simple anecdote, cette affaire révèle l'extrême vitalité du sentiment artistique, de l'esprit de résistance à la médiocrité, de la conscience de soi comme artiste dans cet univers de la guerre, marqué par la violence des mœurs et l'oubli des valeurs spirituelles.

Mauvaise humeur et dégoût dus à l'enlisement de la guerre, aux faibles succès des mois antérieurs, à l'effet désastreux des événements de mai, mais aussi – et plus égoïstement – au changement de situation des musiciens. Leur situation exceptionnelle avait, au fil des mois, ramené ces hommes à leurs comportements civils, ceux d'artistes indépendants et honorés ; aussi, le retour à la condition commune leur semblait-il intolérable.

Élaboration du projet de concert

C'est le 11 décembre 1917 qu'il est fait, pour la première fois, allusion au projet. Caplet revient de Paris ; il déjeune à Noyon avec le lieutenant Bourquin[8], grand amateur de musique et qui leur est très favorable, puis va voir l'archiprêtre pour s'entendre avec lui sur une séance de musique religieuse qui est fixée au 23 décembre à la cathédrale. Le projet, pour Caplet, n'est pas sans intérêt : au programme figureraient ses dernières compositions vocales : *Les Prières* et *La Croix douloureuse*[9]. Il envisage de faire venir des solistes de Paris pour cette séance. « Caplet veut en mettre plein l'œil à l'état-major », écrit Durosoir à sa mère le soir même. L'affaire va prendre des proportions inattendues du fait, justement, de cet état d'esprit. L'idée d'en « mettre plein la vue » à l'état-major divisionnaire, qui vient de dissoudre *de facto* leur groupe en détruisant leurs conditions de travail, semble conditionner pour une bonne part les décisions qui vont être prises dans la foulée des pourparlers du 11 décembre. L'organisation d'un concert tout près de la ligne des combats ne va pas sans d'importantes difficultés, depuis l'établissement du programme (fait sans concession à la facilité ou à la séduction) jusqu'au déroulement du concert proprement dit. Le sergent colombophile[10] André Caplet prend la direction des opérations et désigne le soldat Lucien Durosoir comme adjoint.

6. Durosoir & Maréchal, *Deux Musiciens dans la Grande Guerre*, p. 320 (carnets de guerre de Maurice Maréchal, 30 juin 1917).
7. Libérée en mars 1917, la ville allait être reprise par les Allemands au cours de la bataille de Noyon, en mars 1918.
8. Le lieutenant Bourquin, rattaché à l'état-major de l'armée, commande la T.M. 105 (transport militaire). Très lié aux musiciens, il favorise leurs déplacements au moment du concert.
9. Caplet a dédié sa *Croix douloureuse* au général Léonce Lebrun dont le fils venait d'être tué.
10. Au temps où l'armée utilisait les pigeons voyageurs pour la transmission des messages, les soldats colombophiles étaient chargés de l'élevage et de l'entretien des pigeons ; leur mission essentielle était

La date du concert ne sera fixée qu'après maintes péripéties. Le 23 décembre semblait, initialement, convenir à tout le monde et d'abord aux solistes parisiens pressentis par Caplet. Mais, peu à peu, les embûches s'accumulent : le chanteur Tailhardat[11] se décommande, prétextant qu'il chante ailleurs ce soir-là et l'avait oublié ; le général Lebrun réclame les musiciens pour un concert qu'il organise à Ham ce même soir[12] ; à l'état-major de la division, le commandant ne veut pas donner à Niverd[13] la permission d'aller chercher l'alto et le violoncelle qu'il devait prendre à Paris. Durosoir écrit à sa mère : « Caplet n'en croyait pas ses oreilles ! Il est revenu me voir pour me parler de cela, il était profondément vexé. Il m'a dit : Ah ! si on nous traite ainsi nous n'avons qu'à partir[14]. »

Pour couronner le tout, on annonce à Noyon, pour le 23, un arbre de Noël donné par la baronne de Rothschild, laquelle viendra avec des personnalités de la banque parisienne.

L'obligation de changer de date va entraîner de nouvelles complications qui stimulent la volonté des artistes : il faut donner au concert spirituel des dimensions sans précédent dans une situation de guerre ; il faut en faire un événement exceptionnel. Le 30 est retenu, mais ceux des chanteurs parisiens qui étaient libres le 23 ne le sont pas le 30, pris dans le flot d'une vie artistique à l'arrière, intense en ces temps réputés funestes. On finit par trouver trois solistes disponibles : Rose Féart[15], Rodolphe Plamondon[16] et Félix Vieuille[17]. Caplet s'enfuit vers Paris pour les faire travailler et laisse le colombier à Durosoir. Il semble que, devant l'extrême détermination des musiciens, le commandement ait acquiescé à toutes leurs demandes et se soit incliné devant les dimensions de solennité qu'ils voulaient donner à l'événement. Après avoir décrété la « mise en subsistance au corps » (statut privilégié) des artistes nécessaires au concert, on annonce une importante présence d'officiers, le 30 décembre.

Il faut désormais penser à l'organisation matérielle qui n'ira pas sans difficultés. Le recrutement des musiciens s'avère un problème majeur. Si l'armée en campagne recèle un nombre important de musiciens de bon niveau, les quatorze instrumentistes qu'exige le programme sont, au début de l'entreprise, très dispersés dans divers régiments de la

d'aller déposer, aux postes avancés, des pigeons destinés à être lâchés, porteurs d'un message vers l'arrière.

11. Chanteur à l'Opéra-Comique.

12. Le général Lebrun, très favorable aux musiciens, ignore alors le projet de concert de Noyon.

13. Alexis Niverd, excellent violoncelliste, avait participé aux premiers concerts du groupe ; des rhumatismes sévères l'avaient obligé à renoncer à jouer régulièrement.

14. Lucien Durosoir, lettre à sa mère, 15 décembre 1917. Archives Durosoir. C'est un défi que les musiciens se garderaient bien de mettre en pratique ; si « partir » signifie quitter la division pour regagner leur formation d'origine, aucun d'eux n'a intérêt à le faire.

15. Rose Féart (1881-1954), soprano suisse, qui avait débuté à l'opéra Garnier en 1902 et s'était illustrée en particulier en 1909 à Covent-Garden par son interprétation du rôle de Mélisande dans *Pelléas et Mélisande* de Claude Debussy ; entre 1910 et 1917, elle avait eu l'occasion de chanter à plusieurs reprises accompagnée par le compositeur.

16. Rodolphe Plamondon (1876-1940), ténor qui avait débuté à l'opéra Garnier en 1908.

17. Félix Vieuille (1872-1953), basse qui avait débuté à l'Opéra-Comique en 1902 et qui avait été cette même année le créateur du rôle d'Arkel dans *Pelléas et Mélisande* de Claude Debussy.

région. Il faudra les rassembler à Noyon. À la veille du concert, ce seront 17 personnes qu'il faudra héberger et nourrir. Durosoir explique à sa mère :

> Nous coucherons tous probablement à l'ambulance Taillant qui, pour nous, représente un peu un hôtel. Quant à la nourriture il faudra probablement nous scinder en plusieurs groupes[18].

En attendant, il faut organiser les répétitions ; elles auront lieu dans l'abri rudimentaire qui sert de logement aux colombophiles et dans lequel Caplet et Durosoir ont fait apporter un piano. Commence alors une phase de travail intensif, surtout pour Caplet et Durosoir.

Le matériel musical, transcriptions et copie, instruments

Certaines des œuvres choisies nécessitent des adaptations à l'instrumentarium disponible ; la copie des parties de chaque instrumentiste et du conducteur[19] étant dévolue à Durosoir, on peut penser qu'il réalisa lui-même ces transcriptions relativement simples. La constitution d'un fonds d'instruments à peu près en état de sonner posait aussi un problème. Depuis le début de la guerre, tous ces musiciens jouaient sur des instruments de fortune, loués ici ou là, prêtés par un civil, venus de l'arrière ou même fabriqués au front. Durosoir, depuis que sa situation de musicien s'est stabilisée, joue son « Genève » (un violon italien qu'il a acquis à Genève) qui est son violon de travail. Maréchal joue son Caressa[20], offert par le Conservatoire pour son premier prix et que Durosoir trouve « bien vilain[21] ». Il lui arrive de revenir à son « Poilu », ce violoncelle construit dans une caisse de munitions allemande, muni d'un chevalet et d'une touche et que le luthier Cunault[22] vient de réparer. C'est alors que, mu lui aussi par le sentiment d'exaltation qui les anime tous, Durosoir dévoile une décision surprenante dont il n'avait parlé qu'à sa mère, décision qui multiplie les énergies et les ambitions de ses amis : « Je pense jouer sur mon Guarnerius, que j'irai chercher fort probablement et que j'irai rapporter. Je veux me faire entendre sur un instrument de premier ordre[23]. »

Caplet, pour ne pas être en reste, envisage de placer son concert sous le patronage « d'une duchesse ou d'une marquise bien pensante et bien catholique[24] ».

Personne ne trouvant excessive son audacieuse proposition, Durosoir s'avise que le second violon doit jouer sur un instrument qui soit digne du grand violon de Crémone. Il décide

18. Lucien Durosoir, lettre à sa mère, 14 décembre 1917. Archives Durosoir. Il s'agit de l'ambulance 8/13 où se trouve Taillant.
19. Partition du chef d'orchestre.
20. Du nom d'Albert Caressa, le luthier qui avait fabriqué l'instrument.
21. Lucien Durosoir, lettre à sa mère, 10 novembre 1916. Archives Durosoir.
22. Georges Cunault, le luthier de Durosoir, installé à Villemomble.
23. Lucien Durosoir, lettre à sa mère, 12 décembre 1917. Archives Durosoir.
24. Lucien Durosoir, lettre à sa mère, 18 décembre 1917. Archives Durosoir.

immédiatement de prêter à Mayer[25] son second violon de concert, son Guadagnini. Caplet se réjouit et imagine déjà les yeux admiratifs des gradés lorsqu'ils auront connaissance des instruments sur lesquels jouent les violonistes, instruments que l'on aura été chercher à Paris pour cette occasion. Un peu revanchard, il veut que les musiciens retirent de cette expérience une grande considération, eux qui viennent d'être bafoués. Il s'occupe de la publicité et va droit à ce qui va impressionner les auditeurs : « Il a déjà annoncé que je jouerai avec mon confrère Mayer sur des instruments valant au total 50 000 F, pour le moins, et m'appartenant. Il paraît que tout Noyon parle de cela[26]. »

Hélène Charmaison, portrait de Lucien Durosoir tenant son Giuseppe Guarneri, 1911, sanguine et gouache.

Collection particulière

Cependant, comment assurer la sécurité d'instruments d'une telle valeur ? Durosoir se fait déjà une joie d'être le commissionnaire, apportant et rapportant les violons et les archets ; mais Caplet veut repartir à Paris pour faire travailler les chanteurs. Son adjoint ne peut que se plier : « Je ne puis aller chercher mes violons, car notre colombophile Caplet est de nouveau obligé d'aller à Paris pour faire répéter tout son monde, or il faut que je reste là puisque Caplet est absent. J'irai rapporter mes instruments c'est entendu[27]. » C'est finalement Mayer qui ira chercher les violons à Vincennes, chez Louise Durosoir, la mère de Lucien.

La vie n'est pas de tout repos ; le front n'est pas loin et les combats on repris violemment : « J'ai eu une matinée fort occupée avec mes pigeons, car malheureusement notre secteur s'agite et un bombardement violent est effectué sur nous par les boches. Il faut donc s'attendre à recevoir des messages par nos pigeons[28]. »

25. Pierre Mayer, violoniste qui, après la guerre, rejoignit l'orchestre symphonique de Boston.
26. Lucien Durosoir, lettre à sa mère, 18 décembre 1917. Archives Durosoir.
27. Lucien Durosoir, lettre à sa mère, 25 décembre 1917. Archives Durosoir.
28. Lucien Durosoir, lettre à sa mère, 27 décembre 1917. Archives Durosoir.

Lorsque Durosoir en a fini avec la copie du matériel, il doit faire travailler les musiciens qui ont pu se regrouper : outre le *concertino*, groupe des trois instruments solistes du *Concerto pour la nuit de Noël* de Corelli, il y a le *ripieno*, en l'occurrence le quatuor d'accompagnement figurant l'orchestre de chambre. Il travaille avec Mayer, mais son « second » ne lui donne pas entière satisfaction : « Il y a beaucoup à faire et nous ne sommes pas au bout. Ce pauvre Mayer enfle et gonfle le son sur certaines notes, ce qui enlève toute la pureté au phrasé, j'essaie de lui réformer cela et ce n'est pas un petit travail[29]. »

Le 23, Caplet étant revenu de Paris, Maréchal obtient de son capitaine la permission d'aller à Noyon pour la journée. Il y part en bicyclette, de bonne heure. « Froid terrible, moustaches pleines de givre [...]. Travaille dans la chambre du lieutenant Bourquin avec Caplet : aria de Bach, concerto de Corelli[30]. » Mayer part en permission et Mme Durosoir mère reçoit des consignes précises ainsi que l'assurance que les violons ne seront pas en danger.

> Il vaudra mieux que tu donnes, dans la double boîte, le Guarnerius et le Guadagnini, car ce dernier sera joué pour le concerto par Mayer ; tu joindras une boîte de colophane qui se trouve dans le tiroir de ma table de nuit. Puis comme archet, tu mettras mon Lupot[31], celui que je préfère et que tu sauras distinguer, d'abord à la grosseur de sa tête, et ensuite à la hausse dont la nacre va jusqu'en haut. Il y a un autre Lupot dont la hausse est pareille, mais c'est un octogone, on ne peut donc se tromper. En plus de ce Lupot tu me mettras un Lamy[32]. Il faudrait aussi faire filer trois cordes de *sol* par Serdet[33], mais demande-lui qu'il n'emploie pas son nouveau procédé, celui qu'il a employé pour mes derniers *sol* et qui consiste à mettre tout le long du boyau avant de filer un fil d'argent. Je ne trouve pas heureux ce moyen, qui à mon avis fait rouler la corde. Ne lui dis pas cela naturellement, mais dis-lui que je préfère la corde ordinaire filée directement sur le boyau.
>
> En dehors du moment où je me servirai des instruments, ces derniers seront dans la chambre du capitaine Pallain[34]. C'est moi qui rapporterai les instruments à la maison. Je suis tout heureux de faire entendre mes instruments dans de telles conditions, dans une aussi belle cathédrale et sonnant comme celle-là. Inutile de te dire qu'il n'y a rien à craindre, dans les conditions où les instruments seront transportés... Donc Mayer ira jeudi dans l'après-midi chercher les instruments, il pourra remettre un *sol* sur le Guadagnini. Si le Lamy ne lui convient pas, tu peux lui en faire essayer un des deux autres[35].
>
> L'archet écaille et or est un Peccate[36]. Il y a aussi, dans les deux autres non signés, un autre Peccate. Il est facile de le reconnaître en comparant la tête avec celui monté écaille et or. L'autre

29. Lucien Durosoir, lettre à sa mère, 23 décembre 1917. Archives Durosoir.
30. Durosoir & Maréchal, *Deux Musiciens dans la Grande Guerre*, p. 330.
31. Il s'agit ici d'un archet de François Lupot (1774-1837), fondateur d'une célèbre dynastie d'archetiers parisiens.
32. Il s'agit ici d'un archet de Joseph-Alfred Lamy (1850-1919), le plus réputé d'une dynastie d'archetiers lorrains, élève de Nicolas Voirin.
33. Paul Serdet était un luthier parisien, ami de Durosoir, qui filait ses cordes à sa demande avec ses propres alliages.
34. Le capitaine Pallain appartenait à l'état-major de l'armée ; il était le fils du gouverneur de la Banque de France.
35. Lucien Durosoir, lettre à sa mère, 14 décembre 1917. Archives Durosoir.
36. Dominique Peccate (1810-1874) est, avec François Tourte (1747-1835), l'un des plus grands archetiers

> archet non signé doit être un Gand et Bernardel dont la marque est effacée. Peut-être avec mon Gand et Bernardel y avait-il un archet signé Gustave Bernardel, cela je ne puis le dire. Je n'ai jamais eu 6 Lamy, mais bien 5, il m'en reste 3 dont l'octogone de Geloso que j'ai changé à Tracol contre un petit octogone très léger[37].

Les archets constituent une préoccupation plus grande que les violons. L'échange épistolaire avec sa mère montre que Durosoir possédait une collection d'archets de grande valeur, parfois acquis auprès de très grands solistes : de même que son violon Guadagnini avait appartenu à Pennequin[38], l'un de ses archets Lamy lui vient du violoniste italien Albert Geloso, illustre premier violon du quatuor qui portait son nom. André Tracol, auprès de qui il avait acquis cet archet en échange d'un autre, avait été son premier professeur de violon. À la date de sa lettre, Durosoir est possesseur de huit archets presque tous signés, deux violons de grand prix et plusieurs autres violons, italiens ou français.

Le 27 décembre, Durosoir écrit :

> Je songe qu'en ce moment Mayer doit être chez nous et doit te raconter un peu toutes nos aventures. Il doit jouer également les violons et les archets que tu lui montres [...].
>
> C'est demain matin qu'une voiture de l'armée vient me chercher, en passant à Ham, je prendrais [sic] Paray l'organiste. Je pense arriver à Noyon vers 11 heures pour me trouver à l'arrivée de Mayer qui débarquera avec mes instruments[39].

Sans doute surchargé par les tâches de toutes sortes, le seul témoin un peu disert n'a pas écrit une ligne après le 27 décembre. Sitôt revenu d'une brève permission, il témoigne sobrement de la grande satisfaction de tous et de celle de l'archiprêtre qui, en remerciement, a offert à la chanteuse Rose Féart « un grand et magnifique flacon d'eau de Cologne de chez Gallé[40] ». Maréchal, lui, s'est contenté de noter furtivement : « Dimanche après-midi à 3 heures. Concert spirituel à la cathédrale de Noyon. Cathédrale absolument comble, concert épatant. [...] Lundi 31 décembre à 2 heures du matin. Partons, Durosoir, Magne, Delmas[41] et moi, faire de la copie[42]. »

Il ne précise pas quel rôle il a tenu dans ce concert, et si celui-ci était présidé par une duchesse ou, à défaut, une comtesse. Tout le monde part en permission et Durosoir rapporte ses violons et ses archets à Vincennes.

---

français. Ses archets, qui ne sont pas toujours signés, ont une très grande valeur. En 2000, un Peccate s'est vendu 255 000 F (environ 36 000 €). En 2007, un Tourte a été estimé entre 20 000 et 25 000 €.

37. Lucien Durosoir, lettre à sa mère, 20 décembre 1917. Archives Durosoir.
38. Jules Pennequin, violoniste et chef d'orchestre, dirigea le conservatoire de Bordeaux à partir de 1896.
39. Lucien Durosoir, lettre à sa mère, 27 décembre 1917. Archives Durosoir.
40. Lucien Durosoir, lettre à sa mère, 2 janvier 1918. Archives Durosoir.
41. Louis Delmas Boussagol, qui sera professeur de contrebasse au Conservatoire de Paris après la guerre.
42. Durosoir & Maréchal, *Deux Musiciens dans la Grande Guerre*, p. 330. « Faire de la copie » était, entre les musiciens, l'expression consacrée pour désigner les disparitions clandestines de Caplet ; par extension, étaient désignées ainsi toutes les « fausses permissions ».

Programme du concert du 30 décembre 1917 à la cathédrale de Noyon

Largo pour instruments à cordes et orgue	Haendel
Rédemption (air de l'Archange) Mlle Rose Féart	C. Franck
Concerto grosso pour deux violons et violoncelle avec accompagnement d'instruments à cordes MM. Durosoir, Mayer et Maréchal	Corelli
La Croix douloureuse (prière pour les âmes en deuil du R. P. Lacordaire) M. Vieuille	André Caplet
Aria (extrait de la *Suite en ré*) Orchestre	Bach
Pie Jesu Mlle Rose Féart	Fauré
Quatrième Béatitude (« Bienheureux ceux qui ont faim et soif de la Justice ») MM. Plamondon et Vieuille	C. Franck
Salut	
O Jesu Deus pacis M. Vieuille	Haydn
Tantum ergo *Prières* (*Oraison dominicale*, *Salutation angélique*, *Symbole des apôtres*) Mlle Rose Féart et M. Plamondon	André Caplet

Au-delà des témoignages bruts et des rebondissements anecdotiques, la valeur hautement symbolique d'un tel événement ne peut pas nous échapper. Par esprit d'indépendance et par fierté artistique, les musiciens ont ouvert au cœur de la guerre une porte vers le sublime. En s'opposant au trivial, lequel n'est que nécessité imposée par la vie, le sublime renvoie à ce qui donne à la vie son sens, sa justification, sa légitimité. La cathédrale, ce lieu consacré à la foi chrétienne, dans cette ville si souvent traversée par la guerre, constitue un cadre de spiritualité de nature à auréoler le concert d'une quasi-sainteté. Celui-ci s'affiche « concert spirituel » et son programme, entièrement ancré dans la tradition religieuse, est placé sous le sceau des plus grands compositeurs. Le choix d'œuvres comme la *Quatrième Béatitude* de Franck, « Bienheureux ceux qui ont faim et soif de la Justice », ainsi que de *La Croix douloureuse* de Caplet, « Prière pour les âmes en deuil » n'est pas anodin. Tous les éléments du décor, des textes et de la musique se conjuguent pour donner à ce concert la dimension d'événement d'exception voulue par les musiciens. Dans ce contexte, les grands violons italiens prennent naturellement leur place, en leur qualité de chefs-d'œuvre de la création humaine.

Du néant décrit par Maréchal à la totale plénitude du concert, le chemin du trivial au sublime a été parcouru ; la lâcheté aurait consisté à accepter la condition de soldat imposée par le milieu. L'élévation des musiciens vers l'art a pour effet d'inverser leur rapport à la hiérarchie ; celle-ci, perçue comme réfractaire aux choses de l'esprit et coupable de la poursuite de cette guerre que personne ne maîtrise plus, est contrainte de s'humilier devant la musique. Le concert les met en présence de ce que l'humanité a de plus respectable : la création. Il montre les chefs-d'œuvre de Crémone, il dévoile les dernières mélodies de Caplet, il expose orgueilleusement le travail des interprètes qui recréent ou même créent les œuvres musicales. Il autorise l'éternité de l'art à narguer l'imminence de la mort. Il réalise le choc frontal entre la beauté et l'horreur, le matériel et le spirituel, l'homme néantisé et l'objet sacralisé. Il est concert spirituel, au sens le plus total du terme.

Les musiciens n'ont peut-être pas perçu aussi clairement que nous le faisons aujourd'hui cette dimension de leur geste, préoccupés qu'ils étaient non seulement par la mise en place du concert dans tous ses paramètres – c'est-à-dire esclaves de nécessités triviales –, mais aussi par un sentiment dominant de revanche : revanche à prendre sur la guerre et sa barbarie, sur l'inculture et la médiocrité qu'elle engendre. En concevant le meilleur programme, en rassemblant les meilleurs exécutants, en ayant recours aux meilleurs instruments, ils ont, très simplement, renoué avec les conditions normales de leur art, la recherche de la perfection consubstantielle à leur statut et la conquête de leur rêve permanent, la beauté. Personne n'a trouvé « anormale » la venue des grands violons de Crémone à l'arrière du front. Il est normal, en effet, de jouer sur un Guarnerius et un Guadagnini de belles œuvres de Haendel et de Corelli, de créer des œuvres qui viennent d'être terminées, de conquérir de nouveaux espaces de beauté et de les offrir à ses contemporains. Cependant, tandis que jouent les musiciens, des officiers crient « Feu ! », des soldats meurent, des obus s'écrasent sur des tranchées. C'est ce contexte qui fait l'absolue extravagance du concert éminemment civil de Noyon. Hors de ce lieu et de ce temps, il ne serait que normalité. En renversant leur situation, les musiciens ont donc imposé un nouvel ordre au monde : ils ont relégué la guerre au second plan, ils ont fait asseoir les officiers devant eux et, debout, ils leur ont ouvert les espaces célestes de la musique. Ils ont imposé la création dans un monde où la destruction a tous les droits. Leur insoumission avait un but très simple, qui leur semblait relever d'une évidence presque naïve : redevenir eux-mêmes, retrouver l'identité perdue dans le métier de soldat ; ce qui supposait, bien sûr, une foi effrontée en leur art. Leur orgueil voulait ensuite qu'ils rendissent largement publique cette reconquête de leur espace, cet affranchissement de leur condition dans un milieu ou l'obéissance à l'ordre hiérarchique et l'acceptation de son sort, quel qu'il soit, est la règle imprescriptible, comme les mutineries de mai l'avaient tragiquement rappelé. Imposant au milieu qui les avait soumis leur condition d'artistes, dont l'objet symboliquement le plus représentatif est le « Joseph Guarnerius fils d'André », ils ont rendu possible l'idée de la paix, le rêve de paix, la paix elle-même.

Il aurait suffi que tous ceux qui les écoutaient franchissent la porte céleste qui s'ouvrait devant eux et se disent ce que chacun de nous s'est dit au moins une fois, après une grande émotion esthétique ou autre : « Rien ne sera plus comme avant ». Les officiers et le public de Noyon seront-ils allés jusque-là ? Y a-t-il eu rencontre entre eux et la musique ? Le Guarnerius leur a-t-il offert l'expérience du sublime ? Y a-t-il eu moment d'absolue vérité, s'accompagnant du « ravissement » qui est transport à l'extérieur de soi, vers des zones inconnues de nous-mêmes ? Sans doute non. Le sublime ne promet rien : il rend seulement possibles des pensées utopistes. Il n'y a pas eu, en effet, le 30 décembre 1917 à Noyon, de remise en question de la réalité triviale, celle de la guerre.

La mort héroïsée d'Albéric Magnard : essai d'approche culturelle

Patrice MARCILLOUX

La mort d'Albéric Magnard dans son manoir des Fontaines, à Baron, dans l'Oise, le 3 septembre 1914, est de ces événements qui suscitent, sur-le-champ et dans la durée, interrogations, commentaires et interprétations. Qu'un compositeur, alors âgé de presque cinquante ans, ait, au début du conflit, voulu faire son devoir et ait, vainement, cherché à s'engager, cela n'a rien d'original. D'autres, un Ravel, un Roussel, un Caplet, un Déodat de Séverac, le firent avec, semble-t-il, plus d'acharnement, en tout cas, plus de succès. Ayant à la suite d'un premier refus sollicité l'intervention d'un camarade d'études de droit, Émile Cordonnier, politiquement proche de Gaston Doumergue, Magnard prend acte de l'échec de sa démarche avec une certaine résignation :

> La réponse du ministère de la guerre m'est parvenue ce matin. Étant prêt à partir du pied gauche, je croyais y trouver ma nomination. Quelle erreur ! Le poulet ne contenait aucune promesse de réintégration, et m'invitait comme un simple moutard, à aller déposer ma culotte devant le major le plus rapproché de ma résidence. Dans ces conditions, je n'insiste pas. J'ai déjà reçu un accueil très frais à Senlis, il y a trois semaines ; cela me suffit. On reprendra l'Alsace-Lorraine sans moi[1].

Qu'à la suite de cet échec, Magnard ait formé la résolution de défendre personnellement au moins sa maison, s'y soit barricadé et ait annoncé sa volonté de tirer sur les Allemands s'il venait à s'en présenter, constitue en revanche un projet moins commun. Qu'il l'ait mis à exécution jusqu'à y trouver la mort, dans des circonstances non entièrement élucidées, justifie assurément que l'on cherche à comprendre comment une telle idée a pu germer, dans un esprit certes connu pour être original. Petite-fille du compositeur[2], militante zélée de la « redécouverte sans fin[3] » à laquelle l'œuvre de Magnard semble être

1. Albéric MAGNARD, *Correspondance, 1888-1914*, textes réunis et annotés par Claire VLACH, collection Publications de la Société française de musicologie, Paris : Publications de la Société française de musicologie – Klincksieck, 1997, p. 352 (lettre n° 405 à Émile Cordonnier, 20 août 1914).
2. Fille d'Ondine Magnard.
3. L'expression est de Joël-Marie Fauquet. Voir Joël-Marie FAUQUET (dir.), *Dictionnaire de la musique en France au XIXe siècle*, Paris : Fayard, 2003, p. 731.

condamnée, Mme Claire Vlach-Magnard s'y est, parmi d'autres, essayée. L'étrangeté de la démarche la conduit à invoquer tantôt la mort précoce de la mère de Magnard, orphelin à cinq ans[4], tantôt, et plus justement, le poids des souvenirs de la guerre de 1870, vécue par Magnard également entre cinq et six ans, et la prégnance de l'image du franc-tireur, « substitut normal du soldat légalement mobilisé, dès lors que les armées régulières avaient été mises hors-jeu[5] ».

Notre démarche est différente. Elle n'entend ni réexaminer les conditions réelles de la mort de Magnard, ni proposer un modèle explicatif de son geste. Il s'agit ici de voir comment et pourquoi la fin d'un compositeur reconnu, mais sans grand succès – Ropartz raconte comment à Nancy, en 1896, un figurant de la cavalcade de mi-carême portait une pancarte où se lisait « Plaignez un pauvre malheureux abruti par la musique de Magnard[6] » –, est érigée au rang de mort héroïque, typiquement française, d'un musicien essentiellement français. Mis au point dès 1914, complété tout au long du conflit et réactivé pendant tout l'entre-deux-guerres, ce discours procède par reclassements, effacements, réévaluations et mises en cohérence avec des référents eux-mêmes fluctuants. Pour la commodité du propos, nous proposons de le démonter en trois rouages, qui, de fait, sont à l'œuvre concomitamment. C'est d'abord la nature du décès de Magnard qui est qualifiée d'héroïque, au prix d'un véritable retournement d'éléments défavorables. C'est ensuite le caractère éminemment français de la musique de Magnard qui est affirmé, en dépit de filiations beethovénienne ou wagnérienne revendiquées par le compositeur lui-même. Enfin, l'acte héroïque est incorporé au corpus doctrinal du nationalisme français, les convictions parfois contradictoires de Magnard et l'hétérogénéité de ses prises de position facilitant son assimilation par les différents courants de la pensée nationale.

Une mort décidément héroïque

À l'analyse ce n'est pas tant la mort d'Albéric Magnard qui surprend, que l'écho qui lui est donné, et sa transformation en un objet culturel assez typique de la culture de guerre, dont la diffusion, difficile à appréhender, n'a sans doute pas été négligeable. Cette instrumentalisation s'accomplit malgré un contenu factuel initial assez défavorable, mais bénéficiant du contexte porteur des lendemains de la victoire de la Marne.

---

4. « Il est possible que la trouble attirance d'Albéric Magnard pour la camarde procède d'un désir de fusion avec le sein maternel trop tôt arraché à l'amour du fils, le passage au néant *post mortem* étant perçu comme un retour au néant prénatal. » Claire Vlach-Magnard, « Albéric Magnard », *Zodiaque*, n° 147 (janvier 1986), p. 5.

5. Magnard, *Correspondance, 1888-1914*, p. 22.

6. L'événement se situe après l'exécution de la *Deuxième Symphonie* le 9 février 1896. Guy Ropartz, conférence prononcée en février 1923 devant les Amis du conservatoire de Strasbourg. Texte manuscrit, F-Pn : département de la Musique, Rés Vma 146.

Un geste fou

« Un geste fou », l'expression est de Remy de Gourmont, l'auteur repenti du *Joujou Patriotisme*[7]. Rappelons brièvement les faits[8]. Le 3 septembre 1914, Albéric Magnard, resté seul dans son manoir des Fontaines, fait feu sur un groupe d'Allemands qui se dirige vers sa maison, tuant un soldat et en blessant un second. Il ne semble pas que ce geste soit une réponse à l'arrestation par les Allemands de son beau-fils René Creton, mais bien la réalisation d'une promesse qu'il avait formulée devant plusieurs témoins. Il s'ensuit une fusillade nourrie. Puis, un officier se rend à l'étude de Me Robert, seul notable resté au village en l'absence du maire, l'informe de la présence d'un franc-tireur sur le territoire communal et menace d'incendier le village et d'en fusiller les habitants. Finalement, les Allemands se contentent de mettre le feu à la maison de Magnard. Dans le brasier, on entend une dernière détonation.

Résumons cette trame chronologique : un acte incontestablement illégal, contraire aux conventions de La Haye ; un probable suicide.

Vandalisme allemand, victoire de la Marne

Les indications de lieu et de temps, en revanche, fournissent à l'acte isolé de Magnard un contexte spécifique et signifiant. D'une part, Baron, à proximité de Nanteuil-le-Haudouin et de Senlis, se situe dans la région qui voit l'avance extrême de l'armée allemande et où se dessinent, dès le 2 septembre, les prémices de la bataille de la Marne. C'est d'ailleurs à Nanteuil-le-Haudouin que les taxis parisiens débarquent les renforts mobilisés par Gallieni. D'autre part, surtout, à partir de la fin du mois de septembre, au moment même où la nouvelle de la mort d'Albéric Magnard se répand, les traces du passage des armées allemandes sont portées à la connaissance du public. Senlis notamment s'inscrit en bonne place dans le martyrologe des cités meurtries, aux côtés de Reims, Noyon, Soissons, Arras et, bien sûr, Ypres et Louvain en Belgique[9]. Journalistes et publicistes soulignent à l'envi le caractère délibéré et gratuit de l'incendie qui a détruit entre autres le palais de justice et la sous-préfecture : « C'est ainsi que les Allemands se sont vengés, sur une petite ville innocente, parure adorable de notre pays, sourire charmant de notre Île-de-France, d'un coup de feu tiré, disent-ils, par un habitant sur leur armée

7. Remy DE GOURMONT, *Les Idées du jour*, t. II : *Mai 1915 – Septembre 1915*, Paris : Georges Crès, 1918, p. 198-200 (21 septembre 1915).

8. Pour un exposé plus détaillé, voir Harry HALBREICH & Simon-Pierre PERRET, *Albéric Magnard*, Paris : Fayard, p. 357-384. Gaston CARRAUD, *La Vie, l'œuvre et la mort d'Albéric Magnard (1865-1914)*, Paris : Rouart-Lerolle & Cie, 1921, p. 92-95, 279-286.

9. Voir Patrice MARCILLOUX, « "Reims, tu n'es plus seule : Arras est un décombre...", contribution au martyrologe des cités meurtries », *Vues sur la ville : la cité à travers le patrimoine écrit*, actes du colloque tenu les 21 et 22 octobre 1999 à Grenoble, Paris : Fédération française de coopération entre bibliothèques, Grenoble : Agence Rhône-Alpes pour le livre et la documentation – Bibliothèques municipales de Grenoble, 2000, p. 71-92.

envahissante. Cet homme a été fusillé sur le champ, mais ils ont donné ce prétexte sans fournir la preuve[10]. » Robida consacre une planche de ses *Villes martyres* à l'incendie de Senlis. Les conditions de l'arrestation puis de l'exécution du maire de Senlis, Eugène Odent, achèvent de créer une atmosphère de crimes de guerre : « En même temps, ils s'emparaient du maire, M. Odent ; ils l'ont mené sous bonne escorte à Chamant, ils ont creusé une tombe devant lui et l'ont fusillé, sans jugement. Après, ils l'ont enterré les pieds en l'air[11]. » À Baron même, ce même 3 septembre, Me Robert rencontre un officier allemand portant aux doigts neuf bagues et aux bras six bracelets qu'il se vante d'avoir dérobés à des Françaises : l'image figure dans *Le Livre rouge des atrocités allemandes* compilé par Jean Richepin et Paul Escudier[12].

De l'hommage à la mise en culture de guerre

La mort d'Albéric Magnard est divulguée après le 20 septembre. Elle suscite dans un premier temps, dans les cercles musiciens, la stupéfaction. Ropartz lui-même ne masque pas son incompréhension : « S'il avait été tué dans une bataille, c'était affreux mais c'était logique, peut-être utile. Mais là, chez lui, pour avoir voulu empêcher le pillage de sa demeure ! Qu'il eût été plus sage en s'inclinant devant la force[13] ! » La communauté musicale s'organise ensuite rapidement pour rendre l'hommage attendu au premier compositeur français d'importance tué pendant le conflit, soit en organisant des concerts spécifiquement dédiés à son œuvre, soit, plus fréquemment, en inscrivant telle pièce au programme d'un concert, de musique française la plupart du temps. Il s'agit alors généralement de concerts de charité au profit d'œuvres de guerre, où le discours musical est complété par des allocutions, des conférences ou des lectures. Ainsi, dès le 29 novembre 1914, lors de la première des « Matinées nationales », fondées par l'Œuvre fraternelle des artistes et organisées dans le grand amphithéâtre de la Sorbonne par Arthur Dandelot, le *Chant funèbre* est exécuté par l'orchestre du Conservatoire[14]. Cette matinée, ouverte et close par les hymnes nationaux des alliés, comprend aussi une conférence d'Alfred Croiset et des lectures de poèmes par des comédiens du Français. Le 6 décembre 1914, les orchestres Colonne et Lamoureux réunis pour cause de guerre donnent également le *Chant funèbre*, salle Gaveau, sous la direction de Gabriel Pierné. Là encore, le concert se termine par les hymnes alliés et la salle entière entonne *La Marseillaise*[15]. Surtout, le 16 janvier 1915, Fernand Mesnier, violoniste et ami du compositeur, organise à la Schola cantorum un

---

10. Émile Henriot, « La guerre infernale », *L'Illustration*, nº 3734 (26 septembre 1914), p. 230.
11. Henriot, « La guerre infernale ».
12. Paul Escudier & Jean Richepin, *Le Livre rouge des atrocités allemandes d'après les rapports officiels des gouvernements français, anglais et belge*, Paris : Le Magazine, 1916.
13. Guy Ropartz, lettre à G. Vallin, 24 septembre 1914. Cité dans Halbreich & Perret, *Albéric Magnard*, p. 369-370.
14. Voir Dallas Kern Holoman, *The Société des concerts du Conservatoire, 1828-1967*, Berkeley (CA) : University of California Press, 2004, p. 354.
15. Voir Henri Quittard, « Courrier des théâtres », *Le Figaro*, 7 décembre 1914.

concert exclusivement consacré à ses œuvres[16]. Le concert est donné au profit de l'Œuvre nationale des militaires convalescents, présidée par la générale Pau. Il s'ouvre par une allocution de Joseph Reinach et s'accompagne d'une conférence de Georges Pioch, souvenir des combats dreyfusards sans doute. Le 15 mars 1915, un second festival Magnard jouit du concours de Darius Milhaud[17], les bénéfices étant versés au Foyer franco-belge et aux American hostels for refugees, œuvre créée par la poétesse américaine Edith Wharton. Il faut ensuite attendre le 3 mai 1919 pour entendre un programme entièrement dédié à Magnard, à la Société nationale de musique[18]. Magnard figure aussi régulièrement à l'affiche des festivals de musique française, cycles de concerts réservés aux compositeurs français morts au champ d'honneur, disparus, blessés, prisonniers ou mobilisés et créé à l'initiative de la revue *La Musique pendant la guerre* et de son secrétaire général Francis Casadesus[19]. Pendant toute la guerre, Magnard est continûment joué. L'association des concerts Colonne-Lamoureux le joue quatre fois en vingt concerts, entre décembre 1914 et avril 1915[20]. On pourrait encore citer la soirée donnée à Lyon en l'honneur d'Albéric Magnard et d'Enrique Granados le 29 avril 1916, à l'occasion du congrès des industries françaises du livre[21], ou le concert consacré par Julien Tiersot à la musique française entre 1870 et 1914, le 25 mars 1917 dans la salle des fêtes de la mairie du VIe arrondissement de Paris[22]. Bien qu'incomplète, cette chronique des concerts signe un hommage musical significatif, mais non massif. On note d'ailleurs que le projet de monter *Guercœur* à l'Opéra-Comique, évoqué par Albert Carré en 1915, est sans cesse repoussé pendant quinze ans, la création intégrale de l'œuvre n'intervenant finalement que le 24 avril 1931 à l'Opéra de Paris.

Mais l'essentiel se joue hors des salles de concert. De septembre 1914 à juin 1917, puis à nouveau dans les années vingt, et jusqu'à la création de *Guercœur* en 1931, une floraison d'articles s'empare d'un sujet qui paraît porteur à plus d'un. Cette véritable campagne de presse frappe d'abord par son ampleur : une quinzaine d'articles est repérée pour 1914 et 1915, à l'aide des seules collections de coupures de presse de la Bibliothèque nationale[23]. Elle se signale ensuite par la diversité des auteurs et des supports. Comme l'on peut s'y attendre, les signataires sont principalement issus du milieu de la critique

16. Au programme : *Promenades* pour piano, *Sonate pour violon et piano*, extraits de *Bérénice*, *Le Rhin allemand*, *Quand la mort viendra renouveler la vie*, Vincent d'Indy étant au piano.

17. En 1919, il dédie à Albéric Magnard sa *Suite symphonique n° 2*.

18. Au programme : *Quatuor à cordes*, *Quatre Poèmes en musique*, *Promenades* pour piano, *À Henriette*, *Nocturne*, *Invocation*, *Ad fontem Bandusiae*, *Sonate pour violon et piano*, Blanche Selva étant au piano.

19. Magnard apparaît lors du quatrième festival, le 17 juin 1917.

20. Voir *La Musique pendant la guerre*, n° 3 (10 décembre 1915).

21. Voir *La Musique pendant la guerre*, n° 7 (avril-mai 1916), p. 104-107. Le concert a lieu dans la salle baptisée Rameau en 1908 pour accueillir la Société des grands concerts de Lyon fondée en 1905.

22. Voir Bernard Bardet, *Albéric Magnard, 1865-1914*, catalogue de l'exposition tenue à la Bibliothèque nationale de France à Paris (1966), préface de Darius Milhaud, Paris : Bibliothèque nationale, 1966, p. 34 (n° 198).

23. Voir F-Pn : département des Arts du spectacle, collection Rondel, RO 747. F-Pn : département de la Musique.

musicale. Tous les grands noms s'expriment, avec une dominance des courants opposés ou réservés à l'égard de Debussy : Pierre Lalo, le fils d'Édouard Lalo, le musicologue Henri Quittard spécialiste du baroque, le berliozien Adolphe Boschot, Louis Schneider, en charge de la chronique mondaine des spectacles à *Comœdia*, ainsi que des compositeurs s'adonnant à la critique comme Henri Collet, l'apôtre de la musique espagnole, Gustave Doret, chantre de la Suisse romande et premier chef des Concerts d'Harcourt, Gustave Samazeuilh, le disciple de Franck et d'Indy ou Gaston Carraud, l'élève de Massenet[24]. S'y joignent un historien, spécialiste du Premier Empire, Frédéric Masson, et surtout deux figures du nationalisme, Maurice Barrès et Léon Daudet. Les journaux qui s'intéressent au cas Magnard ne sont que secondairement des organes spécialisés : ce sont bien les titres généralistes qui entrent en lice. Deux titres à grand tirage sont présents : *Le Journal* (plus d'un million d'exemplaires en 1914) et *L'Écho de Paris*, journal influent dans les milieux militaires et bourgeois, atteignant le demi-million d'exemplaires, où Barrès tient sa célèbre chronique de la Grande Guerre. Le segment des feuilles de qualité, d'influence, mais dont le tirage est inférieur à 50 000 exemplaires est représenté par *Le Figaro*, *Le Gaulois* ou *Le Temps*. La presse de culture n'est pas absente avec *La Revue de Paris*, dont Lavisse est l'inspirateur, non plus que les grands hebdomadaires politico-littéraires avec *Les Annales politiques et littéraires*.

C'est donc dans les colonnes de ces journaux de droite et du centre que le fait divers devient objet culturel. Les facettes en sont suffisamment homogènes et invariantes pour en faire d'abord une description globale. Il s'agit en premier lieu d'affirmer que Magnard ne s'est pas suicidé : il a bien été tué par les Allemands, il a même été fusillé ; plus, il est mort au combat. Sans même attendre les efforts de la veuve de Magnard pour battre en brèche la thèse du suicide, notamment à travers une expertise tardive du revolver le 8 mars 1917, tout le monde s'accorde sur ce point : « Magnard était encore vivant après avoir tiré le cinquième coup de son revolver ; il a dû être frappé au moment où il se préparait à tirer le sixième, en visant avec tout le soin du tireur expérimenté qu'il était », résume Gaston Carraud[25]. Si Magnard est mort au combat, il est donc mort en faisant son devoir, en faisant sa guerre, selon l'expression consacrée : « Il a voulu faire sa guerre, défendre jusqu'au bout son foyer contre la ruée barbare, et mourir en vrai Français », note Gustave Samazeuilh dans *La Revue de Paris*[26]. La deuxième étape consiste à rattacher la mort de Magnard à la liste des atrocités et crimes de guerre allemands. Bien que les dépositions de Me Robert et de René Creton figurent dans les procès-verbaux de la commission créée par le décret du 23 septembre 1914, il est difficile d'ériger la mort de Magnard elle-même en crime de guerre allemand[27]. Tous reconnaissent le caractère illégal, voire irresponsable

24. Voir Christian GOUBAULT, *La Critique musicale dans la presse française de 1870 à 1914*, Genève – Paris : Slatkine, 1984.

25. CARRAUD, *La Vie, l'œuvre et la mort d'Albéric Magnard*, p. 280.

26. Gustave SAMAZEUILH, « Un musicien français. Albéric Magnard », *La Revue de Paris*, 22e année, nº 9 (1er mai 1915), p. 186-189 (p. 186).

27. Voir *Rapports et procès-verbaux d'enquête de la commission instituée en vue de constater les actes commis par*

de son attitude, tout en dénonçant « l'hypocrisie des lois de la guerre[28] » ou en invoquant des « lois éternellement puissantes », supérieures à celles des hommes : « Ainsi s'élève du fond des siècles, pour justifier la mort d'un musicien de France, la voix pure et sublime d'Antigone mourante[29]. » En revanche, l'incendie de sa maison et de son contenu est plus aisément exploitable. Il est significatif que Julia Magnard ait pris la décision de ne pas reconstruire le manoir des Fontaines. Longtemps encore après la fin de la guerre, les ruines dénoncent la barbarie allemande, selon un processus bien connu, mais rarement observé en matière de bien privé[30] : « Mme Magnard me dit qu'elle ne fera pas rebâtir le manoir des Fontaines ; ces ruines resteront comme un temple du souvenir, et des fleurs croîtront sur ce bout de terre qui recouvre les cendres de celui qui honora son pays par sa vie et par sa mort[31]. » Assurément, les cendres de Magnard confèrent aux ruines et autres débris une valeur sacrée : « Ces ruines ne seront pas relevées [...] Dans la pièce éventrée où gisait le corps du poète poussent désormais du lierre et des fleurs. On a tamisé les cendres, réuni les ossements, respecté les débris où ils furent mêlés. Ces restes sacrés ont été enfouis sous la pelouse[32]. » Surtout, la maison abritait des collections d'œuvres d'art de valeur[33] et les manuscrits musicaux du compositeur. Les unes et les autres ont très probablement disparu dans l'incendie du bâtiment. Néanmoins, on accrédite l'idée selon laquelle les objets d'art et les partitions ont été pillés par les Allemands. Louis Schneider note que des témoins ont vu « un officier emporter de la musique[34] ». Persuadée de ces faits, Julia Magnard fait paraître un avis de recherche dans plusieurs journaux. En 1931 encore, à l'occasion des représentations de *Guercœur* avec une orchestration pour partie reconstituée par Ropartz, l'accusation réapparaît : « Quand on nous dit que la partition de *Guercœur* a disparu, c'est inexact. Elle est quelque part en Prusse, chez un collectionneur averti. On aurait bien pu la réclamer au vaincu, avant d'en confier aux soins pieux de Guy Ropartz la reconstitution intégrale[35]. » Charles Omessa rapporte dans *La Liberté* la confidence faite à l'entracte par un ami de Magnard : « Les manuscrits musicaux d'Albéric Magnard partirent pour l'Allemagne dans des camions d'ambulance, sous le signe de la

---

l'ennemi en violation du droit des gens (décret du 23 septembre 1914), t. I : 1915, Paris : Imprimerie nationale, p. 197-199 (nº 408-410). Voir aussi John N. HORNE & Alan KRAMER, *German Atrocities, 1914: a History of Denial*, London – New Haven (CT) : Yale University Press, 2001.

28. Claude LAFORÊT, « Albéric Magnard », *Le Figaro*, 30 août 1924.

29. Pierre LALO, « Albéric Magnard », *Le Temps*, 29 juin 1915, p. 36.

30. Voir Patrice MARCILLOUX, « *Etiam periere ruinæ*... À propos des vestiges et souvenirs de guerre dans le Pas-de-Calais », *Revue du Nord*, t. LXXX, nº 325 (avril-juin 1998), p. 449-468.

31. Louis SCHNEIDER, « Autour des champs de bataille. La mort d'un héros. Albéric Magnard », *Les Annales*, 14 mars 1915, p. 18.

32. Maurice BOUCHER, *Albéric Magnard*, Lyon : La Maison des deux collines, 1919, p. XXXI.

33. Voir Beauvais, archives départementales de l'Oise, cote provisoire 10 R 1859, état descriptif et estimatif, 5 décembre 1919.

34. SCHNEIDER, « Autour des champs de bataille ».

35. MONTAUDRAN [Pierre-Barthélemy GHEUSI], « Les premières. À l'opéra, avant *Guercœur* », *Le Figaro*, 21 avril 1931.

croix de Genève. Ils n'en sont jamais revenus. Il y a là-bas des collectionneurs avisés[36]. » Au-delà, en supprimant un des principaux espoirs de l'école française, les Allemands ont accompli un crime contre la civilisation comparable à l'incendie de l'université de Louvain ou de la cathédrale de Reims : « Les Allemands qui ont incendié Louvain et sa vénérable université, Reims et son auguste cathédrale, ce précieux joyau de notre patrimoine national, devaient ajouter à leurs crimes contre la civilisation, contre la beauté du passé, des crimes contre nos espoirs en la beauté de l'avenir[37]. » Ce qu'Adolphe Boschot résume avec plus de virulence : « En le tuant, les Boches ont supprimé un des plus nobles cerveaux de la mentalité française[38]. » Dès lors, un troisième enrichissement du système est possible. « Chevalier de la civilisation[39] », Magnard a accompli un geste symbolique de protestation contre la barbarie allemande. C'est Barrès qui exprime le mieux cette théorie : « Il s'élance pour couvrir de son corps les cathédrales de France, la langue française, la nation héritière de Rome et d'Athènes[40]. » Louis Schneider apporte une dernière touche de cohérence en 1931 : « Il est hors de doute que Magnard n'ignorait pas non seulement la vanité, mais l'illégalité de son geste qui risquait d'avoir comme conséquence la disparition systématique de tout un village. Il l'a accompli néanmoins parce que ce fut un symbole, parce que ce fut le simple mouvement d'un homme désireux de s'associer à l'effort réfléchi d'une Europe civilisée contre un envahisseur qui prétendait se mettre au-dessus des lois sociales et humaines[41]. » Ainsi, en entreprenant « à lui seul de s'opposer à ce que la France, momentanément, n'a pas pu empêcher », il est comme l'annonciateur de la victoire de la Marne : « Il a été le chef d'orchestre qui donna le signal du départ aux soldats qui allaient combattre sur la Marne. Il en a réglé le rythme victorieux[42]. »

Ainsi défini, l'objet culturel « Magnard fusillé par les Allemands » bénéficie des moyens de diffusion qui caractérisent la société de culture de masse qu'est devenue la société française de 1914. Dans le domaine de l'écrit, la presse est relayée par l'édition d'une brochure en 1915, vendue au profit de l'Œuvre des invalides de guerre. L'initiative en revient au musicologue Édouard Ganche, spécialiste de Chopin et fondateur de la Société Frédéric Chopin[43]. Il s'attire la collaboration de Barrès qui autorise la reproduction de son article[44]

36. Charles Omessa, « Évocation », *La Liberté*, 29 avril 1931.

37. Schneider, « Autour des champs de bataille ».

38. Adolphe Boschot, « Albéric Magnard, un grand poète en musique », 5 mai 1919. F-Pn : département des Arts du spectacle, RO 3747.

39. L'expression est de Barrès.

40. Maurice Barrès, « Le fils d'un sceptique », *L'Écho de Paris*, 22 septembre 1914.

41. Louis Schneider, « La mort d'Albéric Magnard au début de la guerre », *Le Temps*, 21 avril 1931.

42. Henry Malherbe, « Albéric Magnard », *Le Temps*, 12 novembre 1930.

43. Voir Maurice Barrès & Édouard Ganche & Edmond Rostand, *1914. Une défense héroïque. Magnard, le fils d'un sceptique. La mort d'Albéric Magnard*, Paris : Eugène Figuière pour la Société Frédéric Chopin, 1915.

44. La correspondance entre les deux hommes à ce sujet est conservée dans le fonds Barrès du département des Manuscrits de la Bibliothèque nationale de France. Voir Florence Callu & Marie-Odile Germain, *Correspondance de Maurice Barrès, inventaire des lettres reçues, 1874-1923*, avec la collaboration de Michel Desbruères & Marie-Thérèse Souverbie, Paris : Bibliothèque nationale, 1992. L'investissement

et d'Edmond Rostand qui donne quelques vers[45]. L'image bien sûr est également sollicitée soit par le truchement des grands journaux illustrés, comme *Le Flambeau* ou *L'Illustration*[46], soit par la production de cartes postales. Quatre cartes postales en noir et blanc, au moins, insistent sur les ruines du manoir avec des légendes sur l'incendie et sur « Magnard fusillé[47] » (voir illustrations 1 et 2 page suivante), tandis qu'une carte postale en couleur montre Magnard tirant sur les Allemands[48]. Des expositions cherchent à toucher le grand public. Plusieurs objets d'art calcinés, récupérés à Baron – une terre cuite de Falconet, un bronze de Frémiet, etc. –, figurent en bonne place dans l'exposition d'œuvres d'art mutilées ou provenant des régions dévastées par l'ennemi organisée en 1916 par la Ville de Paris et *Le Journal*[49].

Le Rhin allemand

Il est toujours difficile, quoique très nécessaire, d'aborder la question de la réception. Outre les quelques chiffres de tirage d'organes de presse déjà cités, on peut avancer encore deux types de réflexion. Il faut noter en premier lieu la faiblesse des voix discordantes. Quelques-uns osent s'en prendre aux mérites musicaux de Magnard. Ainsi d'Henri Collet qui conclut un article publié à l'occasion de l'édition de transcriptions pour piano d'œuvres de Magnard par Samazeuilh : « Albéric Magnard avait le plus probe des talents. L'erreur, selon nous, fut de crier au génie[50]. » D'autres s'essaient, sur divers tons, à remettre en cause la thèse de la mort héroïque. Tandis qu'un journaliste local défend, après enquête,

de Barrès dans l'opération ne doit pas être exagéré : en 1923 encore, Ganche, qui sollicite son appui pour la Légion d'honneur, reconnaît n'avoir jamais rencontré l'écrivain.

45. « Celui-là qui, rebelle à toute trahison, / Et préférant la Muse à toute Walkyrie, / A défendu son Art contre la Barbarie, / Devait ainsi mourir défendant sa maison. / Mort pleine de clarté, de goût et de raison ! / D'une œuvre et d'un destin parfaite symétrie ! / Qu'il aille, aux profondeurs où se fait la Patrie ! / Près des poètes fiers du disciple qu'ils ont ! / Deux ombres lui viendront parler de Bérénice, / Que leur rivalité par ce héros finisse ! / Dressons lui pour tombeau la pierre de son seuil, / Et dans le plus doux sol que ce Français sommeille, / Qui, réconciliant la mesure et l'orgueil, / Chanta selon Racine et meurt selon Corneille ! »

46. Voir *L'Illustration*, n° 3735 (3 octobre 1914), p. 254, avec la légende : « À Baron, près de Nanteuil-le-Haudoin : la maison incendiée du compositeur français Albéric Magnard, qui tua deux uhlans et fut fusillé. »

47. « La maison d'Albéric Magnard bombardée par les Allemands parce que ce dernier avait tué des uhlans qui voulaient pénétrer chez lui » (Beauvais, archives départementales de l'Oise, 18 Fi 054). « Propriété d'Albéric Magnard, compositeur de musique, incendiée par les Allemands le 3 septembre 1914 » (Beauvais, archives départementales de l'Oise, Rp 1859). « Tombe d'Albéric Magnard tué par les Allemands le 3 septembre 1914 » (Claire Vlach-Magnard, « Albéric Magnard », *Zodiaque*, n° 147 (janvier 1986), p. 6). « Baron (Oise). Manoir des Fontaines. Albéric Magnard compositeur de musique, mort le 3 septembre 1914, fusillé et brûlé dans sa maison par les Allemands en voulant la défendre » (même référence). Je remercie mon confrère Bruno Ricard, directeur des archives départementales de l'Oise, de m'avoir signalé les documents concernant Magnard conservés dans son service.

48. Voir Bardet, *Albéric Magnard, 1865-1914*, p. 33.

49. Voir *Exposition d'œuvres d'art mutilées ou provenant des régions dévastées par l'ennemi organisée sous le patronage du sous-secrétaire d'État des Beaux-Arts par la Ville de Paris sur l'initiative du "Journal"*, Paris : D. Niestlé, 1916. F-Pn : Yd[2] 1 (1916-1917). Bardet, *Albéric Magnard, 1865-1914*, p. 31 (n° 180).

50. Henri Collet, « À propos de quelques œuvres d'Albéric Magnard », *Comœdia*, 16 octobre 1919.

Illustration 1. Carte postale montrant la façade du manoir des Fontaines en ruines
et rappelant dans sa légende l'incendie par les Allemands.

Archives départementales de l'Oise, Rp 1859

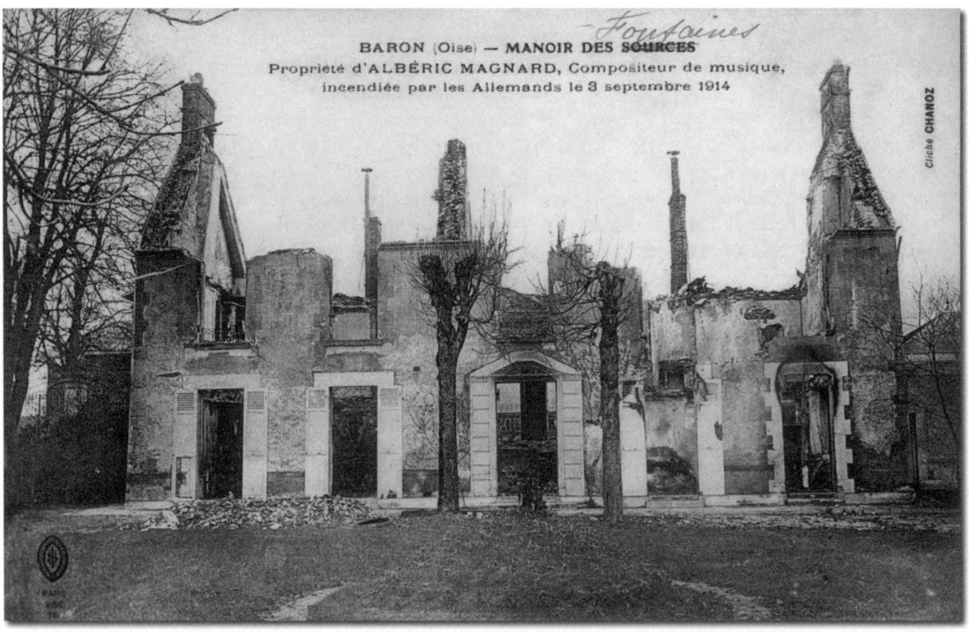

Illustration 2. Carte postale montrant le manoir des Fontaines en ruines
et rappelant dans sa légende la responsabilité des Allemands.

Archives départementales de l'Oise, 18 Fi 054

la version du suicide[51], d'autres, plus rares, s'attaquent au modèle héroïque. Remy de Gourmont défend que l'héroïsme est raisonnable et donc refuse ce caractère au geste de Magnard : « Tragique cette mort côtoie l'héroïsme, mais n'y entre pas [...] La fin de Magnard peut prêter à l'admiration spontanée, elle ne porte pas à l'imitation[52]. » Seul, Jean Marnold (Morland), debussyste batailleur, ose une attaque plus frontale, qui lui vaut une polémique avec la veuve de Magnard. Accusant Magnard « d'esbroufe » et d'avoir prémédité un « sanglant mélodrame », il lui refuse tout héroïsme : « Sans le zèle imprudent de ses panégyristes, on n'aurait pas besoin de préciser que si Magnard fut un compositeur sans talent et peut-être un malade, il n'a pas été un héros[53]. »

Il est certain, par ailleurs, que l'héroïsation de la mort d'Albéric Magnard se traduit par le succès subit d'une mélodie opportunément patriotique, *Le Rhin allemand*. Il s'agit de la mise en musique du célèbre poème d'Alfred de Musset, écrit en 1841 en réponse au *Deutsche Rhein* de Nikolaus Becker. De ce texte belliqueux, véritable poème national pendant tout le XIXe siècle au même tire que *Ceux qui pieusement sont morts pour la patrie* de Victor Hugo[54], Magnard avait donné en 1890 une mélodie très réussie, citant musicalement tout à la fois *La Marseillaise* et *Les Deux Grenadiers* de Schumann. Cette pièce n'avait pour autant jamais eu le moindre succès. La création d'une version pour chœur d'hommes et orchestre à Nancy par Ropartz le 24 janvier 1897 avait reçu un accueil glacial[55] et avait été jugée, sur le fond, comme déplacée : « Habitants de la marche de la France, où le pouls de la patrie bat ardent et fiévreux, nous avons des susceptibilités inconnues ailleurs. Les strophes hautaines de Musset ne répondent plus, hélas !, à notre état d'âme. Elles évoquent le souvenir du temps où nous les disions sur les berges de notre beau Rhin vert ! Ce temps n'est plus ; nous courbons la tête, et nous ne pouvons applaudir. La plaie reste ouverte, et ce n'est pas Condé qui l'a faite[56]. » Ropartz, qui a pourtant pour habitude de reprendre un

51. Voir Édouard BLANC, *Sur les traces des barbares. Les Allemands dans l'Oise*, Beauvais : Imprimerie départementale de l'Oise, 1916, p. 153-164.

52. GOURMONT, *Les Idées du jour*, t. II, p. 198-200 (21 septembre 1915).

53. Jean MARNOLD, « Le cas Magnard », *Mercure de France*, 15 mars 1923, p. 781-782.

54. Sur le contexte, la guerre des poètes et la revendication de la rive gauche du Rhin comme frontière naturelle, voir *Marianne et Germania, 1789-1889. Un siècle de passions franco-allemandes*, catalogue de l'exposition tenue au musée du Petit Palais à Paris (8 novembre 1997 – 15 février 1998), Paris : Paris-Musées, 1997, p. 223-232.

55. « Je m'attendais un peu à un accueil gelé, en dépit de l'Alsace et de la Lorraine. » (Albéric MAGNARD, lettre à Guy Ropartz, 26 janvier 1897. Cité dans MAGNARD, *Correspondance*, 1888-1914, p. 130-131).

56. Allusion à la deuxième strophe du poème : « Nous l'avons eu, votre Rhin allemand / Son sein porte une plaie ouverte / Du jour où Condé triomphant / A déchiré sa robe verte / Où le père a passé, passera bien l'enfant. » (*La Lorraine artiste*, 31 janvier 1897, p. 72). Seul ce décalage avait, selon le critique de la *Lorraine artiste* empêché le succès de « ce magnifique morceau, œuvre de fougue et d'emportement, [qui] évoque je ne sais quelles visions de hordes échevelées, franchissant les fleuves, de guerriers, soufflant dans des buccins de cuivre, de cohortes celtes courant, le torse nu, à la conquête du monde ». Voir Isabelle PETITDEMANGE, « Les concerts dirigés par Guy Ropartz à travers la presse », *Musique en Lorraine, contribution à l'histoire de la musique à Nancy, XVIIe-XXe siècles*, sous la direction d'Yves FERRATON, actes du colloque tenu les 6 et 7 octobre 1992 à Nancy, Paris : Klincksieck, 1994, p. 175-185. Voir aussi Christophe DRAG, « L'orchestre symphonique de Nancy à l'époque de Guy Ropartz », *Itinéraires musicaux en Lorraine. Sources, événements, compositeurs*, sous la direction d'Yves FERRATON, préface de Michel BUR, actes du colloque tenu le 22 novembre 2002 à Commercy, Langres : D. Guéniot, p. 273-317.

morceau incompris, renonce à le jouer dans ses concerts nancéiens. La version pour voix et piano n'est créée que le 16 février 1915 à Paris. Tout change après la mort de Magnard. Sa mélodie, désormais regardée comme l'expression d'un patriotisme vigoureux, est régulièrement programmée dans les concerts organisés en son honneur. Choudens réédite opportunément la partition en 1915. Surtout, l'intervention de Gustave Goublier, auteur populaire de chansons à succès[57], signe un changement de statut. Dès 1915, il en donne une version plus militairement tonitruante, qui devient la plus connue[58]. Après 1918 encore, les registres du dépôt légal des partitions musicales témoignent de la vivacité du texte et de ses mises en musique. Julien Tiersot lui-même, l'éminent bibliothécaire du Conservatoire, s'y essaie en 1919, tandis que paraissent un *Rhin latin*, un *Rhin français* ou un *Sur les bords du Rhin*[59].

Wagner ou Rameau : un musicien français

En janvier 1918, le conseil de Paris décide de donner le nom d'Albéric Magnard à une rue du XVIe arrondissement, dans le quartier de la Muette. On pense à un banal hommage public. Il n'en est rien : la rue baptisée Albéric Magnard portait en effet depuis 1908 le nom de Richard Wagner. Le journaliste et librettiste Octave Lebesgue s'en émeut dans *L'Éclair*, sous le pseudonyme de Georges Montorgueil : « Magnard aurait sans doute préféré n'être pas le nom qui efface un autre nom, dont l'illustration, quoique germanique, n'en sera pas, pour cette exécution aboli de la mémoire des hommes[60]. » La question du wagnérisme, de la réaction antiwagnérienne pendant la guerre[61] et de la définition du concept de musique française se trouve ici posée. La mort d'Albéric Magnard est l'occasion de l'aborder et, pour les théoriciens d'un art musical national, de faire avancer leurs idées. Il faut dire que le cas Magnard s'y prête tout particulièrement. L'influence de Wagner sur son art est en effet unanimement reconnue. Ses ennemis la dénoncent comme exclusive : « Jamais l'emprise de Wagner ne s'était affirmée plus impérieuse sur un disciple lointain chez qui elle a étouffé toute trace de personnalité[62]. » Magnard lui-même l'a confessée et revendiquée, allant jusqu'à écrire dans la préface du livret de *Bérénice* : « Ma partition est écrite dans le style wagnérien. Dépourvu du génie nécessaire pour créer une nouvelle

57. *L'Angélus de la mer*, *Le Credo du paysan*, *La Voix des chênes*.

58. Saphir Pathé nº P 3142 matrice nº 2788. Repris dans *Anthologie de la chanson française. Les chansons patriotiques, 1900-1920*. 1 disque compact, sans lieu ni date.

59. Voir Bénédicte GRAILLES, « Chanson de marche, *lamento* funèbre et hymne à la renaissance. La production musicale imprimée entre 1918 et 1922 », *Chefs-d'œuvre et Circonstances, trois concerts*, Arras : Archives départementales du Pas-de-Calais, 2000, p. 40.

60. Georges MONTORGUEIL, « La rue Albéric-Magnard », *L'Éclair*, 13 janvier 1918.

61. Voir Jean MARNOLD, *Le Cas Wagner. La musique pendant la guerre*, Paris : E. Demets, 1918. Pierre LASSERRE, *L'Esprit de la musique française : de Rameau à l'invasion wagnérienne*, Paris : Payot, 1917. Esteban BUCH, « "Les Allemands et les Boches" : la musique allemande à Paris pendant la Première Guerre mondiale », *Le Mouvement social*, nº 208 (juillet-septembre 2004) « Musique en politique », p. 45-69.

62. Émile VUILLERMOZ, « *Guercœur* à l'Opéra », *Candide*, 30 avril 1931.

forme lyrique, j'ai choisi parmi les styles existants celui qui convenait le mieux à mes goûts tout classiques et à ma culture musicale toute traditionnelle[63]. » L'identification de la musique de Magnard à un art purement français suppose donc tout à la fois de limiter la portée de l'influence wagnérienne, de lui substituer d'autres enracinements, strictement nationaux, pour pouvoir, enfin, définir son caractère « si essentiellement, si parfaitement français[64] », ce qui suppose, mécaniquement, de la situer, par rapport aux courants novateurs du temps, le debussysme notamment.

Une influence de pure forme

La profession de foi wagnérienne de Magnard suscite les interprétations de presque tous les chroniqueurs de sa mort. Les uns voient dans l'expression de cette « docilité parfaite à la doctrine et l'esthétique wagnériennes » la volonté d'adresser « une leçon discrète à certains de nos trop jeunes maîtres qui se flattent de ne procéder que d'eux-mêmes ». Il y aurait là une « ironie modeste et charmante », bien dans le caractère de Magnard[65]. C'est d'ailleurs cette complexion originale qui autorise Samazeuilh à aller plus loin et à estimer que Magnard nous a tendu un piège : « Albéric Magnard avait décoché à ses lecteurs ses propos fallacieux : "ma partition est écrite dans le style wagnérien..." » Et de stigmatiser « les critiques candides qui tombèrent dans le piège, les bons confrères, enchantés de l'aubaine, qui dénoncèrent avec horreur une scandaleuse sujétion[66] ». D'autres préfèrent insister sur le caractère solitaire de Magnard ainsi que sur sa prétendue autodidactie musicale, ce qui permet de limiter fortement l'influence de Wagner : « Fort peu d'influences se décèlent dans cette œuvre d'un artiste à l'esprit indépendant et solitaire. Le wagnérisme n'y a qu'une influence très lointaine, la part d'influence générale qu'une forme d'art aussi puissante exerce nécessairement sur son temps[67]. » La plupart s'accordent pour évacuer Wagner au nom d'arguments de bon sens : il suffit d'écouter pour se persuader que rien chez Magnard « n'est comparable au wagnérisme pesant et vide » de tant d'autres partitions contemporaines[68].

L'héritage national

Faut-il pour autant rechercher d'autres influences, exclusivement françaises ? On sait que la patrimonialisation du répertoire et la nationalisation de l'histoire de la musique sont caractéristiques de la période 1870-1914 et participent du rôle politique de la musique

63. Albéric MAGNARD, *Bérénice*, tragédie en musique en trois actes, Paris : sans nom, 1911.

64. Guy ROPARTZ, conférence prononcée en février 1923 devant les Amis du conservatoire de Strasbourg. Texte manuscrit, F-Pn : département de la Musique, Rés. Vma 146.

65. Henri QUITTARD, « À la gloire d'Albéric Magnard », 15 janvier 1915. F-Pn : département des Arts du spectacle, RO 3747.

66. SAMAZEUILH, « Un musicien français. Albéric Magnard », p. 195.

67. LALO, « Albéric Magnard », p. 27.

68. Claude LAFORÊT, « L'esthétique d'Albéric Magnard », *La Revue musicale*, n° 1 (1er novembre 1920), p. 28-33.

dans l'affermissement des identités nationales[69]. Cet héritage musical, tel qu'il est établi par exemple par un Alfred Bruneau[70], par ailleurs très actif dans la revue *La Musique pendant la guerre* et dans l'organisation des festivals de musique française, est en fait un long continuum, perpétuellement agissant, depuis *Le Jeu de Robin et Marion* jusqu'à Berlioz, en passant par Rameau. De fait, certains n'hésitent pas à voir dans la musique de Magnard comme un écho médiéval. Il en va ainsi notamment de *Guercœur* « où nous voyons reparaître sans surprise les personnages symboliques de nos moralités et nos mystères du Moyen Âge et l'on pourrait presque dire que *Guercœur* est un mystère moderne[71] ». La création de cet opéra à Paris en 1931 fait réapparaître ce type d'analyses : « On a voulu voir dans *Guercœur* une imitation directe de *Tannhäuser*, de *Siegfried* et de *Parsifal*. Nous y découvrons plus nettement un retour tardif au vieux drame liturgique du Moyen Âge[72]. » Mais la grande affaire de la vie musicale en France au tournant du siècle est la redécouverte de Rameau comme figure nationale. Or, précisément, Magnard est un ramiste convaincu qui milite, aux côtés de Dukas, pour une édition monumentale de ses œuvres[73]. Sur le plan musical, l'économie dans l'utilisation du chromatisme et des modulations, comme la franchise saltatoire de certains passages symphoniques, autorisent le rapprochement. Cette filiation a en tout cas la faveur de la grande majorité des critiques. Pierre Lalo conclut une longue étude stylistique de la musique de Magnard en ces termes : « Pourtant ce n'est pas à Beethoven que son art fait songer ; c'est, pour l'allure et l'accent, pour la sobriété, pour la clarté incisive, pour l'invention jaillissante du rythme, au maître de notre musique classique, à Jean-Philippe Rameau : cela rend un son français[74]. » Samazeuilh emboîte le pas, écrivant en 1931 : « Albéric Magnard se rattachait, par delà les siècles, aux plus authentiques exemplaires de notre race et de notre esprit. Il semble aujourd'hui un descendant de notre grand Rameau : son art est de vraie essence française[75]. » Il s'était montré moins définitif en 1915, parlant alors, curieusement, d'un « Rameau qui aurait lu *Parsifal*[76] ».

Le génie de la race

L'insertion de Magnard dans une chronologie si prestigieuse, celle des héritiers de Rameau, permet enfin de conférer à sa musique un autre rang : elle chante, elle incarne

69. Voir Didier Francfort, *Le Chant des nations. Musiques et cultures en Europe (1870-1914)*, Paris : Hachette littératures, 2004, p. 118.

70. Voir Alfred Bruneau, *Rapport présenté à M. le ministre de l'Instruction publique et des Beaux-Arts au nom de la commission des grandes auditions musicales de l'Exposition de 1900*, Paris : Imprimerie nationale, 1900.

71. Romain Coolus, président de la Société des auteurs et compositeurs dramatiques, discours prononcé le 29 avril 1916 lors de la soirée donnée à Lyon en l'honneur de Magnard et de Granados. Cité dans *La Musique pendant la guerre*, n° 7 (avril-mai 1916), p. 105.

72. Henry Malherbe, « Chronique musicale, *Guercœur* », *Le Temps*, 29 avril 1931.

73. Voir Albéric Magnard, « Pour Rameau », *Le Figaro*, 29 mars 1894.

74. Lalo, « Albéric Magnard », p. 22.

75. Gustave Samazeuilh, « À propos de *Guercœur*. La vie et l'œuvre d'Albéric Magnard tué par les Allemands en août 1914 », *Comœdia*, 21 avril 1931.

76. Samazeuilh, « Un musicien français. Albéric Magnard », p. 194.

les qualités et les valeurs françaises, les « fortes vertus de notre peuple[77] », le génie de la race. Ainsi, sa *Bérénice* s'affirme comme la digne sœur de celle de Racine : « Nées l'une et l'autre sous le ciel clair de l'Île-de-France, elles en ont gardé la grâce incomparable, et la douceur pénétrante et forte[78]. » La logique et la clarté, autres qualités françaises, sont aisément repérables dans une musique fortement architecturée : « un beau drame musical français, écrit avec une ingénuité, une générosité, une logique et une clarté toutes françaises, par un bon musicien de France[79]. » Ces vertus, la musique de Magnard les illustre avec d'autant plus de pureté qu'elle ne cède pas à la mode des recherches formelles :

> Il ne cherchait pas, comme le font des artistes moins profondément doués et moins sûrs d'eux-mêmes, à étonner ou à se faire admirer par des recherches artificieuses ou des nouveautés dans la forme. Non ! dans la langue musicale, il prenait ce qui lui convenait et s'en servait, ouvrier loyal et disciple attentif [...] De telles formes, connues, éprouvées, solides et belles, il comptait sur l'expansion de sa pensée propre pour les animer de nouveau[80].

Majoritairement réservés face au debussysme et au ravélisme, les admirateurs de Magnard s'en prennent tous, à des degrés divers, aux innovations sonores du temps : « Les essayistes d'à présent s'ingénient à se fabriquer une trousse à eux, de petits instruments bien fins, bien extraordinaires. Il ne faut pas les décourager. Ces instruments serviront peut-être à créer de belles choses quelque jour. Jusqu'à présent, ils n'ont ciselé que des bibelots d'étagère. Magnard croyait qu'en musique, il faut commencer par avoir des idées musicales[81]. » C'est probablement ce rapport prudent au formalisme qui permet à Magnard d'écrire une musique qui « sent la terre, la terre de France où il travaille, où il chante son cœur sain et vigoureux[82] ». Ce statut de classique français investit la musique de Magnard d'une valeur pédagogique et lui assigne un rôle et une mission. Puisqu'elle est reconnue comme exemplaire des valeurs nationales, sa diffusion ne peut qu'aider à leur affermissement, toujours nécessaire : « L'œuvre de Magnard donne de meilleurs et de plus justes enseignements. Bien plus sûrement que d'autres, elle peut nous aider à retrouver et à ressaisir le sens national : elle est toute inspirée de notre génie, toute formée de nos traditions [...] Elle exprime sobrement de grands sentiments et de grandes pensées, elle conseille la franchise et le courage, elle est saine, virile et cordiale, elle possède tout ensemble la valeur intellectuelle et la valeur morale[83]. » Tout cela donne à Magnard un positionnement stratégique. Face à une Allemagne qui s'est toujours efforcée « d'établir la légende que nous étions incapables de musique sérieuse, forte, profonde », il lui revient de démontrer que l'art français n'est pas voué à ne signifier que « plaisir facile et oubli », mais peut chanter

77. Carraud, *La Vie, l'œuvre et la mort d'Albéric Magnard*, p. 12.
78. Quittard, « À la gloire d'Albéric Magnard ».
79. Pierre Lalo, « À propos de *Guercœur* », *Le Courrier musical*, avril 1931.
80. Boschot, « Albéric Magnard, un grand poète en musique ».
81. Robert Dézarnaux [Robert Kemp], « *La Vie, l'œuvre et la mort d'Albéric Magnard* par Gaston Carraud », *La Liberté*, 3 mai 1921.
82. Darius Milhaud, conférence devant l'École des hautes études en sciences sociales, 5 janvier 1917. F-Pn : département de la Musique, Rés. Vmc ms 19.
83. Lalo, « Albéric Magnard », p. 34.

« les fortes vertus de notre peuple[84] ». En cela, l'œuvre de Magnard sera toujours une référence bienfaisante. Dans le passé, elle a permis la réaction française au wagnérisme en démontrant « qu'avec ses allures révolutionnaires, il n'était que l'aboutissement de l'art beethovénien », lequel était né dans une « Allemagne formée, en bien des choses, à l'école du XVIIIe siècle français ». Pour l'avenir, sa mission éternelle est, sur ces bases, de sauver la musique française d'une « rechute wagnérienne », toujours menaçante[85].

L'énergie nationale

La mort héroïque d'un musicien français ne peut manquer de susciter l'intérêt des théoriciens du nationalisme doctrinal : c'est une mort française. Il n'est donc pas anodin de voir deux hérauts des deux nationalismes français, Barrès et Daudet, s'emparer du cas Magnard. Là aussi, analyse sélective et instrumentalisation permettent à chacun d'assimiler à son corpus conceptuel un parcours individuel par bien des aspects éloigné de leurs idées.

Un testament spirituel

De fait, en dépit de certaines incohérences, les convictions de Magnard ne semblent pas avoir jamais penché du côté du nationalisme droitier. Dreyfusard convaincu au point de démissionner du corps des officiers de réserve en 1899, féministe au point de dédier sa *Quatrième Symphonie* à l'Union des femmes professeurs et compositeurs de musique et d'en confier la création à l'orchestre de cette organisation, épris d'économie sociale au point d'éditer, un temps, ses partitions dans une imprimerie coopérative, Magnard était, selon l'expression de Louis Laloy, proche des « partis révolutionnaires[86] ». Il est certain que *Guercœur*, qui est une sorte de testament spirituel, exprime, avec quelque naïveté, un idéalisme laïc et libre-penseur, dans l'esprit de la IIIe République[87]. Les paroles de la Vérité, à la fin de l'ouvrage, teintées d'humanisme internationaliste et d'espérance scientiste, sont assez typiques : « Un jour, dans ta patrie et sur toute la terre, le rêve de ta vie, Guercœur, doit s'accomplir. L'homme, enfin conscient de sa tâche, doit grandir dans l'amour et dans la liberté. La fusion des races, des langages, lui donnera le culte de la paix. Par le travail, il vaincra la misère, par la science il vaincra la douleur, et pour monter à moi dans un élan suprême, il unira la Raison à la Foi. » Dès lors, l'acte de Magnard n'en est que plus

84. CARRAUD, *La Vie, l'œuvre et la mort d'Albéric Magnard*, p. 9 et 12.

85. Gaston CARRAUD, « Vincent d'Indy, Albéric Magnard, Guy Ropartz, conférence lue le 25 mars 1920 aux concerts historiques Pasdeloup », *Le Ménestrel*, 7 mai 1920, p. 189.

86. Louis LALOY, « Les festivals de musique française. Sur Albéric Magnard », 23 juin 1917. F-Pn : département des Arts du spectacle, RO 3747.

87. Voir Florence LE DOUSSAL, « À l'aube des temps nouveaux, la vision idéaliste et utopique de trois poètes-musiciens : Ernest Chausson, Vincent d'Indy et Albéric Magnard », *Interculturalité, Intertextualité : les livrets d'opéra, fin XIXe-début XXe siècle*, sous la direction de Walter ZIDARIC, actes du colloque tenu les 3 et 4 mai 2002 à l'université de Nantes, Nantes : Centre de recherches sur les identités nationales et l'interculturalité, 2003, p. 205-215.

incompréhensible : seul le ferment puissant de l'idée nationale peut parvenir à expliquer ce mystère. « Il se découvrait une sensibilité et une conscience nouvelles. Ses convictions antérieures sur l'universelle justice s'effondraient sous les désillusions et le dégoût », note Édouard Ganche[88].

Un frisson de haine

Certains, plus sensibles au sentiment de décadence et à l'affaissement des énergies et des vitalités, animés d'une haine plus viscérale de l'étranger, invoquent l'explosion irrépressible de forces primitives. Malgré ses convictions et ses idéaux, Magnard conserve « le droit de haïr », poursuit Édouard Ganche. Et d'ajouter : « L'instinct de lutte ne disparaît pas sans indiquer une décadence. » C'est cette thèse qu'exprime Léon Daudet dans *L'Action française* : « Quand cet ennemi franchit son seuil, il éprouva ce sentiment d'indignation irrésistible, ce frisson de haine qui commande les actions magnanimes[89]. » Seuls les gens raisonnables refusent de consentir à ces mécanismes secrets et ne veulent pas admettre que c'est à « ces sources vives, teintes du sang le plus généreux » que la nation s'abreuve. L'équation est donc assez simple pour le nationalisme positiviste et antiromantique de l'Action française.

Le fils d'un sceptique

Le parcours personnel de Magnard pose à Barrès une problématique d'une autre ampleur qui, sans doute, explique l'attention qu'il lui porte. On sait en effet que pour Barrès le nationalisme est plus une biographie qu'une doctrine, qu'il est avant tout un déterminisme résultant de la loi des filiations. On sait aussi quelle influence a eu sur sa pensée l'enseignement de Jules Soury sur l'hérédité psychologique. Or, précisément, la personnalité et les opinions du père de Magnard, Francis Magnard, rédacteur en chef du *Figaro*, étaient, pour reprendre Barrès, celles d'un « sceptique[90] ». Il n'est pas le seul à insister sur la divergence des deux Magnard. Daudet rappelle qu'il avait, vainement, demandé à Francis Magnard le départ de la rédaction du *Figaro* du « juif Jacques Rosenthal – il signait Jacques Saint-Cère – qui passe dans tous les milieux pour un flibustier et un agent allemand[91] ». Frédéric Masson rappelle que, en 1891, Francis Magnard s'était montré favorable aux représentations de *Lohengrin* à l'Opéra de Paris. Avec d'autres « messieurs et dames qui jouaient à l'anarchie comme ils eussent joué aux grâces », il s'était alors insurgé : « Bannir Wagner, quel crime contre le Beau, contre l'Art, contre la Pensée humaine[92] ! » Francis Magnard avait effectivement alors vigoureusement dénoncé les agissements « des énergumènes dont les procédés, le langage et l'abjecte niaiserie rendraient, si c'est possible, le patriotisme odieux et ridicule ». C'est pourtant au « foyer des cosmopolites antimilitaristes »

88. Barrès & Ganche & Rostand, 1914. *Une défense héroïque*, p. 23.
89. Léon Daudet, « Un héros. Albéric Magnard », *L'Action française*, 26 septembre 1914.
90. Barrès, « Le fils d'un sceptique ».
91. Daudet, « Un héros. Albéric Magnard ».
92. Frédéric Masson, « Les deux Magnard », *Le Gaulois*, 9 janvier 1915.

qu'est né le patriotisme du fils. Magnard a donc dû se soumettre à la voix impérieuse de la terre et des morts. Dans cet achèvement, Magnard trouve sa cohérence, son épanouissement individuel. Sa musique s'était nourrie de la « substance nationale ». En mourant en héros, il a, comme Péguy, construit une sincérité artistique, indispensable à une influence d'exemplarité : « Les artistes prétendent justement à modeler et à diriger les sentiments du public. Ils n'ont ce droit qu'à la condition d'être vrais, et leur vérité éclatera si, dans les moments décisifs, ils décident de se sacrifier pour être en accord avec leurs thèses[93]. » « Albéric Magnard, pour vivre, n'avait qu'à laisser sa fenêtre fermée. » En courant délibérément au sacrifice, il a grandement contribué à « accroître l'autorité des doctrines qui proclament qu'il y a un art national ».

On ne saura sans doute jamais exactement comment Albéric Magnard est mort ni quelles motivations profondes l'ont conduit à cette fin. Il n'est pas douteux, en revanche, que ce flou factuel ait été le terreau fertile sur lequel s'est épanoui un objet culturel typique de la culture de guerre à l'œuvre pendant le premier conflit mondial. Que sa construction passe par des retournements de circonstances défavorables ou se fasse en dépit d'éléments biographiques carrément contraires ne doit pas surprendre : c'est précisément en cela que le cas Magnard est idéal. Son ralliement *in extremis* au credo patriotique renforce la culture dominante. Sa mort prend une valeur rédemptrice qui étouffe toutes les discordances. En cela, notre démonstration a essentiellement une valeur confirmatoire : on voit jouer dans l'exploitation de la mort de Magnard des mécanismes bien connus et déjà observés dans l'élaboration d'autres discours commémoratifs. L'unicité du cas interdit, pour l'instant, toute interprétation générale : faut-il conclure à une absence totale d'originalité dans le traitement de la sphère musicienne ? C'est toute la question de la place de la musique et des musiciens dans les phénomènes de mobilisation culturelle qui se trouve ici posée.

93. Barrès, « Le fils d'un sceptique ».

Félix Mayol dans la Grande Guerre

Rémy Campos

Lorsque la guerre éclate, Félix Mayol (1872-1941) est au sommet de sa gloire après avoir accumulé les succès : *La Paimpolaise* (1896), *À la cabane bambou* (1899), *La Polka des trottins* (1902), *Viens, Poupoule* (1902), *Les Lilas blancs* (1904), *La Mattchiche* (1905), *Les Mains de femmes* (1906), *Cousine* (1911), *À la Martinique* (1912), *Bou da ba da bouh* (1913). Artiste le mieux payé du café-concert, il acquiert la salle du Concert-Parisien en 1910 qu'il rebaptise Concert-Mayol – une consécration. La vedette aurait pu vivre le premier conflit mondial confortablement retiré dans sa propriété méridionale. Réformé à 18 ans à la suite d'une chute (après s'être engagé par tradition familiale dans les équipages de la flotte à Toulon), Mayol avait été réserviste de la territoriale avant d'être définitivement réformé au moment de la déclaration de guerre. Pendant quatre ans, le chanteur poursuit moins sa carrière d'avant 1914 qu'il ne réinvente son métier dans des circonstances exceptionnelles. À l'instar de nombreux artistes non mobilisés qui font de leur activité professionnelle un engagement citoyen, Mayol ajuste ses pratiques au temps de guerre : répertoire, forme des spectacles, discours sur l'art, participeront désormais à un projet de réconfort moral. En quelques mois, le chanteur devient un virtuose de la propagande musicale.

Chanter envers et contre tout

À la suite de la poussée des troupes allemandes, et après avoir pris « l'engagement sacré » de ne plus chanter en public avant la victoire, Mayol quitte Paris en novembre 1914, sous prétexte de mettre à l'abri à Toulon sa belle-sœur et la fille de celle-ci. Sa ville natale est alors transformée en un gigantesque campement militaire : le casino est devenu une caserne de fortune et le Grand-Théâtre a été réquisitionné par l'armée. Le chanteur lui-même met sa propriété (le clos Mayol) à la disposition du service de Santé. Citoyen au patriotisme irréprochable, Mayol est vite rattrapé par sa gloire d'artiste. Alors que la France retentit de *La Marseillaise*, du *Chant du départ* ou du *Régiment de Sambre et Meuse*[1], on

1. Voir Regina M. Sweeney, *Singing our Way to Victory: French Cultural Politics and Music during the Great War*, Middletown (CT) : Wesleyan University Press, 2001, p. 43-55.

lui réclame en effet régulièrement ses « refrains populaires », mais l'organisation de véritables spectacles pour les soldats se heurte à des difficultés administratives qui amènent Mayol à entrer dans une clandestinité de bon aloi :

> Alors, un soir, après l'extinction des feux, derrière le sergent de garde qui, seul, connaissait notre présence, nous pénétrâmes au Casino. On était tout de suite surpris par l'ombre et le silence, et une vague mélancolie nous oppressa aussitôt. On ne s'imagine pas la tristesse que peut dégager une salle de spectacle quand elle se trouve privée de ses lumières et de ses bruits d'orchestre et de foule... À la lueur de la lanterne du sous-officier, nous apercevions çà et là des hommes étendus à terre, sur de maigres paillasses : l'entraînement à la dure vie du front... La scène même était encombrée de dormeurs ; nous montâmes donc, toujours à pas de loup, au balcon.
>
> Je me sentais terriblement impressionné par cette atmosphère, qui rappelait un peu une église pendant certaines cérémonies funèbres ; il me sembla tout à coup que je n'oserais plus réaliser ce pour quoi, cependant, j'étais venu. Mais Jean Aicard[2] m'encouragea :
>
> — Allez-y donc, me dit-il... Vous verrez que cela leur fera plaisir.
>
> Et alors, dans ce calme émouvant, je commençai, à mi-voix d'abord :
>
> Elle naquit par un dimanche
> Du plus joli des mois de mai
> Quand le printemps à chaque branche,
> Suspend un bouquet parfumé...
> Et l'admirant, toute petite,
> Si frêle en son berceau tremblant,
> Sa mère la nomma, de suite,
> Lilas blanc !
> Mon petit brin de lilas blanc...
>
> Et je continuai de chanter en demi-teinte... À cette évocation de berceau, l'âme de tous ces papas dut être agitée d'une douce émotion ; dans la nuit, que perçait à peine le falot du sergent, on devinait, plus qu'on ne les voyait, des têtes qui se relevaient, des yeux, encore lourds de sommeil, qui s'ouvraient, surpris... Mais il semblait que tous retinssent leur souffle, pour écouter la mélopée lointaine et tendre... Ceux qui étaient réveillés secouaient les autres, doucement, sans bruit...
>
> Et je leur dis, ainsi, tout *Lilas blanc*, dans la nuit...
>
> J'étais quand même toujours impressionné : c'était la première fois que je chantais sans pouvoir regarder mon public et, plus encore que le pathétique de la situation, cette obscurité pesait sur moi... Quand j'eus fini, la salle sombre, jusque-là muette et recueillie, éclata en applaudissements. Quelques-uns des poilus avaient reconnu ma voix ; on cria « C'est Mayol ! Bravo, Félix ! Une autre ! »
>
> On redonna enfin l'électricité ; tous, nous en éprouvâmes un grand soulagement. Ces braves territoriaux, dont quelques-uns montraient déjà des cheveux blancs, paraissaient heureux comme des enfants, pleins d'une joie naïve et saine, pour avoir, simplement, entendu une chanson... Je repensai à cette admirable scène de *Cyrano*, où le héros dit à ses frères d'armes :
>
> Ces vieux airs du pays, au doux rythme obsesseur,
> Dont chaque note est comme une petite sœur,
> Dans lesquels restent pris des sons de voix aimées,

2. Jean Aicard (1848-1921), poète, romancier et auteur dramatique, membre de l'Académie française.

> Ces airs, dont la lenteur est celle des fumées
> Que le hameau natal exhale de ses toits,
> Ces airs, dont la musique a l'air d'être en patois !...
>
> Ce n'était pas sans raison que j'évoquais ce tableau : quelques jours plus tard, mes auditeurs de cette nuit devaient rejoindre la région d'Arras, où les choses commençaient à chauffer...
>
> Quel poignant contraste entre la tristesse de cette salle quand nous y étions entrés, et la gaîté débordante qui l'animait maintenant !
>
> — Une autre !
>
> Bien sûr, une autre, pardi, et avec empressement ! N'étais-je pas là dans l'intention de chanter ? Et de chanter *pour eux* ?... Dix chansons se succédèrent, parmi la même joie enthousiaste. Enfin, Jean Aicard put leur dire quelques mots ; sans éloquence inutile, très simplement, il leur expliqua pourquoi, et comment nous étions là : les exercices auxquels ils se trouvaient astreints toute la journée ne nous avaient pas permis de venir autrement qu'à cette heure tardive ; il traduisit en termes touchants la poignante émotion qui nous étreignait, et termina en disant que nous étions heureux si nous avions pu leur faire plaisir...
>
> Là-dessus, nous allions nous retirer, lorsque quelques soldats, qui se concertaient depuis un instant, vinrent à nous :
>
> — Oui, déclara un caporal grisonnant, vous nous avez fait plaisir, un grand plaisir, et nous vous en sommes profondément reconnaissants... Merci donc, très sincèrement... Mais une politesse en vaut une autre : vous avez chanté pour nous, nous allons chanter pour vous... Oh ! ce ne sera pas, bien sûr, aussi beau, mais je vous jure que le cœur y est !
>
> — Parfaitement ! confirmèrent tous les autres d'une seule voix.
>
> Sur la scène, tôt débarrassée du matériel qui l'encombrait, un concert s'improvisa ; tous ceux qui savaient quelque chose vinrent le dire ou le chanter, la salle reprenait en chœur les refrains les plus connus. Finalement, dans un impressionnant ensemble, ils entonnèrent *La Marseillaise*, et je te jure que jamais je n'écoutai avec plus d'émotion notre hymne national.
>
> Tu penses bien que le secret ne put pas être longtemps gardé sur une telle aventure, que les territoriaux s'empressèrent de raconter eux-mêmes, tout les premiers, avec force détails. Il me parut d'ailleurs, par la suite, que l'effet moral constaté sur ces bonnes gens ne fut pas étranger à la liberté qu'on nous accorda enfin de chanter dans d'autres dépôts, d'abord, puis dans les hôpitaux[3].

Le récit propose un renversement édifiant. En quelques chansons, la scène passe de la désolation (un lieu abandonné et vidé de sa fonction est envahi par des hommes inquiets dans l'attente du feu) à l'exultation de corps chantant. Le prodige se déroule dans un espace lui-même métamorphosé. Avant qu'il ne redevienne une salle de spectacle pour artistes de fortune, le casino s'est transformé en sanctuaire : Mayol parle d'une « église », d'une « cérémonie funèbre » et chante depuis le balcon « sans pouvoir regarder [s]on public », comme un chantre à la tribune d'un temple.

Le miracle opère grâce à deux pièces identifiées : *Les Lilas blancs* et *La Marseillaise*. Rien de plus dissemblable que ces « chants ». L'hymne national était mis à contribution de façon obsédante depuis l'entrée en guerre. Vecteur patriotique par excellence, il appartenait à tous et permettait à chacun de manifester et d'éprouver son appartenance à la

3. Félix Mayol, *Mémoires*, recueillis par Charles Cluny, Paris : L. Querelle, 1929, p. 256-259.

communauté nationale[4]. L'autre musique est l'un des plus grands succès de Mayol, signé par Théodore Botrel en 1904. Chanson sentimentale, voire larmoyante, son thème ne résonne pas avec l'actualité militaire du moment. Chanson de toujours, d'après la définition tirée de *Cyrano*, *Les Lilas blancs* n'a pourtant que dix ans. Ainsi, le fait que le répertoire de Mayol rivalise avec l'hymne national dit la grandeur du chanteur, grandeur que magnifie encore l'acte généreux lui-même : ce tour de chant gratuit offert aux futurs héros.

L'implication de Mayol dans cette histoire, à la fois acteur et témoin, invite à préciser le crédit à accorder à ce récit. Les *Mémoires*, parus du vivant du chanteur, ont été conçus à quatre mains avec le journaliste Charles Cluny. La dimension hagiographique du document est évidente, mais le livre est, pour le moment, l'unique source biographique sur le chanteur. L'ouvrage alterne anecdotes, réflexions sur le métier, citations de lettres et témoignages divers, le tout dans une forme dialoguée, entre conversation et interview. Sous un air d'improvisation orale, les épisodes relatés dans les *Mémoires* bénéficient donc d'une écriture soignée.

Parmi les morceaux littéraires enchâssés dans le texte, l'épisode du casino de Toulon est qualifié par Mayol de « tableau ». Prenons-le au pied de la lettre. La scène remémorée n'est pas sans rappeler *Le Rêve*, toile d'Édouard Detaille (1888). En mettant en image les songes d'une armée en campagne (dans un ciel d'aurore, les nuages dessinent au-dessus d'un campement des bataillons de soldats emportés vers la victoire), le peintre français avait composé un hymne pictural à la revanche qui devint ensuite une glorification de l'armée tout court.

La diffusion de cette image par la gravure et la photographie fut considérable sous la IIIe République[5]. On en trouve trace au théâtre (*Le Régiment* de Jules Mary, 1890) et dans le monde musical. En 1906, les paroles du *Rêve passe* d'Armand Foucher (musique de Charles Helmer et Georges Krier) sont assimilables à une description de l'œuvre de Detaille[6] et la couverture duplique la toile de 1888[7].

Le frontispice d'une pièce vocale de Girard et Barbirolli est, lui aussi, repris du tableau de Detaille, mais le texte n'en est pas une description. Le triomphe de Mayol au casino de Toulon semble se greffer sur une scène du même type : des troupes dormant avant le combat, mais avec des Toulonnais rêvant bonheur domestique plus qu'aventures héroïques. Mayol lui-même apporte à ses auditeurs un réconfort individuel plus qu'une fièvre collective. L'« effet moral » avéré de la soirée culmine certes avec la reprise en chœur de l'hymne national, mais il a été précédé d'un moment de café-concert où les hommes présents se sont comportés plus en civils qu'en soldats.

---

4. Voir Michel Vovelle, « *La Marseillaise*. La guerre ou la paix », Pierre Nora (dir.), *Les Lieux de mémoire. I. La République*, collection Bibliothèque illustrée des histoires, Paris : Gallimard, 1984, p. 85-136.
5. Voir François Robichon, *La Peinture militaire française de 1871 à 1914*, Boulogne-Billancourt : Association des amis d'Édouard Detaille, Paris : Bernard Giovanangeli, 1998, p. 46-51.
6. Le fac-similé de la partition du *Rêve passe* figure dans Sweeney, *Singing our Way to Victory*, p. 268-269.
7. La couverture du *Rêve passe* est reproduite dans Robichon, *La Peinture militaire française*, p. 49.

Édouard Detaille (1848-1912), *Le Rêve* (1888),
huile sur toile, H. 3,00 ; L. 4,00 m,
Paris, musée d'Orsay.

© R.M.N. – Hervé Lewandowski

Le Rêve, poésie de Paul E. Girard,
musique d'Alfredo Barbirolli, sans date.

© Conservatoire de musique de Genève

Le « tableau » de Mayol et Cluny permet de mesurer la désorganisation de l'économie du spectacle dans les premiers mois de la guerre pour des raisons aussi bien administratives[8] qu'économiques ou de moralité ; nous y reviendrons. Il porte aussi les grandes lignes de ce qui sera une nouvelle formule de divertissement en temps de guerre (formule qui s'ajoutera aux formes usuelles restaurées dès la fin de 1914) : des manifestations gratuites, au cours desquelles la participation chantante du public est légitime, et dont les programmes sont généralement improvisés et pas forcément guerriers.

Un autre témoin a laissé une description de l'anecdote toulonnaise. Le poète Jean Aicard, qui accompagnait Mayol au casino, publie en 1915 un récit qui est comme la trame des *Mémoires* publiés quinze ans plus tard. Version divergente cependant où le « chant patriotique » évoqué (*L'Allemagne au-dessous de tout*[9]) a cette fois été écrit par l'académicien pour son ami Mayol[10]. Aicard substitue donc à la chanson connue de tous – *Les Lilas blancs* – qui mettait en valeur la popularité de Mayol, une pièce de circonstance belliciste dont il est l'auteur. Cette deuxième version, contemporaine de l'événement, est ainsi plus proche encore de l'atmosphère de l'œuvre de Detaille. Dans chacun des textes perce aussi une autre image, bien plus ancienne : celle de l'aède charmant ses auditeurs. Vieille métaphore des pouvoirs de la musique que Mayol désigne en parlant d'« effet moral ». Par la puissance de sa voix, sans accompagnement, le barde réveille les corps endormis et déclenche l'enthousiasme.

L'image de Mayol participant à l'élan patriotique du pays ne serait-elle alors que le recyclage de vieux clichés (la fresque patriotique de Detaille et le lieu commun orphique) ? S'il est difficile de faire la part entre une imagerie d'emprunt et ce qui relève du témoignage, l'esthétisation d'une séquence de vie ne doit pas être tenue pour un obstacle à notre connaissance de la réalité passée. La recomposition consciente des événements biographiques est un des rouages de la production du vedettariat et du contrôle de la réputation morale d'un artiste à un moment où les activités artistiques sont sous surveillance.

À en croire les chroniques édifiantes d'Aicard ou de Mayol, le principal miracle de la musique en temps de guerre est d'agir sur le sentiment public, de modifier les humeurs en instillant de la joie là où il y avait de la gravité. Ce qui n'est pas banal dans un contexte où le divertissement est suspect. En effet, les querelles sur le droit à la futilité en temps de crise encombrent les colonnes des journaux[11], occupent les conversations, provoquent

8. Les spectacles avaient été suspendus entre le 2 août et le 23 novembre 1914. Voir Charlotte GENOVESI, « 1914-1918 : l'activité musicale à l'épreuve de la guerre », *Revue de musicologie*, t. XCIII, n° 2 (2007), p. 409-413.

9. Jean AICARD [paroles] & Blanche POUPON [musique], *Allemagne au-dessous de tout. Chant patriotique créé par Mayol dans les casernes et les hôpitaux – 1914*, Paris : Veuve Ch. Mayol, [1915], 2 pages. Dans un encadré placé à droite du titre, on lit : « Réponse Française à DEUTSCHLAND ÜBER ALLES ».

10. Voir la lettre ouverte publiée par Jean Aicard dans un journal provençal. Cité dans « Ce que peut faire, pendant la guerre, un chanteur de café-concert », *Les Spectacles, ancien écho des spectacles*, 28 novembre 1915, p. 14.

11. « Oui, Paris, malgré le massacre d'hommes un peu partout, reste charmant, et les petits théâtres délicieux d'avant la guerre rouvrent au fur et à mesure. [...] Jouer, rire, – comme le dit Xavier Roux,

quantité de justifications écrites dans les milieux artistiques et au-delà[12]. Dans ce débat, la chanson bénéficiait d'un avantage : elle constituait de longue date une niche militaro-patriotique, des pans entiers du domaine chansonnier étant immémorialement consacrés à la célébration des vertus du sol et des armes. Il suffisait pour le personnel chantant de réactiver un discours et un répertoire déjà bien rodés sous la IIIe République[13].

Un seul exemple, les volumes anthologiques qu'Alice Sauvrezis tire du fond ancestral des musiques guerrières. Les *Chansons populaires, chants militaires, hymnes nationaux* contenus dans le volume paru en 1915 sont présentés comme dans un chansonnier historique d'Ancien Régime, où les pièces sont classées chronologiquement depuis la *Chanson de Roland* jusqu'au *Chant des Girondins* et quelquefois augmentées d'anecdotes. Dédiée « aux soldats », la préface ajuste au conflit en cours la vieille doctrine élaborée par les folkloristes dans le dernier tiers du siècle précédent :

> La chanson populaire est une fleur née du sol : par elle s'exprime spontanément l'âme du peuple, la grande âme anonyme et innombrable qui constitue le pays tout entier.
>
> Cette chanson, c'est notre patrimoine, soldats de France, c'est votre langue séculaire, elle vous appartient ; le souffle des aïeux vous anime, vous marchez au rythme du cœur même de la Patrie ; les marches héroïques d'antan sont celles qui scandent votre pas d'aujourd'hui ; les chants d'amour sont ceux de votre jeune ardeur ; les berceuses de la douleur humaine sauront encore bercer votre cœur.
>
> Rien n'a vieilli dans cette chanson sans ride : elle est éternellement jeune parce qu'elle est sincère. Martiale, joyeuse, triste, elle est *vrai* [sic] ; et cette fleur du sol d'apparence fragile, éphémère, est indestructible ; les canons qui tonnent contre les cathédrales sont impuissants contre la mélodie impondérable, et c'est avec les refrains ailés des plus beaux chants aux lèvres que nous allons à la victoire[14].

La chanson est ici une véritable arme patriotique, générant un consensus idéologique où se mêlent le peuple, la France, les temps anciens et les âges de la vie. Le propos se radicalise en 1916. À l'exaltation abstraite des vertus militaires, succède une parole marquée par l'horreur concrète du champ de bataille[15] :

> Dans une tranchée – face à la mort – qu'est-il resté de l'art ? ce qui est éternel : le rythme, émané des pulsations humaines ; la mélodie, issue des émotions les plus profondes.

---

dans un prologue aux mille clochettes imprévues de mots et d'idées, – c'est une façon de se battre, de "tenir", de prouver sa force. Pourquoi des gens moroses nous voudraient-ils tristes et déprimés ? La gaîté n'empêche pas la bravoure, au contraire. » (Félicien Champsaur, « Paris quand même », *L'Écho des spectacles*, 7 novembre 1915, p. 1).

12. Voir Genovesi, « 1914-1918 : l'activité musicale à l'épreuve de la guerre », p. 413-416. Voir aussi Mayol, *Mémoires*, p. 281-282.

13. Voir Yves Rassendren, « La chanson nationaliste de 1871 à 1914 ou la chanson d'une guerre à l'autre », *Chroniques allemandes*, n° 10 (2003-2004) « La guerre en chansons », p. 81-96.

14. Alice Sauvrezis, *Chants de soldats (1525-1915). Chansons populaires, chants militaires, hymnes nationaux, sonneries recueillis par A. Sauvrezis*, collection Pages d'histoire, Nancy – Paris : Librairie militaire Berger-Levrault, 1915, p. 5.

15. Mathilde Joseph relève une évolution semblable de l'image du poilu sur les scènes de cafés-concerts entre 1915 et 1917. Voir Mathilde Joseph, « Le Poilu de music-hall. L'image du poilu dans les music-halls parisiens pendant la Grande Guerre », *Guerres mondiales et conflits contemporains*, n° 197 (mars 2000), p. 39.

> Tant et si bien que l'on vit cette chose inouïe : un soldat enterré jusqu'à la moitié du corps, chantant la *Marseillaise* pour entraîner les autres !
>
> Le chant ne meurt qu'avec l'homme ; tout être qui vit est enclin à chanter pour dire sa joie, sa peine, ses aspirations héroïques ou religieuses.
>
> C'est donc la langue immédiate. Il ne faut pas dire que la musique est une chose superficielle. Ce malentendu a trop duré : on confond parfois des platitudes de contredanses avec la musique.
>
> La musique peut tout exprimer dans la gamme des sentiments humains [...].
>
> En conséquence – dans ce cataclysme – au moment où tant d'êtres humains, s'étant brusquement ressaisis, vivent de leur vie intérieure, la musique joue son véritable rôle, elle accompagne la vie, l'intensifie, la rend plus harmonieuse[16].

L'argumentation franchit une étape : en se portant sur le terrain métaphysique, Sauvrezis entend couper définitivement court aux attaques des moralistes. Emmenée par les poilus au cœur des combats, la musique paye aussi son tribut à la victoire. La chanson n'est pas simplement un baume pour les permissionnaires ou pour ceux de l'arrière, elle participe directement au sacrifice suprême. On comprend mieux dès lors qu'en dépit d'un répertoire ne comportant guère de couplets va-t-en-guerre (contrairement à certains de ses collègues, dont le célèbre Paulus qui bien avant 1914 s'était fait le spécialiste de l'exaltation patriotique), Mayol soit demeuré une vedette pendant les quatre années du conflit : ses musiques appartenaient à l'intimité des combattants.

La question du front continuait cependant à se poser pour les artistes[17]. Que ses chansons aillent et viennent du feu aux lignes arrière par la bouche des soldats ne satisfaisait pas Mayol qui désira payer de sa personne. Mais comment s'exposer, quand on est un trésor national, sans prendre le risque d'être anéanti par l'ennemi ?

Le front de Mayol

Le tableau du casino de Toulon mettait en scène l'impulsion initiale : « à la demande générale », Mayol reprit la route. Au lieu de retrouver les scènes familières de l'avant-guerre qui rouvrirent peu à peu dans le courant de 1915[18], le chanteur transforma la tournée d'avant-guerre en une épopée charitable. Pour soutenir le moral des Français, l'artiste substitua des hôpitaux, des casernes, des théâtres de verdure aux scènes de café-concert. Ainsi, Mayol alla au-devant du seul public légitime en période de guerre : celui formé par ceux qui menaient directement la lutte.

Entré en campagne avec son répertoire de chansons comiques et sentimentales, qu'il

16. Alice Sauvrezis, *Autres Chants de soldats (1200-1916). Chansons populaires, chants militaires, hymnes nationaux, sonneries recueillis par A. Sauvrezis*, collection Pages d'histoire, Nancy – Paris : Librairie militaire Berger-Levrault, 1916, p. 6.

17. Sur la chanson et les activités musicales en général sur le front, voir Sweeney, *Singing our Way to Victory*, chapitre VI (« The French Army's "Theatre of War" ») et chapitre VII (« Entertainment at the Front: The Soldiers Go It Alone »).

18. Pour une liste des salles ouvertes pendant la guerre, voir Sweeney, *Singing our Way to Victory*, p. 283-289.

appelait lui-même ses « ordinaires amusettes[19] », Mayol défend bientôt un ensemble de refrains de circonstance qui disparaîtront de ses tours de chant, passé 1918 :

> Jean Aicard me donna donc *Deutschland unter allës* [sic] et *France et Prusse*, puis des vers exquis sur les marins, intitulés *Nos cols bleus*. Paul Marinier m'avait confié aussi une spirituelle parodie des *Trois Hussards* de Nadaud : *Les Trois Uhlans*, et le chansonnier Jean Deyrmon, une très bonne chanson satirique sur le « Goeben et le Breslau » : *Les Vaisseaux fantômes*, que je créai le 7 janvier 1915 au Grand-Théâtre de Toulon, à l'occasion d'une soirée de bienfaisance donnée en l'honneur de notre triomphant « 75 »[20].

À quoi venaient s'ajouter les anciennes chansons retaillées pour s'adapter à l'actualité[21], bien que le chanteur se défende en 1929 de toute vocifération belliciste : « Oh ! rassure-toi, je n'ai jamais chanté "le bonheur des tranchées", "la joie d'être poilu", "l'orgueil de se faire tuer", ah ! non !... J'ai toujours trouvé cela indécent, et ce ne sont pas les misères que je vis ensuite dans les hôpitaux qui pouvaient me faire changer d'avis[22] ! » Car l'artiste, bien qu'il n'ait jamais mis le pied dans une tranchée, avait des contacts réguliers avec le front, ou du moins avec un espace qui allait des lieux militarisés de l'arrière (hôpitaux, casernes) jusqu'aux franges des zones de combat.

Dans le chapitre de ses *Mémoires* consacré à cette période, Mayol aligne les faits d'héroïsme énumérés par le truchement de lettres d'admirateurs : on y lit qu'il est une fois venu chanter jusqu'à 8 kilomètres des lignes, ou qu'en d'autres circonstances il s'est approché à 1 500 mètres des « boches »[23]. Une anecdote, dont le récit occupe plusieurs pages, nous le montre encore en octobre 1915 dans la Somme, se perdant dans la nuit au milieu du bruit des balles après un concert[24]. Les carnets de Mayol devraient documenter ces événements[25]. Il reste, en attendant, beaucoup d'archives à rassembler, dont les souvenirs de soldats ayant croisé Mayol entre 1914 et 1918.

L'exposition de la vedette au feu (même lointain) et la prise de risque que cela représente consacrent l'artiste et le citoyen en artisan de la mobilisation. En outre, le soutien de Mayol aux soldats n'est pas seulement moral. Le chanteur proclame récolter des sommes non négligeables dans des concerts à bénéfice, et participe à la promotion des emprunts nationaux. Le chantier reste à ouvrir qui déterminerait la part prise par les musiciens dans l'économie de guerre, mais on peut déjà souligner qu'elle dépasse largement le produit des recettes des concerts à bénéfice : une vedette offre aussi son nom et son image à la propagande gouvernementale.

19. MAYOL, *Mémoires*, p. 259.

20. MAYOL, *Mémoires*, p. 260. Pour une présentation sommaire des chansons créées pendant la guerre, voir Eberhard DEMM, « La chanson française de la Première Guerre mondiale », *Chroniques allemandes*, nº 10 (2003-2004) « La Guerre en chansons », p. 109-124.

21. Voir MAYOL, *Mémoires*, p. 287.

22. MAYOL, *Mémoires*, p. 259.

23. Voir MAYOL, *Mémoires*, p. 295.

24. Voir MAYOL, *Mémoires*, p. 275-280.

25. Ces carnets, longtemps conservés dans le musée du Clos-Mayol, sont actuellement inaccessibles en raison de conflits entre les héritiers de Félix Mayol. Nous remercions Paul Dubé de nous avoir communiqué cette information.

Ce don de soi est public même si Mayol se défend d'avoir tiré profit de ses gestes civiques[26]. L'édition spéciale du journal *Les Spectacles* (28 novembre 1915) – intitulée « Ce que peut faire, pendant la guerre, un chanteur de café-concert » – est à cet égard édifiante. Une semaine plus tôt, la rédaction avait annoncé 32 pages qui contiendraient « un grand article de magazine consacré à une des gloires de la chanson française » dont on assurait qu'il entraînerait les lecteurs « à travers Paris et les provinces, à la suite d'un artiste fameux qui sut allier, de si heureuse manière, la charité à la fantaisie et démontrer que l'on peut faire, même loin de la tranchée, tout son devoir de Français et de bon patriote[27] ».

Conçu comme une enquête journalistique, le dossier utilise abondamment les archives Mayol mises à disposition par l'intéressé qui aura largement contrôlé la réalisation du projet[28]. Il ne s'agit pas vraiment d'une interview. Davin de Champclos, chargé de la conception d'ensemble, entrelace récits, dialogues, anecdotes rapportées et témoignages. Le numéro est bien plus qu'un reportage, un dispositif de propagande où l'image occupe une place essentielle :

> Cette chronique de tourisme patriotique et artistique est émaillée de
> *50 illustrations*
> *et*
> *documents photographiques*
> du plus vif et du plus pittoresque intérêt qui en fixeront
> définitivement le souvenir dans les mémoires[29].

Les nombreuses illustrations peuvent être classées en trois catégories. Les souvenirs atemporels d'abord : un portrait de Mayol en civil, le chanteur se maquillant, une vue de la villa toulonnaise, un photo-montage d'images de l'artiste en scène. Ces images sont marginales au sein du numéro et concentrées au début de l'article. Un autre groupe de photographies montre Mayol sur le théâtre des opérations caritatives ou militaires (entouré de soldats ou d'officiers à Toulon, à Bordeaux, à Lyon, à Toulouse, à Auxerre). Enfin, on relève la présence de fac-similés de documents (textes manuscrits ou dessins) qui émaillent le numéro : « attestations » qui sont en fait des messages d'admiration de médecins, des maires de Toulouse, Lyon et Calais, du préfet maritime de Toulon, de Jean de Servières, du commandant Lierre, du gouverneur de Lyon, du général Cansous, de Dalimier (sous-secrétaire aux Beaux-Arts), du consul général à Genève, du comité de la « Pipe du soldat » et une pièce étonnante : « Attestation signée de la main gauche par des amputés du bras droit », parmi d'autres témoignages dessinés par des blessés.

Du simple soldat aux autorités civiles et militaires, l'adhésion au barde patriote paraît unanime. La collection d'images vaut certificat de civisme et brevet de thaumaturge, notre Orphée moderne soignant les âmes par centaines. On trouve en effet à la page 17 un

26. Voir Mayol, *Mémoires*, p. 281.
27. « Changement de titre », *L'Écho des spectacles*, 21 novembre 1915, p. 1.
28. « Ce que peut faire, pendant la guerre, un chanteur de café-concert », *Les Spectacles, ancien écho des spectacles*, 28 novembre 1915, p. 12.
29. Même référence.

véritable ex-voto composé d'une vignette (Mayol sur scène devant un public de malades et d'infirmières), d'une mélodie notée et d'un texte manuscrit : « Vous voir Mayol, vous écouter et nos braves poilus ont vu leurs maux disparaître, la douleur fuir, approcher la guérison » – avec pour légende : « Dessin d'un blessé de l'hôpital 46, à Béziers ».

Le texte du numéro spécial de 1915 vient en contrepoint des images. Il justifie longuement la réforme des obligations militaires prononcée en faveur de Mayol, il détaille le prêt de la villa toulonnaise aux blessés, il exalte la vocation au service artistique de Mayol et son art de purifier les salles de spectacles, surtout il forme un journal anecdotique de gestes patriotiques et compassionnels où l'on suit Mayol offrant ses talents à l'arrière, à Rome, Naples, Florence, Gênes (« promenade triomphale de la gaîté gauloise[30] »), à Lyon, Orange, Bordeaux, Calais, Rouen, Auxerre, Avignon, Valence, Genève, Nice, Toulon, Nîmes, Montpellier, Cette, Béziers, Carcassonne. Ces images historiées constituent un album d'anecdotes, pièces justificatives qui construisent l'artiste en figure exemplaire.

Les images de Mayol « aux armées » semblent avoir été largement diffusées. On en rencontre dans un programme de 1916 où une photo est légendée : « Mayol et ses camarades en tournée dans le Camp de Valmy[31] ». Elle est complétée par une série de quatre images plus petites : « Dans les ambulances du Front » (devant un bâtiment, Mayol en civil entouré d'infirmières et de soldats), « Au champ de bataille de Valmy » (Mayol seul devant deux canons, en civil, canotier et fleur à la boutonnière), « M. Mayol » (portrait du chanteur souriant, en studio et sans sa fleur fétiche), « Près de la Tombe d'un Ami » (dans la campagne, un cimetière militaire de fortune où Mayol, la fleur à l'habit, regarde une tombe avec près de lui un militaire)[32]. Avant 1914, le chanteur avait popularisé une silhouette aux traits facilement identifiables : toupet roux étonnamment long, brin de muguet toujours attaché à la boutonnière d'un habit noir. Réformé, Mayol ne prit pas pour autant le costume de tourlourou des comiques troupiers. Il préféra projeter le personnage connu dans des décors et avec des comparses connotés. Stratégie à l'œuvre dans le programme de 1916 ou dans les films d'actualité Pathé où l'on remarque Mayol interprétant *Bou da ba da bouh* devant des blessés (1915), participant à l'œuvre de réconfort au soldat (1916), assistant à une soirée mondaine où l'on voit aussi Maurice Chevalier et Mistinguett (1917) ou chantant en faveur de l'emprunt rue de la Paix à Paris (1917)[33]. En tenue de ville, arborant son éternel muguet, le personnage chéri du public se promène dans les tableaux d'une revue sérieuse où il croise les deux archétypes du music-hall de ces années : le Poilu et la Marraine.

30. « Ce que peut faire, pendant la guerre, un chanteur de café-concert », p. 16.
31. Concert Mayol, programme, 1916, p. 6. F-Pn : département des Arts du spectacle, Ro 16 185 (1-2).
32. Voir Concert Mayol, programme, p. 7.
33. On trouve parmi les illustrations d'un article du *Monde théâtral* (« Les Mémoires de Mayol », novembre 1929), une photo (signée d'Henri Manuel) du chanteur avec casquette intitulée : « Mayol, chanteur des rues en 1916 pour la souscription à un emprunt national. »

Après guerre, les esprits demeureront marqués par cette épopée philanthropique que Mayol prolongera en organisant des concerts de bienfaisance[34] et que les journalistes rappelleront avec complaisance jusqu'à sa mort[35]. Au lendemain de la victoire, Mayol se figea dans son type[36] et alla jusqu'à constituer un musée de lui-même rempli d'images impeccablement identiques[37] (à la fin de sa carrière, le chanteur utilisa une houppette postiche pour masquer sa calvitie et offrir à ses fidèles une figure inaltérée). La guerre terminée, Mayol était devenu un porte-drapeau chantant, malgré son répertoire peu patriotique. La presse de l'entre-deux-guerres vit en lui une icône française, un pur représentant de la « race » :

> En ce temps où sévissent *Nous n'avons pas de bananes* et autres chefs-d'œuvre de l'esprit qui nous viennent d'Amérique avec la débâcle du franc, qu'il est doux, qu'il est réconfortant d'entendre Félix Mayol ! Non ! la chanson française n'est pas morte, puisque Mayol chante toujours... Et quelles chansons ! Gaies, légères, bon enfant, grivoises, sans doute et jusqu'à l'extrême, mais jamais vulgaires et basses et jamais stupides. [...] sans Mayol, le « tour de chant » serait voué désormais au « vomissement impur de la bêtise » ; sans lui, [...] le café-concert ayant à jamais fermé ses portes à tout ce que notre pays produit d'honnête et de sain ne les ouvrirait plus qu'à toutes les saloperies d'outre-Manche, d'outre-Atlantique, d'outre-Rhin, d'outre-Danube !
>
> Je ne suis point xénophobe. Mais que j'aime entendre l'accent de ma race, que j'aime respirer son parfum dans une chanson qui passe ! Avec Mayol, c'est tour à tour sa Provence, ma Normandie, un coin de Bretagne, une rue de Paris qu'il évoque, qu'il magnifie. Tout ce qu'il dit, tout ce qu'il mime, cet artiste étonnant, incomparable, unique, nous égaye, mais nous émeut aussi... Il est de chez nous. Il nous parle notre langue... Quel changement ! Quel repos !
>
> [...] Ah ! je vous jure que, malgré le battage cosmopolite, le public, le vrai public, laissant les bananes aux marchands de cacahouettes [sic], préférera toujours, présentés par des Mayol, les incomparables fruits des vergers de France[38] !

---

34. Voir par exemple « Au clos Mayol de Toulon. Le Festival de la chanson au profit de la Journée du Soldat du Maroc », *Comœdia*, 1924. *Candide*, 2 août 1928 : « Mayol, à la suite d'un accident d'automobile, n'avait pu prêter son concours au Gala des Gueules cassées, en juin dernier. Avec le bon cœur qu'on lui connaît, il a organisé dans son Théâtre de Verdure au Clos Mayol, à Toulon, et entièrement à ses frais, une représentation de *L'Arlésienne*, dans laquelle il joue le rôle de Francet Mamaï, à côté de Raimu, le patron Marc, de Tramel, l'équipage, avec Madeleine Roch, Jane Boitel, Denis d'Inès. » La représentation avait été donnée au bénéfice de l'Union des blessés de la face, les Gueules cassées.

35. « Pendant la guerre, Mayol prêta son concours à tous les galas, à toutes les œuvres pour les soldats ; à ses frais, il parcourut la France entière, allant d'hôpital en hôpital, pour apporter aux blessés le charme de son talent. » (A. M., « Le concert qui disparaît. Les adieux de Mayol », *Petit Bleu*, 14 avril 1929).

36. « Mayol chante à Bobino, il chante inlassablement tout ce qu'un public exigeant lui réclame, en promenant sa bedaine avec la plus stupéfiante légèreté. Car Mayol n'a rien changé à son style ni à son répertoire. Il ne s'est pas "adapté", il est resté le Mayol d'il y a vingt ans, avec ses gestes précis et jamais précieux, ses mines qui, aujourd'hui, couvriraient tout autre que lui de ridicule, et qui gardent, par miracle, leur emprise, leur charme inexplicable sur les spectateurs. » (George STUART, « Mayol à Bobino », *Le Soir*, 14 novembre 1928).

37. « J'ai remis à cette semaine de vous parler d'une attraction du *Clos-Mayol* à Toulon : son musée, visible pendant l'entr'acte. C'est dans une serre, la nouvelle installation des innombrables souvenirs de Mayol, documents de toutes catégories, affiches, programmes, photos de ses camarades de carrière, de ses aînés, de ses émules, de lui-même. » (LEGRAND-CHABRIER, [article sans titre], *Carnet*, 16 août 1931).

38. Pierre VARENNE, « Mayol au Concert la Fayette », *Bonsoir*, 23 janvier 1924. *Volonté*, 22 décembre 1931.

À l'heure où la haine de l'étranger se banalisait et où la concurrence de la musique américaine mettait en péril, depuis 1917, les recettes bien huilées du café-concert[39], Mayol se replia sur son fond de commerce musical et mit en avant un programme artistique ambivalent, entre nostalgie de la Belle Époque et nationalisme militant[40].

De l'économie de guerre à l'économie du spectacle

Les images de guerre de Mayol sont produites et exploitées par les producteurs de spectacle autant que par l'artiste lui-même. Vingt ans plus tôt, le chanteur disait sa joie de voir sa photographie figurer, à l'initiative des éditeurs, dans les petits formats[41]. Pendant le conflit, la confusion fut permanente entre une propagande fondée sur la compassion spectaculaire[42] et une publicité destinée à maintenir une notoriété (commerciale) assise avant 1914. Entre métier et vie privée, l'enthousiasme des foules se cristallisa autour de la vedette, figure relativement neuve dans le milieu chansonnier, en grande partie par l'entremise de ses représentations figurées[43].

39. Voir Sweeney, *Singing our Way to Victory*, p. 246-250.

40. Ce dont témoigne, dans le programme de ses adieux de 1931, cette mention au-dessous de la liste de ses auteurs de prédilection (Paul Marinier, Christiné, Scotto, Valsien, Gabaroche, Désiré Berniaux) : « M. Mayol ayant toujours refusé d'interpréter les auteurs étrangers ». (Programme du théâtre de l'Empire (direction O. Dufrenne et H. Varna), 11 au 24 décembre 1931. F-Pn : département des Arts du spectacle, Ro 16 185 (1-2)).

41. « Après *Viens, Poupoule* je n'eus plus besoin de réclamer pour qu'on mît mon portrait sur des chansons. Les éditeurs le collaient partout, même sur des œuvres que je n'ai jamais chantées mais dont, paraît-il, cette petite supercherie facilitait la vente.
Ainsi, des milliers d'exemplaires circulèrent en France, voire hors de France, avec mon nom et mes traits. C'est ce qui contribua le plus à me faire connaître partout, et qui donna, même à ceux qui m'avaient ignoré jusque-là, le désir d'entendre, non pas Mayol peut-être, mais le créateur de *Viens, Poupoule*, ce succès populaire entre tous. » (Mayol, *Mémoires*, p. 140).

42. Pendant la guerre, Mayol tint un carnet où étaient consignés les hommages autographes de ses spectateurs anonymes ou célèbres que le chanteur qualifiait de « légitimes citations à l'ordre du cœur » (Mayol, *Mémoires*, p. 294-296).

43. « C'est vers cette époque que j'eus un témoignage troublant de ma popularité : un rédacteur de *Fantasio* s'était amusé à jeter à la poste, en des bureaux différents, quatre lettres sans adresse. Il y avait en effet, pour toute indication de nom et de domicile, dessiné sur l'enveloppe, un portrait à la plume, très ressemblant, représentant le grand sculpteur Rodin, Mme Curie, Polaire et moi… et écrit au-dessous : *Paris*, sans autre précision. Polaire et moi, seuls, avons reçu notre message. J'en fus très fier mais, tout de même, je trouvais pénible qu'un artiste comme Rodin et, surtout, une femme géniale comme Mme Curie ne fussent pas davantage popularisés par l'image…
La même aventure me survint pendant la guerre : un poilu m'adressa, du front, ses remercîments [sic] pour quelques chansons que j'avais envoyées à son régiment… […] Il utilisa donc, pour expédier sa lettre, le même procédé que *Fantasio* avait tenté quatre ans plus tôt : une simple caricature sur l'enveloppe ; cette fois encore la missive me parvint au Concert Mayol…
Un autre […] m'envoya un drap, cueilli dans Dieu sait quel village ravagé ; sur la toile fripée et maculée, il avait dessiné, à grands traits, ma silhouette, à laquelle ne manquaient ni le toupet, ni le muguet. » (Mayol, *Mémoires*, p. 229).

L'intérêt porté à la personne qui se trouve derrière l'artiste était en train de prendre une ampleur considérable en raison d'un phénomène apparu au tournant du siècle et qui se consolida pendant la guerre : les divertissements de masse[44]. Après être devenue objet de spectacle au milieu du XIXe siècle, la chanson avait fait, au tournant du siècle, son entrée dans l'ère de la production industrielle[45]. Avec *Viens, Poupoule*, Mayol accède au rang des gros vendeurs. Mais c'est paradoxalement la guerre, au cours de laquelle il exerce pourtant son métier de façon insolite, qui lui donne l'occasion d'aller systématiquement à la rencontre de ses multiples publics : celui croisé dans les cafés-concerts de France, celui qui avait vu ses nombreux clones (genre Mayol)[46], celui qui avait écouté ses disques[47], celui qui avait chanté ses chansons grâce à la diffusion des petits formats par les chanteurs de rue ou par le bouche à oreille.

C'est aussi dans la perspective industrielle qu'il faut analyser l'intégration de l'image à l'activité de l'artiste. Intégration qui connaît une phase d'expérimentation intense pendant la guerre où le registre publicitaire déjà bien rodé dans les décennies précédentes s'appuie désormais sur le goût des foules pour la vie privée – dans les années 1910, le couple Mistinguett-Chevalier faisait la une des journaux populaires, alors que la presse mariait en 1913 Mistinguett et Mayol sur la base d'une photographie prise à Deauville[48].

Autre résultat des années de conflit, le bouleversement des anciennes hiérarchies sociales. En 1928, alors que Mayol vient d'annoncer sa retraite, Paul Achard se souvient à voix haute dans la presse d'une visite de l'artiste dans un hôpital militaire à Bordeaux pendant la guerre :

> Il vint et chanta *La Croix de fer*, *Boudou-Badabou* [sic], et les *Ketjes*, quelques couplets d'actualité et deux ou trois de ses succès.
>
> Le public était halluciné. Il y avait là des Parisiens certes et quelques provinciaux avertis, mais il y avait en majeure partie des gars de la campagne, qui n'avaient jamais vu un homme en habit, sauf peut-être le préfet de chez eux, et qui n'avaient jamais mis les pieds au café-concert.
>
> Ils étaient sidérés.
>
> Il y avait deux curés, qui souriaient béatement.

---

44. Voir Denis-Constant MARTIN, « Le myosotis, et puis la rose… Pour une sociologie des "musiques de masse" », *L'Homme*, nº 177-178 (2006), p. 131-154.

45. Parmi de nombreuses publications sur ce sujet, voir Dominique KALIFA, *La Culture de masse en France. I. 1860-1930*, collection Repères, Paris : La Découverte, 2001. Voir aussi Jean-Pierre RIOUX & Jean-François SIRINELLI (dir.), *La Culture de masse en France. De la Belle Époque à aujourd'hui*, Paris : Fayard, 2002.

46. On trouve une série de photographies d'imitateurs ayant adopté au début du siècle le « genre Mayol » dans François CARADEC & Alain WEILL, *Le Café-concert*, Paris : Hachette–Massin, 1980, p. 143.

47. Dans le numéro spécial de 1915, une anecdote montre un ecclésiastique le reconnaissant dans un train : « Si je vous connais ! J'ai entendu mille fois vos chansons dans le phonographe, à l'évêché. Et votre portrait est sur les disques. » (« Ce que peut faire, pendant la guerre, un chanteur de café-concert », p. 22).

48. Voir L. H., « On dit que… M. Mayol épouserait Mlle Mistinguett », *Comœdia*, 11 août 1913 ; MAYOL, *Mémoires*, p. 240-246 ; André BERNARD & Martin PÉNET, *La Miss. Mistinguett ou la légende du music-hall*, préface de Philippe SUEUR, Paris : Omnibus, 2006, p. 84-85.

> Il y avait ces dames en cornettes, qui portaient les plus grands noms de la « noblesse du bouchon » comme on dit à Bordeaux. Elles se contenaient pour ne pas manifester avec éclat leur joie. Et je me souviens de cette bouche pincée qu'on n'avait jamais vu sourire, et qui laissa tomber sur un ton qui eût rendu célèbre une actrice :
>
> – C'est impayable ! positivement !
>
> Il y avait des gars qui avaient 39 degrés de fièvre, d'autres à qui on avait coupé un bras huit jours avant, d'autres qui hurlaient le matin encore dans la salle de pansement, d'autres qui savaient qu'ils seraient aveugles, et tous riaient d'un rire de gosses, et l'on ne voyait sous le préau que des faces d'écoliers épanouies et fendues par une joie infinie…
>
> Un artiste qui crée de tels mouvements dans la foule est un grand bonhomme. Notre époque, si féconde en talents, n'en compte pas tellement[49].

Achard s'étonne en terminant son article que Mayol n'ait pas encore obtenu la croix de guerre. La scène se déroule dans un théâtre de campagne dont le public n'aurait jamais pu être réuni dans un même lieu avant 1914. Le premier effet de la mobilisation du chanteur, avant même la thérapie vocale tant de fois soulignée, est la distribution de spectacles à des populations qui n'y avaient jusque-là que peu ou pas accès. Ce don bouleverse l'ordre ancien du divertissement, en ouvrant à des pratiques urbaines certaines populations rurales et en nivelant les inégalités économiques qui régulaient avant la guerre l'entrée dans les salles payantes.

La guerre est aussi l'occasion du développement de nouvelles pratiques chansonnières[50]. Les conditions précaires dans lesquelles Mayol exerce son métier engendrent aussi des formes inédites de concert. On pense en particulier à ces récitals plus ou moins improvisés, sans scène, sans accompagnement instrumental, le chanteur placé au milieu de son auditoire, qu'attestent quelques films. Récitals sans programme (les chansons sont choisies à la demande de l'auditoire et sont composées de vieux airs connus[51]) donnés devant un public chantant souvent en même temps que l'artiste.

Ces concerts bricolés « sur le front » échappent passablement à la surveillance de l'autorité et, pour la plupart, aux logiques commerciales. Toutefois, les rares études menées sur la chanson entre 1914 et 1918 ont jusqu'ici sous-estimé cet aspect en privilégiant l'exploitation des archives de la censure[52]. Ce qui explique l'accent mis sur les nouveautés (patriotiques) et sur les spectacles – essentiellement parisiens. Or, la chanson pratiquée au front est un ressassement de vieux airs (et de timbres[53]) qui dessine un espace où la propagande a peu

49. Paul Achard, « Actualités théâtrales. La croix pour Mayol », *Paris midi*, 6 avril 1928.

50. Sur la composition de chansons par les soldats, voir Claude Ribouillault, « L'art chansonnier des poilus de la Grande Guerre », *Chroniques allemandes*, n° 10 (2003-2004) « La Guerre en chansons », p. 125-133.

51. Ce que confirme le catalogue discographique de Mayol qui contient peu de chansons de guerre avant 1919.

52. Voir Sweeney, *Singing our Way to Victory*, chapitre III (« The Censorship of Singing, from Music Hall to Trench ») ; Joseph, « Le Poilu de music-hall » ; Demm, « La chanson française de la Première Guerre mondiale ».

53. Airs célèbres provenant de toutes sortes de répertoires, dont les mélodies, connues par tous, sont réutilisées avec de nouvelles paroles.

sa place, car elle est directement concurrencée par la recherche du plaisir musical que met en avant l'anecdote toulonnaise qui ouvre cet article.

Le champ de l'appropriation des chansons de Mayol par le public est un domaine immense et encore vierge. Bien que les difficultés d'analyse qu'il soulève soient nombreuses[54], son approfondissement nous paraît essentiel. Les quatre années de conflit permettent l'émergence d'un modèle de vedettariat fondé sur une proximité inconnue jusqu'ici entre l'artiste et ses spectateurs (proximité bien différente de la distance qui fabrique à la même époque le statut de *star* de cinéma) : dans le casino de Toulon, Mayol va à la rencontre de ses admirateurs qui le remercient en en faisant l'auditeur de leur propre *performance* – avatar artistique de l'Union sacrée. La guerre a, d'autre part, accéléré la prise de conscience de l'impact social de la chanson par les acteurs du divertissement musical. Le fait le plus parlant à cet égard est le renoncement au vœu prononcé par Mayol en 1914 de ne plus se produire avant la victoire, promesse rompue sous la pression populaire qui contraint le professionnel de l'industrie du spectacle à imaginer une voie insolite pour son engagement civique : un commerce non lucratif de la chanson.

54. En effet, les déplacements incessants de Mayol impliquent de visiter une multitude de sites ; la consultation des archives constituées par le chanteur lui-même est pour le moment suspendue ; la chanson est peu visible dans la presse qui la considère comme un genre d'expression mineur, etc.

1914-1918. Rupture et renouveau : l'effort de guerre de Charles Kœchlin

Aude Caillet

Dans l'inexorable mouvement qui contribue à faire aujourd'hui de Kœchlin une figure tutélaire reconnue de la vie musicale du début du XXe siècle et un compositeur ignoré, le tournant de la guerre 1914-1918 joue un rôle déterminant. Trop âgé pour être mobilisé, éprouvant avec une rare acuité le sentiment d'inutilité et de culpabilité de ceux qui ne peuvent participer au sacrifice de la nation, le musicien traverse alors une crise personnelle majeure. Expérience radicale, la Grande Guerre le force à rompre avec son existence passée, tant sociale qu'intellectuelle et artistique, pour faire acte de foi dans le renouveau qui, immanquablement, surgira de l'issue du conflit. La contribution de Kœchlin à l'effort de guerre est une réponse à ces défis.

C'est précisément cette contribution qu'il convient d'étudier, afin de voir comment Kœchlin, entre rupture et renouveau, parvient à dépasser la crise personnelle par un engagement militant dont on n'a pas encore mesuré les répercussions sur la vie musicale de ce temps et sur l'évolution du langage musical.

La guerre comme rupture

Avant 1914

À la veille du déclenchement des hostilités, Charles Kœchlin est une figure originale et complexe. Polytechnicien issu d'une riche famille d'industriels alsaciens, il a été l'élève au Conservatoire de Jules Massenet, Gabriel Fauré, Louis Bourgault-Ducoudray et André Gedalge. « Esprit distingué », doté d'un « sentiment musical excellent » et d'un « goût très artistique » selon Fauré lui-même[1], Kœchlin fréquente les salons les plus réputés de son temps et se fait connaître par ses brillants travaux d'orchestration pour Saint-Saëns, Fauré ou Debussy ainsi que par les leçons d'harmonie, de fugue et de contrepoint

1. Gabriel Fauré. Cité dans « Examens semestriels. Rapports des professeurs, examens du 29 juin 1897 et du 28 janvier 1898 ». F-Pan : AJ37 (295-296).

qu'il dispense au Conservatoire lorsque Fauré s'absente pour ses tournées d'inspection en province. Kœchlin est aussi l'auteur, comme il l'écrit avec humour à son amie la cantatrice Jeanne Hatto, de « diverses mélodies à succès[2] », de « beaucoup d'autres à non succès[3] », et surtout de « diverses autres abominations, hérésies et musiques de damnés, que les professeurs d'harmonie s'en retourneraient dans leur tombe, s'ils étaient tous morts[4] ! »

Car Kœchlin ne se satisfait pas des succès faciles et refuse toute concession au goût du moment. Même s'il n'est pas le « millionnaire » que décrivent certains de ses camarades du Conservatoire fort mal intentionnés, la générosité familiale suffit à le délivrer des contingences matérielles. Travailleur acharné, mais fort peu soucieux de gagner sa vie, Kœchlin prend goût à cette liberté qui lui permet d'échapper aux critères convenus de son milieu d'origine. Tant dans le domaine politique que dans le domaine musical, l'indépendance est son maître mot.

Ainsi, d'un point de vue politique, Kœchlin, totalement indifférent à l'idée de réussite sociale, partage le mépris de l'Artiste pour le Bourgeois, l'argent et le monde des affaires. Intellectuel de gauche, il est le seul musicien avec Albéric Magnard à signer la protestation publiée par le journal *L'Aurore*, le 14 janvier 1898, en faveur de Dreyfus ; ami de Romain Rolland, il s'entiche du musicien Paul Dupin, sorte de Douanier Rousseau de la musique ; et, avec quelques camarades de Polytechnique, il participe au généreux mouvement des Universités populaires en dirigeant avec enthousiasme des chœurs ouvriers, expérience qui contribue à forger sa haute conception de ce que doivent être l'art musical populaire et l'éducation musicale de la Nation, conception qui jettera les bases de la politique musicale du gouvernement de Front populaire[5].

De même, d'un point de vue musical, son instinct le pousse à rechercher sans cesse les sonorités nouvelles. Au sortir du Conservatoire, la bataille de *Pelléas* et la découverte de la musique de Debussy lui ouvrent les portes de cet univers musical fait de liberté auquel il aspire. Debussyste convaincu, il fonde en 1909 avec Ravel et Vuillermoz (l'aile gauche de la classe Fauré) la Société musicale indépendante, pour échapper à l'ostracisme de la Société nationale, et il succède la même année à Paul Dukas et à Louis Laloy comme critique musical à la *Gazette des beaux-arts*. Son inlassable curiosité pour les œuvres nouvelles en fait rapidement l'un des spécialistes du répertoire contemporain d'autant que, véritable Protée du langage musical, il s'approprie avec une rare facilité tous les styles passés, présents et à venir. Et c'est au moment où il entreprend de rédiger pour l'*Encyclopédie de la musique* de Lavignac et La Laurencie les deux grandes synthèses que sont l'« Étude sur l'harmonie moderne – période contemporaine depuis Bizet jusqu'à nos jours » et l'« Étude

2. Charles Kœchlin, lettre à Jeanne Hatto, 1927. F-Pgm : fonds Charles Kœchlin.
3. Même référence.
4. Charles Kœchlin, lettre à Jeanne Hatto, 1901. F-Pgm : fonds Charles Kœchlin.
5. Voir en particulier Charles Kœchlin, *La Musique et le peuple*, Paris : Éditions sociales internationales, 1936.

sur les tendances de la musique française contemporaine »[6] que surgissent les prémisses du conflit.

En février 1912, lors du stage d'entraînement militaire qu'il suit à Orléans comme chaque année depuis 25 ans, Kœchlin confie à sa femme, Suzanne :

> Le spectacle de la guerre qu'on prépare [...] me cause une tristesse profonde ; et même s'il est vrai qu'une guerre soit nécessaire pour entretenir l'énergie d'un peuple, je ne peux pas me résigner à cette idée quand je pense avec détails aux tueries qui ensanglanteront les campagnes. C'est à rager follement, de penser à quel point les hommes sont bêtes et malhonnêtes, et de se dire qu'à cause de cela, il faut qu'ils se battent et se volent les uns les autres, du haut au bas de l'échelle – quand tout pourrait aller si bien si l'on était sincère simplement, et énergique et affectueux.
>
> [...] Je prends mon stage cette année moins philosophiquement qu'autrefois, parce qu'on a depuis quelques années l'impression que la guerre pourrait bien un de ces jours être une réalité. Et alors, bien que je déteste les Allemands, et que je trouve qu'il serait nécessaire de les vaincre pour qu'ensuite ils nous fichent la paix, j'éprouve un dégoût du sang – celui que j'aurais à tirer sur un apache... Je tirerais tout de même, parce qu'il faut se défendre, mais avec tristesse et dégoût. – Mes notes portent : « n'a pas l'esprit militaire » – C'est infiniment vrai, parce que je n'ai pas une tournure d'esprit à prendre mon parti de l'humanité telle qu'elle est[7].

De fait, le déclenchement du terrible conflit va constituer pour Kœchlin une rupture radicale avec son existence antérieure de bourgeois, d'intellectuel et d'artiste.

Rupture sociale

En précipitant la chute des valeurs industrielles qui constituent la majeure partie de la rente du musicien, la guerre plonge Kœchlin dans la détresse. L'argent tant méprisé devient un souci quotidien. Dès 1915, la correspondance intime de Kœchlin témoigne de difficultés toujours croissantes, d'économies sur l'impôt, le logement, la table, les timbres... Et cette faillite s'aggrave encore au décès de sa mère en 1917 suite au procès que lui intentent ses colégataires à la lecture du testament. Dans une lettre à Romain Rolland, Kœchlin s'efforce de démentir « la réputation extravagante et très fâcheuse qui [lui] a été faite de millionnaire[8] », et à Darius Milhaud, il adresse en 1919 la recommandation suivante :

> Parlez, si vous voulez, de mes réalisations d'architecture, mais évitez d'insister et surtout de laisser croire que je sois un riche propriétaire. C'est une erreur à mon sujet, qui m'est parfois assez désagréable. On me représente parfois comme *un marquis de Carabas*[9] ; en réalité j'ai obéi à la force de la magie de ces pays du Midi et il se trouve que je ne suis pas un riche propriétaire. J'ai payé mes propriétés du Midi par des avances d'hoiries que m'a faites ma mère, et par suite de la baisse des valeurs depuis la guerre, ces avances se trouvent même inférieures à ce que je dois hériter d'elle, tous comptes faits avec mes cohéritiers[10].

---

6. La publication des deux études, retardée par la guerre, n'aboutira qu'en 1925.
7. Charles KŒCHLIN, lettre à Suzanne Kœchlin, 27 février 1912. Collection particulière.
8. Charles KŒCHLIN, lettre à Romain Rolland, 9 novembre 1915. Collection particulière.
9. Souligné dans le texte.
10. Charles KŒCHLIN, « Notes pour Darius Milhaud », 23 avril 1919, notes préparatoires inédites pour un article paru en 1920 dans *Le Monde musical*.

En effet, si le patrimoine immobilier est encore intact à la fin de la guerre, le compositeur est aux abois. Le 20 août 1917, il écrit à sa femme :

> Je pense comme toi que pendant 2 ou 3 ans, il faut rester encore à proximité de Paris, pour tenter le possible (et l'impossible) auprès des éditeurs et directeurs de concerts. Après ça on verra. S'ils ne veulent pas faire à ma musique la place que je lui crois due, et qui puisse m'assurer l'existence ici sans manger tout le capital, alors il faudra aller faire de la pêche et de l'apiculture au Canadel car la misère sera toujours relative dans le Midi, alors que dans le Nord, elle risque de devenir réelle.

Ainsi la guerre projette-t-elle le musicien dans un monde qu'il avait toujours rejeté : pour la première fois, Kœchlin doit songer à vendre sa musique.

Rupture intellectuelle

La guerre met également à l'épreuve la foi de l'humaniste dans le progrès et la civilisation. L'angoisse du musicien dans les premiers jours du conflit se mesure à l'abondance des notes analysant, dans son journal et sa correspondance, l'évolution de la situation sur le front et les rumeurs d'exactions allemandes à l'encontre des civils. Le 11 août 1914, il relate son entrevue avec son ami, le peintre caricaturiste Jean Veber, ancien collaborateur de *L'Assiette au beurre*, et fait part de son désarroi en ces termes :

> Déjeuner chez Jean Veber. Il a fait un dessin (lithographie) représentant Guillaume en ogre, bottes de 7 lieues, avec des canons sous les bras. Titre : *La brute est lâchée* – et un autre représentant des gosses qu'on fusille. Le plus triste est de penser que c'est l'histoire et que les Allemands se sont livrés à ces crimes que des sauvages ne commettraient pas. Évidemment l'élan patriotique de la France est admirable, mais il ne suffit pas à m'enlever l'impression de dégoût pour l'humanité que ces Allemands me donnent. [...] Je ne comprends plus rien au fameux « Progrès ». – Si la Création ne doit pas aboutir au mieux, à quoi bon[11] ?

Toutefois, dès le 26 septembre 1914, Kœchlin va se démarquer des excès nationalistes de la presse du temps, pour affirmer, comme Anatole France et Romain Rolland, son refus de la haine, et son espérance en un avenir pacifique. Il écrit :

> A. France, avec Renan, estime qu'on ne fonde rien de durable sur la haine. Et il a raison. – Le *peuple* allemand est égaré, tout juste, par la haine et par une obéissance stupide aux ordres des Hohenzollern, brigands de grands chemins. Mais la vérité profonde est que ce peuple n'est sans doute pas, en lui-même, aussi *méchant* que nous l'imaginons en ce moment. Ce sont les R. Rolland qui ont raison, lorsqu'ils évoquent le souvenir de sa littérature et de son passé – *choses qui peuvent renaître si l'atmosphère de haine se dissipe un jour.* C'est pourquoi, malgré tout l'élan qui, très justement, nous porte contre eux, Anatole France a raison pour l'avenir. L'avenir ne doit pas être militariste, et il doit abolir les guerres[12].

De fait, toute la guerre durant, Kœchlin va affronter la hargne ou l'incompréhension de ses propres amis en revendiquant courageusement, en public, sa fidélité aux idéaux de Romain Rolland qui divise la nation avec la série d'articles parus dans *Le Journal de Genève*

---

11. Charles Kœchlin, lettre à Suzanne Kœchlin, 11 août 1914. Collection particulière.
12. Charles Kœchlin, lettre à Suzanne Kœchlin, 26 septembre 1914. Collection particulière. Les mots en italique sont soulignés dans le texte manuscrit.

et regroupés dans le texte intitulé *Au-dessus de la mêlée*[13]. Rêvant lui aussi d'une sorte d'Internationale pacifiste des penseurs et des artistes, Kœchlin est néanmoins beaucoup plus circonspect à l'égard de l'Allemagne moderne dont il dénonce la barbarie et la volonté de puissance. Il n'hésite pas à faire part à Romain Rolland de ses réserves, dans une lettre datée du 9 novembre 1915 :

> Tel que je vous connais – l'auteur de *Jean-Christophe*, et des vies de *Beethoven*, de *Tolstoï*, de *Michel-Ange*, je suis bien sûr qu'on ne peut que louer les sentiments qui vous ont poussé à écrire ces articles – mal compris par certaines gens, ici. Une impression, seulement, m'a surpris du moins gêné un peu, l'impression qu'à quelques moments vous sembliez tenir la balance égale entre la France et l'Allemagne, notamment au sujet des prisonniers civils – ce qui nous paraît ici d'après les informations reçues, une appréciation inexacte. J'aurais désiré des faits précis et nombreux par lesquels vous eussiez étayé votre opinion sur une quantité d'exemples irréfutables. Mais selon toute apparence je croirai toujours difficile de mettre en balance la conduite des Allemands avec les civils belges et celle des Français avec les civils allemands.
>
> Quoi qu'il en soit, il est certain que c'est dans un souci noble et élevé, *d'impartialité* et *d'apaisement* que vous avez agi, et c'est ce qu'on eut le grand tort de ne pas comprendre ; ce souci est nettement marqué dans vos articles et votre idée, qui eût été celle de Tolstoï, c'est que la violence attise la violence, et qu'il est funeste de jeter à plaisir de l'huile sur le feu pour exciter la haine, surtout si c'est par des nouvelles inexactes ou imaginées. [...]
>
> Il doit être particulièrement douloureux pour vous, cher ami, qui connaissez si bien la philosophie et l'art allemands d'autrefois, et avez su en apprécier les beautés, et avez le juste courage de ne les point renier à l'heure actuelle (n'est-il pas absurde d'ailleurs de rendre ce passé responsable d'un présent qu'il maudirait ?), il doit être particulièrement douloureux d'assister à ce déchaînement d'orgueil aveugle de l'Allemagne moderne. – Mais, tout de même, ce qui est, est. Et cet orgueil, danger universel pour la pauvre petite planète qu'est la Terre, on ressent le besoin absolu de le combattre et d'en triompher. Cela peut, dans une certaine mesure, excuser momentanément ceux qui dépassent la mesure, en prêchant la haine aveugle aussi. Mais il ne faudra pas qu'à notre tour nous tombions dans ces abîmes d'orgueil qui ont excité le vertige de l'Allemagne contemporaine. [...]
>
> Je vous ai écrit franchement ces quelques critiques, cher ami, je reconnais d'ailleurs que je n'ai lu qu'une trop petite partie de vos écrits depuis la guerre. – Mais si je vous ai dit tout cela, c'est pour que rien ne reste d'inexpliqué entre nous, et pour que soit plus sincère et plus réelle la sympathie et l'amitié dont ma femme et moi tenons à vous assurer[14].

On le voit, si Kœchlin condamne l'orgueil de l'Allemagne moderne, les convictions profondes de l'artiste vont le pousser en revanche à dénoncer l'absurdité de ceux qui en France « rendant [le] passé responsable d'un présent qu'il maudirait » proscrivent l'art

13. La déchirure subsiste encore après guerre. Kœchlin, en 1922, écrit à Romain Rolland : « J'ai maintes fois discuté, avec des gens intelligents ou même hélas avec des imbéciles, à votre sujet – et j'avoue que c'est un sujet sur lequel j'ai de la peine à garder mon calme, en entendant les sophismes délétères ou les stupidités méchantes ! – Comme aux temps héroïques de l'Affaire Dreyfus, la société me semble divisée en deux clans irréconciliables, et trop souvent il me vient à l'esprit les fières paroles des hôtes de la Jungle : "Nous ne sommes pas du même sang, vous (c'est-à-dire nos adversaires) et moi". »

14. Les mots en italique sont soulignés dans le texte original.

allemand et censurent Bach, Mozart, Beethoven ou Wagner des programmes de concert. À Suzanne, il écrit, dès le 27 décembre 1914 :

> J'avais oublié de te signaler un programme de concert symphonique actuel anglais, le premier de la saison à Londres (communiqué par Darius Milhaud) : ce programme commence par la *Seconde symphonie* de Brahms et finit par la *Chevauchée des Walkyries*. Je trouve que c'est une attitude digne et élevée, et qu'il est beau de ne pas faire retomber sur les œuvres d'art les crimes des hommes.

Mais s'il épargne les œuvres d'art, l'artiste lui, est profondément blessé.

Rupture artistique

Suivant au jour le jour la progression des armées et la situation au front, Kœchlin partage le sentiment de culpabilité de ceux qui, restés à l'arrière, assistent impuissants au sacrifice de la jeunesse. Il écrit ainsi, le 11 août 1914, à sa femme :

> Hélas, qu'il faudra voir mourir de jeunes hommes pour arriver à désarmer ces Barbares ! Et c'est là le plus triste. Si, nous les « vieux », souffrons de voir mourir ces jeunes, avec l'idée que nous sommes moins exposés, la tristesse qui en résulte [...] vient presque uniquement de l'impression que nous laissons tuer ces jeunes sans nous exposer autant, et que ce n'est pas juste. Elle ne vient pas du tout de l'idée qu'en cela nous n'avons pas été « utiles » à la Patrie ; car, utiles, nous le sommes autant, et plus, comme infirmiers, comme administrateurs, et une fois la Paix faite, comme artistes ; mais nous souffrons d'un sentiment d'injustice, celui d'être relativement tranquilles alors que ces pauvres jeunes gens vont se faire tuer. – C'est l'impression, aiguë, que j'avais ressentie à la mort de Garros. [...]
>
> En conclurai-je que j'irai, exprès, m'exposer ? Non, évidemment. Car il y a beaucoup de raisons, tu le sais, pour lesquelles j'aimerais mieux ne pas m'exposer. Mais de tout cela résulte une contradiction et une tristesse. Est-ce pour cela aussi que je suis si dégoûté de l'humanité ?

Très abattu, Kœchlin cesse de composer. Il reviendra en 1916 dans un article de la *Gazette des beaux-arts* intitulé « La vie musicale pendant la guerre » sur ce silence désespéré des musiciens de l'arrière au début du conflit, disant :

> Le chant de notre rêve intérieur – pour être créé, comme pour être compris – exige une sorte de bonheur caché, d'optimisme intime, de confiance malgré tout, même au fond de la tristesse. Cette confiance fait parfois défaut. Dès le mois d'août 1914, elle nous quitta : non que nous eussions douté de la victoire finale, mais à cause de l'infini et morne désespoir de songer au sang, aux incendies, aux ruines de tout. Ce coup de massue n'atteignit pas de la même façon les mobilisés, ceux à qui était réservée l'heureuse gloire d'*agir*. Mais les « inutiles » qui restaient là, avec l'impression de ne point servir dans l'usine immense, et surtout de ne rien risquer alors que tant de braves s'en allaient à la mort ; ceux-là, désorientés et pleins d'une angoisse noire, ne savaient où tourner les yeux. La musique leur semblait d'un passé très ancien ; elle était aussi, dans le ciel tragique, comme une pâle étoile lointaine à l'instant d'une éclaircie fugitive entre de gros nuages sombres[15]...

---

15. Charles Kœchlin, « La vie musicale pendant la guerre », *Gazette des beaux-arts*, août 1916, p. 409. Les mots en italique sont soulignés dans le texte original.

Mais Kœchlin réalise bientôt que « désespéré de ne pouvoir aider au présent, il ne fait rien non plus pour l'avenir[16] ». Dès lors, poussé par une impérieuse nécessité matérielle, morale et artistique, il ne songe plus qu'à être utile. Sa contribution à l'effort de guerre va donc se décliner en trois verbes : servir, créer et militer.

L'effort de guerre

Servir

À défaut de pouvoir servir sa patrie sur le front des hostilités, Kœchlin, dès le 11 août 1914, s'engage comme infirmier – brancardier à la Société de secours aux blessés de la Croix-Rouge à Paris –, tandis que sa femme, Suzanne, restée avec leurs enfants en Normandie voit arriver fin août les premiers blessés. L'impression générale laissée à la lecture de leur correspondance est celle d'une désorganisation et d'un affolement général.

De Villers, le 27 août 1914, Suzanne Kœchlin exhorte son époux à venir la rejoindre :

> Chéri, c'est l'affolement partout, les blessés arrivent et naturellement rien n'est suffisamment prêt. Si tu vois qu'on ne t'appelle pas à la Société de secours aux blessés de Paris, dégage-toi et viens ici où une intelligence et des bras sont nécessaires, soit à Deauville, à Villers, à Houlgate, on sera heureux de t'avoir.

Début septembre, Kœchlin n'a toujours pas été appelé. Inquiet devant l'avancée des troupes allemandes, le musicien envoie alors sa famille à Boulouris, dans le Var, et la rejoint, le 20 septembre. Sans plus attendre, le couple s'engage alors à l'hôpital de l'Hermitage, à Saint-Raphaël où les premiers blessés arrivent le 11 novembre 1914. À partir de là jusqu'au début du mois de mai 1915, Kœchlin va aider chaque jour à laver, panser, porter, soigner, nourrir et promener les blessés. Sans céder au découragement de Darius Milhaud qui lui avoue avoir renoncé à soigner les « 500 ou 600 *turcos*, fort désagréables paraît-il[17] » qui viennent d'arriver à Aix fin décembre, Kœchlin se montre plein d'aménité envers les blessés, improvisant une « matinée musicale » pour un capitaine mélomane, offrant montres et cartes postales de Paris aux artilleurs algériens en échange de quelques rudiments d'arabe.

---

16. KŒCHLIN, « La vie musicale pendant la guerre », *Gazette des beaux-arts*, août 1916, p. 409.

17. Charles KŒCHLIN, lettre à Suzanne Kœchlin, 24 décembre 1914. Collection particulière. Le terme « turcos » désignait autrefois les tirailleurs algériens au service de la France pendant la guerre de Crimée (voir Alain REY (dir.), *Dictionnaire historique de la langue française*, nouvelle édition revue et enrichie, vol. II : *M-Z*, Paris : Dictionnaires Le Robert, 1994). Le jugement de Darius Milhaud n'est que le reflet de la méfiance qu'éprouve alors la population française envers les soldats coloniaux. Les régimes de permission n'étant pas les mêmes que ceux des soldats métropolitains jusqu'en 1917, il avait fallu multiplier les « dépôts » dans le Midi. Celui d'Aix est signalé ici, mais Kœchlin ne dit rien des « camps d'hivernage » de Fréjus–Saint-Raphaël où séjournent Africains, « Annamites », Malgaches et Somalis (voir Marc MICHEL, « Les troupes coloniales dans la guerre », *Encyclopédie de la Grande Guerre, 1914-1918. Histoire et culture*, sous la direction de Stéphane AUDOIN-ROUZEAU & Annette BECKER, Paris : Bayard, 2004, p. 345).

Dans son journal, aucune plainte, aucun commentaire. Seules quelques notes lapidaires[18] où l'on devine les souffrances des blessés qui dictent au musicien les lettres à leur famille, et celles du musicien qui accompagne les mourants...

La lumière va venir de la musique qui peu à peu reprend ses droits.

Créer

Avec, écrit-il, « l'indicible et heureuse angoisse de retrouver un être chéri après des mois de séparation[19] », Kœchlin se remet au piano : « Et j'ai senti que la musique était toujours là ! », écrit-il à Romain Rolland en 1915 encore sous l'emprise de l'émotion. Après des mois de silence, Kœchlin est convaincu désormais qu'il faut « lutter », et que cette « lutte » créatrice pourra servir son pays. À Darius Milhaud, il confie :

> Je ressens plus que jamais, en ce moment, le besoin de ne pas rester inactif et il ne faut pas se laisser envahir par la tristesse des deuils et des maux sans nombre qui résultent de cette guerre ; pour réagir, il n'y a que deux moyens : ou bien coopérer réellement, à la défense nationale, à l'aide des réfugiés et des blessés, etc. ou bien produire sous forme d'art ce qu'on a en soi-même de bien, d'idéal, de vigueur – et même de plaintes[20].

Kœchlin reprend donc la composition sans pourtant se hasarder dans le domaine périlleux de la musique de guerre dont l'existence, la légitimité et la qualité lui paraissent suspectes[21]. Les œuvres qu'il compose dans les années 1914-1918 se veulent avant tout l'expression d'un art authentiquement français.

Kœchlin cherche d'abord à se démarquer du « désir vaniteux du sublime et du colossal[22] » qui constitue d'après lui le principal défaut de la musique allemande moderne, en privilégiant un répertoire de musique de chambre (deux quatuors à cordes, les sonates pour flûte, pour alto, pour violon, pour hautbois, un quintette à cordes) où se manifestent

18. 11 novembre 1914 : « distribution de vêtements aux soldats » ; 12 novembre 1914 : « divers emplois insignifiants ; puis aidé pour le déjeuner » ; 13 novembre 1914 : « bains du capitaine – divers nettoyages – aidé pour le déjeuner » ; 16 novembre 1914 : « porté hommes à la salle d'opérations » ; 18 novembre 1914 : « le blessé atteint du tétanos mort ce matin » ; 19 novembre 1914 : « Enterrement de l'homme mort du tétanos. Remplacé Mr Raymond à l'Hermitage, aidé pour pansements no 12 » ; 22 novembre 1914 : « cartes postales des soldats, sur leur état » ; 30 novembre 1914 : « Après midi promené les soldats jusque chez Mme Pitt – retour par le bord de mer »...

19. Kœchlin, « La vie musicale pendant la guerre », *Gazette des beaux-arts*, août 1916, p. 410.

20. Charles Kœchlin, lettre à Darius Milhaud, 17 août 1915. Cité dans Madeleine Li-Kœchlin, « Correspondance de Charles Kœchlin », *La Revue musicale*, no 348-350 (1982), p. 27.

21. En juillet 1916, le témoignage venu du front de son ami Jean Veber sur les bruits musicaux de la guerre et sur la symphonie que le peintre entrevoit laisse Kœchlin dubitatif : « Je pense que les musiciens auront rêvé de tableaux et de poésie » (Charles Kœchlin, lettre à Suzanne Kœchlin, mercredi 5 juillet 1916. Collection particulière, lettre aimablement communiquée par Bernard Kœchlin). En effet, Kœchlin est persuadé que « ce n'est pas dans le cauchemar qu'on éprouve l'envie d'en faire un poème symphonique » (Kœchlin, « La vie musicale pendant la guerre », *Gazette des beaux-arts*, août 1916, p. 410) et que « la musique de guerre, ce sont les civils qui la font » (Charles Kœchlin, « La vie musicale pendant la guerre », *Gazette des beaux-arts*, janvier-mars 1918, p. 103), osant même ajouter « force nous est d'avouer que toutes ces musiques d'actualité n'ajoutent rien à la gloire des illustres qui les ont produites » (Kœchlin, « La vie musicale pendant la guerre », *Gazette des beaux-arts*, août 1916, p. 411).

22. Kœchlin, « La vie musicale pendant la guerre », *Gazette des beaux-arts*, janvier-mars 1918, p. 107.

les prémisses du néoclassicisme d'après-guerre : goût de la clarté de la ligne mélodique, travail du timbre et souci de concision formelle. En effet, Kœchlin renoue en 1916, comme Debussy et comme son maître Fauré, avec la tradition française de la sonate pour violon et piano depuis Leclair et Francœur, et se prononce en faveur de « l'utilité d'un retour à l'ancienne symphonie pré-beethovenienne[23] ».

Kœchlin cherche ensuite à se démarquer des excès nationalistes des musiciens de la « Ligue nationale pour la défense de la musique française » en composant une musique véritablement française, mais « sans haine et sans ignorance de l'art étranger[24] ». Belle litote pour revendiquer en réalité le droit d'assimiler et de faire sien cet art « étranger » que Kœchlin connaît bien. En fait, la réflexion qu'il a initiée avant guerre autour du diatonisme et du chromatisme chez Kodály et Bartók, autour de l'atonalité de Schoenberg et autour de la polytonalité dont il peut revendiquer, dans une certaine mesure, la paternité[25], va exercer pendant la guerre une influence décisive sur le jeune Darius Milhaud puis sur bien d'autres jeunes compositeurs après guerre.

Les deux hommes se sont rencontrés lors d'un dîner organisé par la pianiste Jeanne Herscher-Clément en janvier 1914. L'entente est immédiate et l'admiration réciproque. L'insatiable curiosité de Kœchlin pour les partitions nouvelles séduit le jeune élève de Gedalge, et l'enthousiasme du jeune homme pour la musique de Kœchlin réconforte le compositeur vieillissant. Milhaud lui écrit en mars 1915 :

> Encore merci pour vos mélodies. Je les joue tout le temps [...]. C'est d'une musique très en avance au point de vue de l'harmonie, et ce que j'admire surtout c'est le sentiment tonal (dans *Canopes* surtout où l'on va si loin tout en restant si près). Je vous suis bien reconnaissant de m'avoir donné vos mélodies. En face de votre musique, Cliquet et moi avons l'impression d'être devant la musique d'un musicien appartenant à la génération qui viendra après la nôtre.

La question du renouveau du langage musical est au cœur des recherches menées par les deux musiciens. C'est ainsi que leurs très nombreuses rencontres (près d'une cinquantaine en trois ans, Milhaud se rendant au Brésil avec Paul Claudel au mois de janvier 1917) donnent lieu à des séances de lecture et d'analyse au cours desquelles les deux compositeurs étudieront, outre leurs compositions en cours, le *Sacre du printemps*, *Petrouchka*, mais aussi les symphonies de Mahler, diverses pièces pour piano de Bartók, les *Trois Pièces pour piano* op. 11 de Schoenberg, le *Pierrot lunaire* ou les lieder du *Livre des jardins suspendus*.

---

23. « J'ai, en effet, sur l'utilité du retour à l'ancienne symphonie pré-beethovenienne, de durée modeste (et cela avec des moyens et des sentiments propres à la musique moderne), des idées que je mettrai certainement en pratique, très probablement par l'orchestration de certaines œuvres de musique de chambre, chose d'ailleurs en principe extrêmement délicate à réaliser, et qui serait même irréalisable pour la plupart des œuvres de musique de chambre moderne. » (Charles Kœchlin, lettre à Jacques Durand, 16 décembre 1916. Cité dans Li-Kœchlin, « Correspondance de Charles Kœchlin », p. 29-30).

24. Kœchlin, « La vie musicale pendant la guerre », *Gazette des beaux-arts*, janvier-mars 1918, p. 107.

25. Dans une lettre à Jeanne Hatto du mois de mai 1927, Kœchlin, avec humour, signe « Charles Kœchlin, [...] inventeur d'un système "polytonal" tout nouveau, fondé sur la loi du moindre effort, système qui m'assurera la fortune et le repos pour mes vieux jours ; en attendant, chargé de cours à l'Université de Californie. »

La liste est significative : outre les choix visionnaires de partitions majeures du répertoire du xxe siècle et encore ignorées de la plupart des musiciens français de cette époque, ces travaux sont à replacer dans leur contexte : la reconnaissance de l'œuvre de Schoenberg et de la richesse des influences étrangères (idée clef de Kœchlin) s'accompagne du désir de les assimiler pour mieux s'en libérer. Refusant les « systèmes », Kœchlin ne rédigera donc pas de théorie normative autour d'une polytonalité conçue comme langage musical « authentiquement français ». C'est Darius Milhaud qui s'en chargera en faisant de l'opposition atonalité-polytonalité, l'expression musicale d'une opposition culturelle entre germanité et latinité[26] reprise par Schoenberg.

En revanche, Kœchlin aura des disciples. La participation régulière de Charles Kœchlin aux jurys de concours du Conservatoire et à la classe d'André Gedalge ainsi que l'ouverture d'un cours de composition et d'orchestration en décembre 1916[27] vont lui permettre de s'imposer, ainsi que l'écrit Darius Milhaud dès 1921, comme « l'un des maîtres dont l'esprit est le plus jeune, le plus vivant, toujours en quête de nouvelles découvertes dans le domaine de la musique, où il s'aventure toujours plus avant, entraînant avec lui toute l'école de la musique française de demain[28] ».

Reste le problème de la diffusion de cette musique. Dans les années de guerre, les principales auditions d'œuvres de Kœchlin[29] ont lieu dans des concerts de bienfaisance et dans

26. Arnold Schoenberg déclare dans une lettre à Alexander von Zemlinsky du 26 octobre 1922 : « Quant à Milhaud, "l'insignifiant", je ne suis pas d'accord. Milhaud me semble être le représentant le plus important du mouvement contemporain dans tous les pays latins : la polytonalité. Que je l'aime ou pas est hors de propos. Mais je le considère très doué. » Cité dans Darius MILHAUD, *Notes sur la musique, essais et chroniques*, textes réunis et présentés par Jeremy DRAKE, collection « Harmoniques. Série écrits de musiciens », Paris : Flammarion, 1982, p. 48.

27. Persuadé d'œuvrer pour l'avenir de la musique française moderne, il ouvre, en décembre 1916, un cours de composition qu'il présente comme une alternative originale à l'enseignement de la Schola ou du Conservatoire. La circulaire précise ainsi : « Ces cours sont destinés aux élèves qui désirent s'inspirer de l'écriture contrapunctique des grands maîtres, notamment de J.-S. Bach ; et aux jeunes compositeurs qui pensent qu'il est au moins aussi nécessaire de se tourner avec indépendance vers l'avenir, que d'obéir servilement au passé (ce qui ne signifie nullement qu'il soit bon d'ignorer ce passé, au contraire) ; à tous ceux, enfin, qui en matière d'orchestration voudront étudier non seulement les traités et diverses particularités d'instrumentation, mais aussi et surtout les conditions d'équilibres des masses de sonorités, et leurs rapports avec l'écriture musicale proprement dite. – Le tout d'après des exemples tirés des maîtres quels qu'ils soient, anciens ou tout à fait modernes. » Notons déjà les principales orientations de l'enseignement de Kœchlin : le retour à Bach, la maîtrise du passé et la connaissance des œuvres nouvelles, l'importance des timbres et de l'équilibre des masses dans l'orchestration. Déjà les premiers élèves s'inscrivent : Fred Barlow, Jeanne Herscher, Germaine Tailleferre, Marguerite Beclard d'Harcourt, Claude Crussard, bientôt rejoints par Francis Poulenc et les jeunes de l'école d'Arcueil.

28. MILHAUD, *Notes sur la musique*, p. 73.

29. La *Sonate pour alto et piano* op. 53 est créée par Darius Milhaud lors des concerts du Foyer franco-belge (27 mai 1915 puis reprise à la séance Robert Schmitz du 29 janvier 1916). Les *Paysages et Marines* op. 63 *bis* dans leur version pour trio flûte, violon et piano sont créés le 11 mars 1917 chez Jeanne Herscher-Clément lors des matinées « Art et Liberté » par Roger Désormière, Yvonne Giraud et Jeanne Herscher. La *Sonate pour violon et piano* op. 63 est créée le 18 mai 1917 à la S.M.I. par Yvonne Giraud et Jeanne Herscher. La reprise de la *Sonate pour flûte et piano* op. 52 a lieu le 15 décembre 1917,

les cénacles d'avant-garde que sont : le salon de Jeanne Herscher-Clément (où se tiennent quelques concerts du Foyer franco-belge, les séances Robert Schmitz et les séances « Art et Liberté »), la salle Huyghens (où ont lieu les séances « Peinture et Musique ») et le théâtre du Vieux-Colombier (que dirige la mezzo-soprano Jane Bathori, en l'absence de Jacques Copeau). Là, Koechlin reçoit le concours d'interprètes enthousiastes qui deviendront les principaux acteurs de la vie musicale d'après-guerre (tels Jane Bathori bien sûr, mais aussi Émile Engel, Yvonne Giraud ou Roger Désormière), et bénéficie de l'audience d'une élite largement acquise à la cause de la nouvelle musique.

Cependant, Kœchlin sait par expérience que la sensibilisation du grand public à ce qu'il nomme « la nouvelle école française » (école dont il estime faire partie) doit s'inscrire dans une démarche volontariste. Pour Kœchlin, militer en faveur de cette musique est une nécessité et un devoir. Ses efforts pour faire renaître la Société musicale indépendante et ses conférences sur la musique française moderne serviront donc la cause nationale.

Militer

Le rôle de Charles Kœchlin dans la fondation et la renaissance de la Société musicale indépendante pendant la guerre est bien connu. Alors qu'au nom d'une « union sacrée » des musiciens se prépare la fusion de la Société nationale et de sa rivale la Société musicale indépendante, Kœchlin propose un projet de fédération maintenant l'indépendance des programmations des deux anciennes rivales, au nom de leurs divergences « esthétiques ». Kœchlin se retrouve alors au cœur d'une virulente polémique engagée par Vincent d'Indy dans *Le Courrier musical* du 15 janvier 1917, où le directeur de la Schola cantorum fustige le manque de patriotisme des musiciens de la S.M.I. ainsi que leurs émancipations formelles, polytonales et atonales qu'il qualifie de « vêtement » de « coupe bègue » et de « style boche ». Kœchlin, directement pris à parti, se défend en revendiquant la liberté absolue du créateur quant au choix du style et de l'idée.

> Je cherche le beau partout, avidement, sans parti pris pour ou contre telle façon de le vêtir. Et pour mon usage personnel, je n'ai pas plus de honte que Chabrier, des « quartes et sixtes », ni que M. Fauré, des « septièmes de dominante avec retard par la quinte et par la sixte ». Mais je ne me prive pas à l'occasion, de superposer deux ou trois tonalités, et m'intéresse fort aux compositions *atonales* de M. Schoenberg. [...]
>
> Je réclame contre l'épithète : « style boche » appliquée au « vêtement fait de tonalités superposées ». [...] Ce qui est propre aux Boches, c'est le caractère de leur musique, non tel procédé ; et la superposition de deux tonalités n'a en soi rien de Boche. On peut en tirer des effets musicaux compatibles avec nos qualités nationales. Et il serait regrettable de jeter *a priori* le discrédit sur ces moyens, en les traitant de boches[30].

---

salle Huyghens (en même temps que la *Rhapsodie nègre* de Francis Poulenc), et la création complète des *Trois Poèmes de la jungle* op. 18 (26 novembre 1917) ou des *Cinq Chansons de Bilitis* op. 39 (29 janvier 1918) se déroule au théâtre du Vieux-Colombier, avec Émile Engel et ses chœurs, Jane Bathori et Andrée Vaurabourg.

30. Charles Kœchlin, « Esthétique ? (réponse à V. d'Indy), 15 janvier 1917 », *Le Courrier musical*, 15 février 1917, p. 79-80.

Reste à prouver comment ce syncrétisme stylistique « au-dessus de la mêlée » peut servir à fonder une école française moderne : c'est précisément le but que Kœchlin assigne à ses conférences sur la musique française moderne. Dans sa lettre à Romain Rolland datée du 9 novembre 1915, Kœchlin décrit avec enthousiasme son projet :

> Je compte faire cet hiver, à Paris, des conférences sur la musique française moderne. Je n'attends pas pour cela la fin de la guerre. Non que je ne pense constamment à ces deuils, à ce sang, à ces tueries « scientifiques », mais d'abord parce que je trouve qu'il faut affirmer encore plus, dès à présent, la beauté de notre art musical contemporain ; et ensuite parce que je crois qu'il sera bon pour les « civils » de renouer avec la musique et avec la beauté des relations interrompues. Je ferai donc ce que je pourrai pour cela. [...] Sans avoir recours à un langage technique qui ne serait accessible qu'aux professionnels, je compte cependant faire comprendre à mes auditeurs la logique, la sûreté, la légitimité des conquêtes de la musique moderne, et ce qu'a de traditionnel au fond, cette Révolution. Des exemples de dérogation aux Règles abondent chez les classiques, et me seront précieux. J'essaierai de définir, si possible, l'esprit de la musique moderne, d'ailleurs diverse mais ayant malgré tout une unité, qui apparaît bien clairement à ceux qui la détestent ! Il y a à faire...

Deux séries de conférences vont donc être dispensées entre le 1er décembre 1916 et le mois de mars 1918, dans le salon de musique de Jeanne Herscher-Clément, chez Charles Kœchlin, chez Jane Bathori, ou dans l'atelier de la nièce de Kœchlin, le peintre Marguerite d'Estournelles de Constant, dite Marie Viton, afin de prouver la vitalité de l'école française moderne et de rétablir la communication rompue entre cette musique contemporaine et un auditoire déconcerté par les mutations du langage musical. La dimension pédagogique et stratégique du projet apparaît clairement lorsque Kœchlin énumère les objectifs qu'il poursuit :

> Répondre aux objections, prouver la liberté logique des plus récentes trouvailles, montrer le lien qui nous rattache aux précurseurs du passé – bien plus hardis qu'on ne le croit –, appuyer le tout par des exemples au piano, préparer ainsi le terrain aux auditions futures, telle fut la tâche qui s'imposait[31].

En bref, il s'agit donc de défendre, d'abord, la musique française contemporaine contre les accusations lancées à son encontre depuis l'Allemagne et, de l'intérieur, par les plus conservateurs et les plus nationalistes des musiciens français (Kœchlin y analyse les écrits les plus récents de Saint-Saëns et de d'Indy), de légitimer ensuite l'avant-garde musicale en l'inscrivant dans une continuité historique, et de créer enfin un mouvement d'opinion en faveur de la musique contemporaine, par une initiation raisonnée des élites et du public.

Jane Bathori a rendu compte de l'atmosphère amicale et recueillie qui régnait lors de ces séances :

> Pendant la guerre de 14-18, il [Kœchlin] avait eu le désir de faire quelques causeries sur cette musique française qu'il connaissait à fond et qu'il aimait entre toutes. Des fidèles venaient chaque semaine passer deux heures autour du piano de Kœchlin, attentifs aux évocations de ce

31. Kœchlin, « La vie musicale pendant la guerre », *Gazette des beaux-arts*, août 1916, p. 409.

grand musicien, qui n'était jamais si heureux que lorsqu'il pouvait parler... des autres musiciens et faire admirer leurs œuvres[32].

Dans cette vaste entreprise de défense et d'illustration de la musique française moderne, la forme choisie, mêlant parole et musique, joue un rôle décisif puisqu'il s'agit de forger chez l'auditoire de nouvelles habitudes d'écoute. En effet, Kœchlin parle de musique en compositeur et non en conférencier. Il est donc au piano, et explique, par des « exemples joués (chantés au besoin) ce qu'un simple discours ne saurait faire entendre[33] ».

De plus, des auditions viennent « illustrer » ses propos. Pour cela, le musicien a fait appel aux plus fervents interprètes de la musique de son temps. On relèvera notamment, dès la première saison, la présence régulière d'Émile Engel (pour Chabrier), Jane Bathori (pour son rôle auprès des Nouveaux Jeunes et du groupe des Six), Germaine Sanderson et Gabrielle Gills (pour Gabriel Fauré), Jeanne Hatto (pour Ravel), Jeanne Lacoste (épouse du peintre Charles Lacoste, collaborateur de Milhaud et ami de Francis Jammes), Jeanne Herscher, Darius Milhaud, Yvonne Giraud (future marquise de Casa-Fuerte, instigatrice des Concerts de la sérénade), ou encore le pianiste Robert Schmitz, fondateur de la société franco-américaine Pro Musica qui organisera, après-guerre, les tournées américaines de Ravel, Milhaud, Prokofiev, Bartók, ou Roussel[34].

Mieux encore, ces musiciens doivent bientôt être rejoints par Yvonne Astruc, Blanche Selva, Louis Aubert, Félix Delgrange, Arthur Honegger et Andrée Vaurabourg pour une série de concerts par souscription que lance Kœchlin entre le 6 avril et le 25 mai 1916 autour du thème du renouveau de la musique française[35]. Au programme figurent trois

32. Jane BATHORI, « Charles Kœchlin, le bon patriarche de la jeune musique », *Les Lettres françaises*, 4 (janvier 1951).

33. Charles KŒCHLIN, *Écrits*, vol. I : *Esthétique et langage musical*, présentés et annotés par Michel DUCHESNEAU, collection Musique-Musicologie, Sprimont : Mardaga, 2006, p. 48 (« Considérations générales sur la musique moderne et sur l'École française », *Conférences sur la musique française moderne 1915-1918*, première conférence, première série, 2 décembre 1915). Ces nombreux exemples musicaux témoignent d'abord de la prodigieuse mémoire musicale de Kœchlin et préfigurent, par leur richesse et leur variété, ceux des traités d'harmonie et d'orchestration (*Traité d'harmonie*, rédigé en 1923-1926 et publié chez Eschig en trois volumes entre 1927 et 1930 ; *Traité d'orchestration*, rédigé en 1935-1936 et 1939-1943 et publié chez Eschig en quatre volumes entre 1954 et 1959).

34. Pour l'heure, lors de ses permissions, Schmitz assiste et participe aux conférences tandis que sa femme, en son absence, dactylographie consciencieusement les notes manuscrites de Kœchlin.

35. Dans la circulaire détaillant le programme des concerts, on peut lire : « On sait la beauté et la vigueur exceptionnelles de notre jeune École Française. Mais trop de regrettables préjugés demeurent entre elle et le public. Surtout, on ne la connaît pas assez ; on ne sait pas assez la comprendre ni l'aimer.
En attendant que reprennent, après la guerre, les "Sociétés d'Avant-Garde" qui se font un honneur de ne donner que des premières auditions, il nous a paru qu'il pouvait être utile et intéressant de faire entendre cette année, comme en une sorte de Salon musical, un choix des œuvres les meilleures parmi celles des maîtres ou des disciples.
Nous voulons espérer que les préoccupations et les angoisses de l'heure présente n'empêcheront point ceux qui aiment vraiment la musique et savent quelle vénération l'on doit à cet art, de venir se retremper à l'audition de belles mélodies ou de pures sonates. Ainsi vous témoignerez la sympathie qu'ils méritent, aux maîtres chez qui a refleuri tout d'abord le Renouveau de la musique française, et aux jeunes – la plupart absents de Paris – à qui sera donnée la douceur de savoir qu'on ne les oublie pas. »

générations de musiciens français : celle de Fauré et Debussy, celle de Kœchlin et Ravel, celle de Milhaud et Cliquet-Pleyel[36]. Remplacé par une simple audition, faute de financement, cet ambitieux projet confirme néanmoins le rôle fondateur de Kœchlin qui contribue à former et à fédérer dès 1915 la majeure partie du vivier musical et mondain du Paris des années 1920.

La reconnaissance officielle des efforts de Kœchlin en faveur de la musique française moderne vient au mois de juillet 1918 lorsque l'historien et musicologue Théodore Reinach convainc le musicien de participer, avec quelques autres représentants du savoir français[37], à une mission de propagande en faveur de la culture française aux États-Unis. Parrainée par les gouvernements français et américain, la mission doit servir à promouvoir les échanges intellectuels et culturels entre les deux pays alliés.

Fort du soutien des jeunes compositeurs et de l'invitation de Satie à rejoindre les « Nouveaux Jeunes[38] », certain d'avoir trouvé une audience pour sa musique et des « institutions » pour la faire jouer, sûr enfin, d'avoir été utile, Kœchlin plein d'espérance, accepte et s'en va donc porter la bonne parole du renouveau de la musique française du mois d'octobre 1918 au mois de janvier 1919 sillonnant les États-Unis de New York à Los Angeles et de Chicago à la Nouvelle-Orléans[39].

À son retour, le monde est en paix, mais il a changé.

Tout en révélant la très grande humanité d'un Charles Kœchlin qui, loin des poses héroïques, se montre d'une absolue sincérité dans l'aveu de ses faiblesses et d'une grande pudeur quant à sa contribution matérielle à l'effort de guerre, le conflit 1914-1918 s'avère

---

36. Sont programmés les compositeurs suivants : Gabriel Fauré, Ernest Chausson, Claude Debussy, Paul Le Flem, Maurice Ravel, Jean Roger-Ducasse, François Berthet, Jean Huré, Désiré-Émile Inghelbrecht, Florent Schmitt, Déodat de Séverac, Louis Aubert, Albert Roussel, Henri Cliquet-Pleyel, Paul Martineau, Jeanne Herscher ou Darius Milhaud. Dans une formule lapidaire, à la fin de la conférence nº 15 (première série, « Les Jeunes », 19 mars 1916), Kœchlin annonce l'annulation de cette série de concerts : « Expliquer pourquoi nous y renonçons cette année. Cependant en mai nous espérons vous inviter à une audition. » La consultation du *Journal* de Kœchlin ne permet pas d'indiquer ici la date et la nature de cette audition. Tout indique en revanche que les contacts avec les musiciens précités avaient été pris.

37. Les membres de la délégation seront Théodore Reinach (littérature et antiquité grecque), Emmanuel de Martonne (géographie), Fernand Baldensperger (littérature comparée), Louis Cazamian (littérature anglaise), Étienne Burnet (institut Pasteur), Seymour de Ricci (histoire de l'art) et Charles Kœchlin (compositeur et critique musical). Kœchlin dispense dans chaque ville deux conférences sur « La tradition dans la musique française » et sur « La musique française moderne ».

38. Érik Satie, lettre à Charles Kœchlin, 18 septembre 1918. Cité dans Érik Satie, *Correspondance presque complète*, réunie, établie et présentée par Ornella Volta, Paris : Fayard – IMEC, 2000, p. 338. Arthur Honegger, Georges Auric, Louis Durey, Darius Milhaud, Germaine Tailleferre, Roland-Manuel ont déjà accepté de rejoindre ce groupement, tandis qu'Albert Roussel et Francis Poulenc s'apprêtent à y entrer.

39. La délégation française sera reçue par le président Wilson et visitera notamment les villes de New York, Washington, Philadelphie, Buffalo, Cleveland, Indianapolis, Chicago, Memphis, Houston, San Antonio, El Paso, Los Angeles, San Francisco, Chicago, Pittsburgh, Boston... Ce voyage sera aussi l'occasion pour Kœchlin de retrouver les Schmitz installés à Chicago, et son ami Henri Rabaud qui dirige alors l'Orchestre philharmonique de Boston.

une période déterminante pour le compositeur qui sème alors, par ses choix politiques et esthétiques sans compromis, les germes de la reconnaissance et de son futur isolement.

Dans sa lutte acharnée pour maintenir l'art « au-dessus de la mêlée » et pour contribuer à rétablir la communication rompue entre la musique française contemporaine et son public, Kœchlin a su gagner l'estime d'interprètes et d'élèves dévoués, tous profondément marqués par la bienveillance et l'esprit de liberté de son enseignement. Kœchlin a ainsi pu conquérir le singulier et délicat privilège de pouvoir se targuer de faire le lien entre deux avant-gardes, celle de la génération debussyste et celle de la génération du futur groupe des Six.

Position intenable, car chaque pas qui le rapproche des jeunes compositeurs l'éloigne un peu plus de ses anciens compagnons de la classe Fauré qui ne voient plus en lui que « le porte-parole de la jeune école[40] ».

Position intenable, car cette « jeune école » ne va pas tarder à promulguer la table rase, à lancer ses mots d'ordre et à jeter ses anathèmes contre tout ce que Kœchlin a aimé.

L'espoir de renouveau va donc peu à peu céder la place à d'amères désillusions.

40. Kœchlin rapporte dans un écrit inédit intitulé « Quelques souvenirs sur ma situation et mes activités musicales » les raisons invoquées par Henri Rabaud pour lui refuser la succession d'André Gedalge au poste de professeur de composition au Conservatoire, en février 1926 : « Kœchlin a écrit un ouvrage magistral sur le contrepoint, mais on ne peut pas le nommer, car il est le porte-parole de la Jeune École. » Kœchlin avait pourtant obtenu les voix de Paul Dukas et de Maurice Emmanuel.

Composer pendant la guerre, composer avec la guerre

Esteban Buch

La musique composée pendant la Grande Guerre est-elle pour autant la musique « de » la Grande Guerre ? Doit-on considérer toute œuvre écrite ou jouée entre 1914 et 1918 comme une sorte de réponse aux événements, par action ou par omission, ne serait-ce qu'en tant que symptôme d'individus plongés dans un monde en crise ? Ou faut-il au contraire accorder aux musiques de cette époque l'autonomie que les musicologues leur reconnaissent pour ainsi dire par défaut lorsqu'il s'agit d'autres moments de l'histoire, quitte à faire une exception pour les cas où l'influence du conflit est attestée, proclamée, voire inscrite dans les œuvres elles-mêmes ? Les considérations sur les rapports entre musique et guerre doivent-elles s'étendre à la période qui a précédé le début des hostilités, ainsi qu'à celle qui les a suivies ? Si oui, jusqu'à quand, et jusqu'où ? Étant donné un certain sens commun pour qui le XXe siècle est né avec la Première Guerre mondiale, faut-il voir dans la production de ces quatre années une sorte de matrice pour tout ce qui s'est joué depuis au sein de la musique contemporaine ? Mais comment tenir compte de ce que la plupart des compositeurs avaient alors, comme on dit, la tête ailleurs : qui parti au front, qui bouillant de zèle patriotique à l'arrière, qui déprimé par les événements ? Que penser du fait que, à quelques exceptions près, le bilan compositionnel de la guerre apparaît plutôt pauvre en termes esthétiques, c'est-à-dire en chefs-d'œuvre ou en innovations techniques ? Suffit-il d'y voir la confirmation rassurante que, comme nous l'enseigne une certaine bonne conscience humaniste, l'art et la guerre ne font pas bon ménage ? Ou faut-il voir un simple manque de temps, vu celui passé par tout le monde, soit à tuer ou mourir, soit à aider ceux qui s'y consacraient, ou encore à parler de tout cela ?

Ce sont là des interrogations qui, à certains égards, dépassent le champ musical pour engager des questions historiographiques générales. La musique a juste tendance à les rendre plus aiguës, avec son caractère abstrait et l'indétermination de ses significations politiques. Elles ne sauraient avoir de réponse tranchée, étant donné la diversité des situations individuelles et institutionnelles où se sont retrouvés les compositeurs des différents pays. Cela dit, face à l'ensemble des œuvres composées à cette époque, encore peu étudié malgré les efforts pionniers de Glenn Watkins et de quelques autres, il y a d'assez bonnes raisons de partir du postulat que, pendant la Grande Guerre, tout a une *relation* avec celle-ci, fût-ce sur le mode de la dénégation – quitte à prendre à temps congé de la tentation d'y voir la *cause* de tout[1].

Dans cette direction, on rencontre d'abord les compositions dont le lien direct avec la guerre fait peu de doute. En France, nombreuses ont été les œuvres écrites pour des concerts de « musique française » dont les recettes sont allées aux soldats blessés ou à leurs familles, en général des pièces de circonstances plus ou moins nationalistes, plus ou moins germanophobes[2]. Par exemple, *La Cathédrale victorieuse* d'Amédée Reuchsel, « tableau symphonique » pour orchestre, orgue et chœurs, créée le 28 mars 1915 à la salle Gaveau par Gabriel Pierné, en hommage à la cathédrale de Reims, « auguste victime d'un holocauste impie », comme l'écrit le compositeur dans le programme[3]. Ou encore ce *Chant de guerre du paysan*, composé par Francis Casadesus à la mémoire de son frère Marcel et paru au Comptoir général de musique en 1915, où la condamnation du « Hun » qui « assassine tes enfants / blasphème le Christ ineffable / livre ta fille à ses uhlans ! » est suivie d'un refrain plutôt entraînant : « Hardi ! mon gars cours au combat, /écrase ce loup sous tes pas. / Tue ! mon fi[ls], défends ta vie, /c'est pour bien servir la Patrie[4]. » Côté allemand, on trouve trace de *Aus ernster Zeit* et *Vaterlands-Ouvertüre* de Felix Weingartner, *Heldenfeier* de Max Bruch, les *Kriegerische Marschrhythmen* de Philipp Wolfrum, la cantate *Kampf und Friede* d'Otto Taubmann, fondée sur l'Apocalypse[5], etc. Ce ne sont que quelques exemples au sein de tout un corpus qui attend encore d'être exhumé et qui concerne sans doute la Grande-Bretagne, l'Italie, la Russie, les États-Unis et d'autres pays touchés par la guerre, soit potentiellement le monde entier.

---

1. Voir Glenn Watkins, *Proof through the Night. Music and the Great War*, Berkeley (CA) : University of California Press, 2003. Voir aussi Jane F. Fulcher, « The Composer as Intellectual: Ideological Inscriptions in French Interwar Neoclassicism », *The Journal of Musicology*, XVII/2 (printemps 1999), p. 197-230.
2. Voir Sophie-Anne Leterrier, « Culture de guerre et musique nationale. La musique française dans la Grande Guerre », *Chefs-d'œuvre et Circonstances*, programme des trois concerts organisés à Arras les 9 et 10 novembre 2000 et à Vimy le 11 novembre 2000, Arras : Archives départementales du Pas-de-Calais, 2000, p. 15-38.
3. Programme du concert du 28 mars 1915, salle Gaveau, 17e concert, « Ars et Patria ». F-Pn : département de la Musique, fonds Concerts Lamoureux. Le programme du 21e concert de l'association Colonne-Lamoureux qui mentionne *Les Cathédrales* de Gabriel Pierné, sur un poème dramatique d'Eugène Morand, créé par Camille Chevillard le 12 mars 1916 à la salle Gaveau. F-Pn : département de la Musique, fonds Concerts Lamoureux.
4. Francis Casadesus, *Chant de guerre du paysan*, Paris : Comptoir général de musique, 1915. F-Pn : département de la Musique, fol. Vm7 12882.
5. Voir *Allgemeine Musikzeitung*, XLIV/18 (4 mai 1917), p. 304 ; Hermann Wilske, *Max Reger. Zur Rezeption in seiner Zeit*, Wiesbaden : Breitkopf & Härtel, 1995, p. 293 ; Clemens Hellsberg, *Les Grandes Heures du Philharmonique de Vienne*, traduit de l'allemand par Jeanne Etoré & Nicole Taubes sous la direction de Marc Vignal, préface de Brigitte Massin, Paris : Du May, 1993, p. 276.

Dans la mesure où une œuvre musicale peut être décrite comme un objet, il s'agit là de ces « objets patriotiques » que les individus ont produits à l'arrière de manière spontanée et en dehors des institutions :

> Les dessinateurs d'albums pour enfants, les journalistes, les écrivains, les cinéastes, les musiciens, les artistes qui ont réalisé les affiches, les cartes postales ou encore les illustrations des livres et des journaux, les instituteurs dans leurs classes, les professeurs dans les lycées, les « intellectuels » et les universitaires, les prêtres dans les églises, les pasteurs dans les temples, les rabbins dans les synagogues et, d'une manière générale, les élites cultivées, celles de l'arrière comme de l'avant, tous ou presque tous ont participé, d'une manière ou d'une autre, à une « propagande » de guerre multiforme, décentralisée, dans une très large mesure incontrôlable, en tout cas plus souvent spontanée qu'organisée ou imposée[6].

Dans ce passage, les guillemets rappellent que le terme de « propagande » ne s'applique à ces « objets patriotiques » que dépourvu de sa dimension verticale, c'est-à-dire autoritaire ou planifiée. En règle générale, les œuvres musicales patriotiques furent exécutées dans des salles de concert, pas lors de commémorations officielles, moins encore près du champ de bataille. Des soldats pouvaient y assister, mais en général ils étaient là en permission, à titre privé. Bref, ce n'était pas de la musique militaire ni, plus généralement, de la musique d'État.

En même temps, il s'agissait d'œuvres souvent différentes de la production habituelle de leurs auteurs. Dans ces circonstances d'exception, devant l'impératif de la cohésion nationale, le milieu musical devait renoncer provisoirement à l'idéologie de l'autonomie de l'art sous ses différentes formes. Il est vrai qu'on pouvait alors se réclamer d'aussi grands noms que Beethoven, avec *La Bataille de Vittoria* datant des guerres napoléoniennes, ou Brahms, avec le *Triumphlied* écrit en 1871 pour célébrer la victoire contre la France. Et cela n'était pas sans conséquence esthétique : « Il est certain que nous écrivons mieux quand nous écrivons pour le public et si nous écrivons vite[7] », remarquait Beethoven en 1813, tandis qu'en 1914, Max Reger dira du finale de son *Ouverture patriotique* qu'il devait être rendu dans un style « aussi populaire que possible, car seulement ainsi obtiendra-t-on un effet durable[8] ». Personne n'aurait affirmé alors qu'il était possible ou souhaitable d'estimer la valeur et la signification de ces œuvres indépendamment du contexte.

Cela dit, pour une histoire culturelle de la Grande Guerre, le cas limite imaginaire d'une personne qui aurait passé toutes ces années dans un jardin à écrire des mélodies, sans même s'apercevoir qu'un conflit armé était en cours, n'en constituerait pas moins un objet intéressant. Et cette interrogation n'a rien de fictionnel lorsqu'elle concerne les œuvres composées à cette époque sans relation directe avec les événements, mais pouvant valoir pour cette raison même refuge subjectif face à leurs horreurs. Cela soulève des questions

6. Stéphane Audoin-Rouzeau & Annette Becker, *14-18, retrouver la guerre*, collection Bibliothèque des histoires, Paris : Gallimard, 2000, p. 155.
7. Ludwig van Beethoven, *Tagebuch*, 1813. Cité dans Brigitte Massin & Jean Massin, *Ludwig van Beethoven*, collection Bibliothèque des grands musiciens, Paris : Fayard, 1967, p. 270.
8. Max Reger, lettre à l'Oberbaurat Fritz, 13 octobre 1914. Cité dans Wilske, *Max Reger*, p. 293.

de méthode. Comme l'a signalé Carlo Caballero, le caractère « abstrait » des œuvres de musique de chambre composées entre 1916 et 1918 par Gabriel Fauré rend improbable l'attribution d'une signification politique précise, alors même que le directeur du Conservatoire de Paris reste fort engagé dans de nombreux concerts associés à l'effort de guerre[9]. Ces œuvres sans programme ni titre autre que, par exemple, *Première Sonate pour violoncelle* op. 109, peuvent faire l'objet d'interprétations divergentes allant de l'hypothèse du témoignage crypté à celle de la forme pure, ce qui, s'ajoutant au rôle public de Fauré, montre que, d'une année sur l'autre, d'un rôle social à un autre, les clivages ou les nuances distinguent non seulement les individus entre eux, mais encore les individus par rapport à eux-mêmes.

C'est pourquoi il semble utile de suspendre la dichotomie – courante à l'époque et encore inscrite dans le sens commun – entre d'une part des œuvres politiques, engagées pour la cause collective et désintéressées du point de vue personnel, et de l'autre des œuvres non politiques, toutes vouées à la cause de l'art et à l'expression de soi. *En blanc et noir*, l'œuvre pour deux pianos de Claude Debussy, composée en 1915, est sans conteste l'une des partitions les plus importantes de la période, mais son titre ne saurait résumer la réalité d'un monde musical qui était plutôt riche en gris, au-delà des tonalités criardes dont certains aimaient se parer. Plus fertile est de reconstituer au cas par cas l'histoire des rapports entre les individus, les œuvres, et le contexte politique et institutionnel, qui s'accommode mal des dualismes entre le front et l'arrière, les patriotes et les traîtres, l'engagement et l'autonomie. C'est ce que montre, pour en rester à Debussy, le spectre qui va de la *Berceuse héroïque*, composée au début de la guerre pour « rendre hommage à Sa Majesté Albert Premier [de Belgique] et à ses soldats », à la *Sonate pour violon*, achevée en 1917. En effet, le contraste apparent vis-à-vis de l'inscription historique n'est pas vraiment confirmé par les deux aphorismes contradictoires que le « musicien français » enchaîne dans cette lettre de janvier 1916 à Émile Vuillermoz, à propos de la *Berceuse* : « [C]royez bien que la musique de guerre ne se fait pas en temps de guerre. À proprement parler, il n'y a pas de musique de guerre, vous le savez bien[10] ! »

L'exemple de la *Troisième Symphonie* op. 70 de Vincent d'Indy est encore plus instructif : intitulée *Sinfonia brevis de bello gallico*, elle déploie un véritable récit de la guerre, de son déclenchement catastrophique jusqu'à une victoire française présentée comme volonté divine par le biais d'une hymne médiévale. Mais ce programme, détaillé et commenté dans la correspondance de d'Indy, ne sera pas rendu public lors de la création de l'œuvre en mai 1919 à la Société nationale de musique. Le maître de la Schola voulait signifier par là autant son attachement aux formes de la « musique pure » que la validité d'un document biographique sur la guerre, de caractère strictement privé. Soit un geste apparemment

9. Voir Carlo CABALLERO, « Patriotism or Nationalism? Fauré and the Great War », *Journal of the American Musicological Society*, LII/3 (automne 1999), p. 593-626.

10. Claude DEBUSSY, lettre à Émile Vuillermoz, 25 juin 1916. Cité dans James R. BRISCOE, « Debussy, Franck, and the "Idea of Sacrifice" », *Revue belge de musicologie – Belgisch Tijdschrift voor Muziekwetenschap*, 45 (1991), p. 39.

aux antipodes d'une prise de position publique sur le conflit, dans le cadre institutionnel du concert classique, venant pourtant d'un homme connu pour son engagement nationaliste et antirépublicain. Ce qui n'empêcha pas la critique de reconnaître immédiatement cette dimension politique, qui du reste était conservée dans le sous-titre, et d'orienter en conséquence son écoute et ses commentaires[11].

La complexité de chaque exemple, la quantité de ces exemples, rendent illusoire toute synthèse dans le cadre d'un simple article. Il s'agira plutôt ici d'esquisser une typologie, en ajoutant à l'œuvre de d'Indy, représentative de l'attitude d'un compositeur français de premier plan et déjà étudiée ailleurs, quelques remarques sur trois œuvres écrites par des hommes de nationalités diverses, dans des pays différents, et à différents moments de la période : *Une ouverture patriotique* de Max Reger, composée en Allemagne peu après le déclenchement des hostilités comme geste militant de soutien à l'armée nationale ; *Histoire du soldat* d'Igor Stravinski, écrite en Suisse dans les derniers mois du conflit, sans faire allusion à celui-ci tout en mettant en scène, précisément, un soldat ; enfin *Sinfonia germanica* d'Erwin Schulhoff, conçue au lendemain de la guerre comme critique radicale du militarisme.

Une ouverture patriotique de Max Reger

En septembre 1914, Max Reger compose *Eine vaterländische Ouvertüre für grosses Orchester* (*Une ouverture patriotique pour grand orchestre*), que l'éditeur berlinois Simrock publie peu après comme l'opus 140 de son auteur, avec une dédicace à l'armée allemande. L'œuvre fut créée à Wiesbaden le 8 janvier 1915 sous la direction du compositeur, lors d'un concert intégralement consacré à sa musique. Ce fut, paraît-il, un grand succès : « À Wiesbaden, soulevés par une intense émotion, des officiers qui avaient quitté le front pour soigner leurs blessures se précipitèrent sur la scène pour serrer la main de Reger », écrira sa veuve des années plus tard[12]. Pendant les mois qui suivirent, l'ouverture fut donnée dans de nombreuses villes, notamment Berlin, Hanovre, Brunswick, Heidelberg, et même Vienne. Le lien avec les événements militaires fut parfois très présent aux esprits, tel ce journaliste de Brunswick expliquant le 2 décembre 1915 que les succès récents des armées allemande et autrichienne en Serbie avaient donné à cette pièce un « arrière-plan historique[13] ». Aussi, cela permit à certains de constater avec satisfaction que Reger n'était pas « un

11. Voir Esteban Buch, « Vincent d'Indy et la Première Guerre mondiale : *Sinfonia brevis de bello gallico* », *Vincent d'Indy et son temps*, sous la direction de Manuela Schwartz, avec la collaboration de Myriam Chimènes, actes du colloque tenu en septembre 2002 à la Bibliothèque nationale de France, collection Musique-Musicologie, Liège : Mardaga, 2006, p. 21-35.

12. Elsa Reger. Cité dans Duo Sontraud Speidel & Evelinde Trenkner, *Escapades, Overtures and Variations for Piano for 4 Hands*, MDG, 2002, Irmlind Capelle, notice introductive du disque compact MDG 330 1134-2, p. 16.

13. E. Stier, « Herzogliches Hoftheater », *Braunschweigische Landeszeitung*, 2 décembre 1915. Cité dans Wilske, *Max Reger*, p. 295.

homme pour qui seule la musique compte [*Nur-Musiker*], indifférent aux événements politiques », mais bien quelqu'un qui « participe à l'élévation de notre peuple[14] ».

Max Reger, né en 1873 en Bavière et établi à cette époque à Meiningen, avait été exempté du service militaire pour des raisons de santé. Mais, comme l'immense majorité des Allemands et des Autrichiens, y compris des compositeurs aux sensibilités aussi diverses que Richard Strauss et Arnold Schoenberg, il avait partagé l'enthousiasme nationaliste des débuts de la guerre. En octobre 1914, il écrit à une amie qui venait de perdre un beau-frère au front : « Lui aussi a contribué à ce que le caractère allemand [*Deutschtum*] d'un Bach, un Goethe, un Beethoven ne soit pas anéanti par la canaille asiatique russe, par les démentes fanfaronnades belges et françaises et par le misérable philistinisme anglais[15]. » Ce sentiment nationaliste, exprimé dans la phraséologie courante de l'époque, constitue sans doute la première source de son *Ouverture patriotique*.

Le projet de mettre son art en rapport avec la guerre ne s'est pas borné à une seule partition : en même temps que l'ouverture, c'est-à-dire encore en septembre 1914, et probablement stimulé par les premiers succès des puissances centrales, Reger imagine un *Te Deum* consacré à « Sa Majesté le peuple allemand », qu'il n'écrira jamais. Puis il conçoit un *Requiem* en latin dédié aux « héros allemands » morts à la guerre, dont il achèvera certaines parties. Enfin, déjà en 1915, il compose son opus 144b, un *Requiem* en allemand pour soliste, chœur et orchestre, sur un texte profane de Hebbel, qui est dédié au « souvenir des héros tombés au champ d'honneur pendant la Grande Guerre ». En outre, des allusions patriotiques apparaissent dans les *Pièces d'orgue* op. 145, également écrites pendant le conflit.

Ainsi, Max Reger envisage-t-il très tôt d'offrir au peuple allemand ce qu'on pourrait appeler un kit complet de musique patriotique en temps de guerre, de l'ouverture des hostilités à l'hommage aux morts, en passant par la célébration de la victoire. Comme le montre la publication par Simrock d'un arrangement de l'opus 140 pour piano à quatre mains, cela contribue à cultiver une forme de patriotisme domestique. Mais il s'agit surtout d'être présent auprès des musiciens professionnels, visés par la lettre circulaire que le compositeur, par l'intermédiaire de son éditeur, adresse à « tous les chefs d'orchestre allemands » pour leur recommander sa partition. En fait, une fois *Une ouverture patriotique* achevée, sa première idée avait été de la proposer au Gewandhaus de Leipzig pour une création. Mais cela fut refusé sous prétexte que les temps n'étaient pas mûrs pour un choral d'action de grâces – une allusion au choral *Nun danket alle Gott*, qui est cité dans la partition. Il faut dire qu'entre la conception de l'œuvre en septembre 1914 et cette réponse de Leipzig on était passé de l'impression que la guerre serait courte et victorieuse à la réalité de son

14. H. Dettmer, « Max Reger mit dem Blüthnerorchester in der Stadthalle », *Hannoverscher Kurier*, édition du soir du 7 décembre 1915. Cité dans Wilske, *Max Reger*, p. 295.

15. Max Reger, lettre à Lisbeth Straube, 12 octobre 1914. Cité dans Roman Brotbeck, *Zum Spätwerk von Max Reger : fünf Diskurse*, collection Schriftenreihe des Max-Reger-Instituts Bonn-Bad Godesberg, Wiesbaden : Breitkopf & Härtel, 1988, p. 31.

enlisement dans les tranchées. Pourtant, cette réponse suscita la colère de l'intéressé, exprimée dans une lettre du 3 décembre :

> Certains auraient donc des doutes ! Je dois dire franchement que j'estime avoir depuis longtemps fait la preuve de mon droit à l'existence en tant qu'Allemand et musicien et que je trouve extrêmement affligeant qu'un compositeur allemand, surtout à une époque comme celle que nous vivons, ait à mendier comme je le fais auprès de directeurs de concerts allemands pour obtenir l'exécution de deux nouvelles œuvres pour orchestre, dont une s'intitule en outre « Une ouverture patriotique » ! Que valent vraiment toutes les manifestations patriotiques quand les artistes allemands de premier plan doivent mendier[16] !

Dans cette conviction d'être un exemple vivant de la grandeur nationale, voire de faire matériellement partie du patrimoine de la nation, se lit toute l'idéologie qui, depuis le romantisme, avait fait de la musique un vecteur privilégié du nationalisme allemand. Dans cet esprit, dont Richard Wagner fut à la fois le meilleur théoricien et le principal bénéficiaire, pour tout musicien convaincu de sa propre importance, faire une bonne carrière devenait une cause patriotique en soi, et chaque triomphe pouvait constituer, tout au moins à ses propres yeux, un acte politique plus significatif que les événements politiques ou militaires eux-mêmes.

Cela ne rendait pas pour autant Max Reger indifférent au cours de l'histoire. Le fait qu'il ait pensé à écrire un *Requiem* dès octobre 1914 montre que, malgré son enthousiasme, il fut d'emblée conscient de la dimension meurtrière du conflit. On a voulu voir dans ce geste l'amorce d'une position sceptique face aux va-t-en-guerre du moment, sans doute pour le racheter de ce qui peut apparaître aujourd'hui comme un excès de nationalisme[17]. Mais on sait que l'hommage aux morts n'était nullement contradictoire avec l'éloge de la guerre ; au contraire, il en était l'une des conditions fondamentales. En revanche, il est avéré qu'après la ferveur des débuts le compositeur évoluera assez rapidement vers une attitude critique. Le 24 décembre 1915, il écrit de Iéna à un correspondant : « J'espère que nous aurons bientôt la paix, à laquelle *tous* les peuples aspirent tellement ! Ça *ne peut pas* durer beaucoup plus longtemps !... Nous en sortirons à tous égards tellement *affaiblis* ! C'est atroce ! Et *ceux-là* qui ont déclenché cette guerre se sont attiré pour l'éternité la pire malédiction de l'humanité ! C'est *atroce*[18] ! »

Pourtant, à cette même date de décembre 1915, il peut encore raconter fièrement à son ami Karl Straube qu'il dirige son ouverture patriotique et ses autres compositions « dans toutes les villes possibles », avec « partout un maximum de succès ! ». « On a souvent du mal à croire – poursuit-il – que ces œuvres puissent faire une telle impression et toucher spontanément le public. À Braunschweig et Hanovre, les gens étaient comme fous ! [...]

16. Max Reger, lettre du 3 décembre 1914. Cité dans Capelle, notice introductive du disque compact MDG 330 1134-2, p. 16.

17. Voir Brotbeck, *Zum Spätwerk von Max Reger*, p. 31.

18. Souligné dans le texte. Max Reger, lettre à Hans von Ohlendorff, 24 décembre 1915. Cité dans Brotbeck, *Zum Spätwerk von Max Reger*, p. 32.

Souviens-toi de l'époque où l'on se moquait de toi à cause de moi[19] ! » Ainsi, son horreur face au cours de la guerre ne l'empêche pas de tirer partie de la nouvelle popularité acquise grâce à sa musique patriotique. Comme on voit, la gravité de l'heure est loin d'étouffer en lui les exigences du narcissisme qui le poussent à la surenchère nationaliste alors même que son propre enthousiasme belliciste est en chute libre.

On peut toujours, si l'on veut s'ériger en juge, déceler dans cette attitude une faille de son caractère moral. Mais il faut rappeler que, chez un « artiste allemand » comme lui, cet orgueil n'était pas un simple trait de personnalité. La trajectoire de Max Reger pendant les deux premières années de la guerre, qui d'ailleurs furent les deux dernières années de sa vie, montre bien que, si la guerre a pu infléchir l'individualisme inhérent à l'idéologie du génie, elle fut loin de le supprimer. Bien entendu, la question du comportement civique en temps de guerre, celle de la production collective de l'héroïsme, se posait alors pour tout le monde : fallait-il contribuer à l'effort de la nation en tant que soi-même, individu unique et irremplaçable, ou en tant que n'importe qui, simple patriote anonyme ? Mais un artiste célèbre avait plus de raisons que d'autres pour se croire unique. Max Reger crut que sa meilleure contribution consistait à faire ce que nul autre n'aurait pu faire, à savoir écrire une œuvre de Max Reger.

Dans quelle mesure son *Ouverture patriotique* parvint-elle effectivement à engendrer un sentiment capable de nourrir la cause nationaliste, voilà qui n'est pas facile à établir. On peut douter que l'écoute de ce morceau de musique, comme celle d'autres œuvres de circonstance, ait produit des changements concrets dans les conduites des auditeurs. En revanche, il semble évident que l'initiative eut des retombées directes pour l'artiste, dans la mesure où elle modifia, au moins partiellement, son image de compositeur de musique moderne et difficile. En effet, cette œuvre soulevait à sa manière la question de l'influence de la conjoncture historique sur la modernité artistique en général. En 1915, le bon accueil réservé à *Une ouverture patriotique* fut, pour certains, une preuve que même les compositeurs modernes pouvaient manier la rhétorique musicale habituelle, et toucher le public dans sa fibre la plus consensuelle.

Pourtant, cela n'arriva pas à faire taire complètement les réserves suscitées par le modernisme de Max Reger déjà bien avant la guerre, qui se trouvaient à présent reconduites sous la forme de clichés n'ayant que peu de liens avec les traits objectifs de cette musique. « Face à la tâche d'exprimer musicalement de manière simple et claire l'ambiance exaltée de cette époque échouent toutes les "conquêtes modernes" de la composition. Cela met en évidence toute la misère de ce "progrès" tant loué depuis Wagner », écrit en février 1915 un critique berlinois[20]. Sur quoi un journaliste de Heidelberg renchérit en disant que l'opus 140 « en vérité n'est pas [une œuvre] allemande mais américaine » – une affirmation

19. Max Reger, lettre à Karl Straube, décembre 1915. Cité dans Capelle, notice introductive du disque compact MDG 330 1134-2, p. 17.

20. W. Dahms, « Der sechste Symphonieabend der königlichen Kapelle », *Neue Preussische (Kreuz-)Zeitung, Berlin*, édition du soir du 8 février 1915. Cité dans Wilske, *Max Reger*, p. 294.

qu'on aurait du mal à rapprocher de la réalité sonore, mais qui, en revanche, constitue un exemple assez précoce de cette peur de l'*Amerikanisierung* qui hantera les années de Weimar[21]. Ces pointes venaient marquer les limites de la tentative de Reger pour faire bouger les coordonnées du goût.

Son œuvre était pourtant loin de tourner le dos au patrimoine culturel. *Une ouverture patriotique* de Reger cite abondamment quatre mélodies célèbres : le choral *Nun danket alle Gott*, *Wacht am Rhein*, *Deutschland über alles* et *Ich hab' mir ergeben*. Difficile d'imaginer plus grande concentration de symboles musicaux du patriotisme allemand. Le choral, présent dans le répertoire luthérien depuis le XVIIe siècle, évoquait autant la tradition protestante et la dimension religieuse de l'engagement patriotique, que l'œuvre de Johann Sebastian Bach, où il apparaît notamment dans les cantates BWV 79 et 192. *Ich hab' mir ergeben*, un chant issu des mouvements étudiants des années 1820 qui furent l'une des sources du nationalisme moderne, dit la volonté de « vivre et mourir pour la sainte patrie ». La *Wacht am Rhein* renvoie à la crise de 1840 avec la France, moment de cristallisation du sentiment territorial autour du fleuve mythique. Enfin, le *Deutschland über alles*, mélodie de l'hymne impérial autrichien de Haydn revisitée par le poète romantique Hoffmann von Fallersleben, évoque la montée en puissance du nationalisme bourgeois qui, après la chute de l'Empire, en fera l'hymne national officiel de l'Allemagne. Outre-Rhin, ces chants étaient ainsi les pièces maîtresses d'une tradition populaire entretenue par l'industrie moderne du nationalisme, dont témoigne par exemple ce recueil de « chansons de marche des soldats », que Max Reger utilisa pour composer son ouverture (voir illustration page suivante).

Citer ces mélodies dans le cadre d'une composition sérieuse pour orchestre revenait automatiquement à faire une musique patriotique conforme au nationalisme le plus orthodoxe, mais toute la question était de savoir comment ces représentations conventionnelles du collectif pouvaient s'intégrer au langage forcément idiosyncrasique d'un compositeur moderne. Le rapport de la modernité à la tradition allemande, notamment l'œuvre de Bach, était en fait au cœur du style habituel de Max Reger. Walter Frisch parle à ce propos d'un « modernisme historiciste », qui « tire l'essentiel de son énergie compositionnelle et esthétique non pas d'un désir du nouveau, mais d'un rapport profond et sophistiqué avec la musique du passé[22] ». La manière du compositeur était fondée sur une utilisation virtuose des techniques classiques du contrepoint dans un environnement chromatique sillonné de modulations et conduisant, selon la formule consacrée, aux « frontières de l'atonalité[23] ». Or, dans *Une ouverture patriotique*, il s'agit toujours pour lui de combiner

21. C. SCHOTTLER, « Fünftes Konzert des Bach-Vereines », *Heidelberger Zeitung*, 11 février 1915. Cité dans WILSKE, *Max Reger*, p. 294.

22. Walter FRISCH, « Reger's Bach and Historicist Modernism », *19th Century-Music*, XXV/2-3 (2001-2002), p. 296-312 (p. 296). Walter FRISCH, *German Modernism. Music and the Arts*, collection California Studies in the 20th Century Music, Berkeley – London – Los Angeles : University of California Press, 2005, p. 138-185.

23. Voir Daniel HARRISON, « Max Reger's Motivic Technique: Harmonic Innovations at the Borders of Atonality », *Journal of Music Theory*, XXXV/1-2 (1991), p. 61-92.

46 Soldaten-Marschlieder, Cologne : P. J. Tonger Musik-Verlag.

Document aimablement communiqué par le Max-Reger Institut, Karlsruhe

l'ancien et le moderne, à ceci près qu'il le fait, pour reprendre ses propres termes, dans un esprit « aussi populaire que possible[24] ».

L'œuvre, qui dure une quinzaine de minutes, commence ***pp*** et très lentement, de manière presque dépressive. Il est certes courant qu'une ouverture accumule de l'énergie progressivement, et ce morceau, en finissant sur une apothéose ***ff***, ne déroge pas à la règle. Mais l'entrée en matière morose fait ici tableau, peut-être celui d'un état dégradé de la culture qui, comme c'était l'avis dominant des élites d'alors, devait être surmonté par la passion guerrière. À partir de ce postulat initial, c'est en fait la forme tout entière qui, saisie dans sa trajectoire temporelle, va être investie de sens par le politique. Le geste fondamental est celui d'une lente montée en puissance des citations, autrement dit de la patrie. Et cette organisation bipolaire est d'emblée présente au niveau motivique. L'œuvre, en *fa* majeur, s'ouvre sur un motif descendant très chromatique aux *alti* et à la clarinette, auquel succèdent à la mesure 4, aux *alti*, flûtes et hautbois, les trois premières notes du *Deutschland über alles*.

Exemple 1. Max Reger, *Une ouverture patriotique*, mesures 1-6, ligne d'altos.

Cette bribe inaugurale de citation, qui laisse planer le doute sur son identité, ne tarde pas à être complétée : à la mesure 12, c'est toute la première phrase de Haydn qui est déployée, avec une harmonisation chromatique sur une pédale de dominante de *fa*. Ainsi, l'auditeur est projeté dans la tension entre des matériaux diatoniques associés inscrits dans un système de citations, et des matériaux chromatiques qui ne peuvent être associés qu'à la voix du compositeur, c'est-à-dire à son style musical, dont le chromatisme était l'une des caractéristiques reconnues, et d'ailleurs contestées par la critique hostile.

Le dialogue entre tradition et modernité s'instaure donc d'emblée sur le plan des hauteurs. On remarquera toutefois qu'à ce stade inaugural du parcours narratif les citations n'ont pas pour fonction d'établir des zones de stabilité formelle ou harmonique, comme ce sera le cas vers la fin du morceau. Cela rend la composition nettement moins mécanique que ce schéma sémantique bipolaire. Deux mesures après le chiffre 2, l'apparition du choral *Nun danket alle Gott*, loin de s'imposer comme un geste d'exposition, n'est qu'une formule cadentielle qui sert à établir une modulation, en l'occurrence vers *la* majeur. Pour leur part, les matériaux non issus des citations, loin de se borner à un rôle signifiant par défaut, ont une fonction syntaxique essentielle. Ils sont souvent à la base de gestes asymétriques qui tendent à écarter le soupçon de banalité, par exemple lorsqu'ils produisent les accents irréguliers de la phrase à l'unisson sur laquelle culmine la première section, juste avant que le *Deutschlands Lied* ne soit repris au hautbois avec une broderie aux violons, comme dans une série de variations conventionnelle.

24. Max REGER, lettre à l'Oberbaurat Fritz, 13 octobre 1914. Cité dans WILSKE, *Max Reger*, p. 293.

Exemple 2. Max Reger, *Une ouverture patriotique*, chiffre 17, partie de violons.

Il faut dire que, au-delà des aspects programmatiques, il était difficile de bâtir une dynamique formelle efficace sur la seule base des quatre mélodies citées. Elles sont toutes très simples, en phrases de quatre mesures et rythmes à 4/4, de sorte qu'elles peuvent se superposer et se combiner de multiples manières, tout en donnant l'impression de découler d'une matrice commune. En revanche, elles ne sont pas à l'origine de processus de variation développante, comme c'est le cas de certains des autres thèmes. L'œuvre alterne et articule une écriture motivique dense, typiquement postromantique, et une esthétique du pot-pourri, fondée sur la simple juxtaposition. Pendant les deux premiers tiers environ, les citations sont toujours immergées dans un vocabulaire moderne, comme le rappel d'une subjectivité qui littéralement travaillerait ces matériaux hérités. C'est le cas de tel passage *adagio* au chiffre 12 de la partition, où ressort le *Ich hab' mir ergeben*, ce chant qui annonce ici en toute modestie le don de soi « avec le cœur et avec la main ». Interprétons : je me donne à la patrie, mais je suis présent avec mon moi, mon histoire, mes états d'âme, ma sensibilité. C'est ce que développe une lente montée par accumulation fondée sur l'un des thèmes les plus typiquement regeriens qui, au moment du climax, va réapparaître à la basse lors de l'entrée de l'orgue et d'un deuxième groupe de trompettes et trombones hors scène :

Exemple 3. Max Reger, *Une ouverture patriotique*, 12 mesures après le chiffre 2, parties de cuivres et orgue.

Ces instruments jouent le choral *Nun danket alle Gott*, comme si la voix de la religion apparaissait en tant que *deus ex machina* : les cuivres supplémentaires hors scène ne jouant *que* le choral, la sortie du cadre scénique sert à représenter dans l'espace acoustique une dimension sacrée qui vient littéralement d'ailleurs. L'orgue, lui, combine le choral dans les aigus et, à la basse, ce thème regerien ascendant, qui, de mélodie principale qu'il était dans le passage précédent, devient ici fondement et soutien de la voix collective. C'est là que l'orientation formelle globale prend tout son sens – téléologique. En effet, la charpente du finale est intégralement bâtie sur l'imbrication des citations des quatre mélodies, comme en témoigne cette esquisse de Reger pour la dernière section :

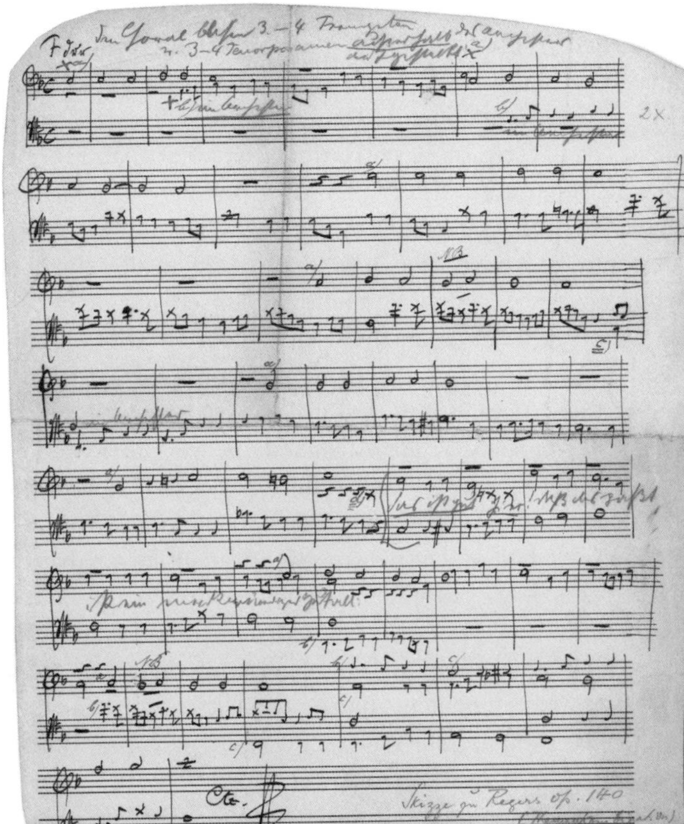

Max Reger, *Une ouverture patriotique*, esquisse.

Reproduit avec l'aimable autorisation du Max-Reger Institut, Karlsruhe

L'esquisse correspond très exactement à la partition définitive. L'orchestration ne s'écarte pas d'un style monumental convenu, avec force trombones aux moments décisifs, et l'entrée spectaculaire de l'orgue. Ainsi, la dialectique initiale entre tradition et modernité cède-t-elle progressivement face à l'affirmation emphatique et unilatérale du patrimoine.

C'est un monde où l'ordre finit par s'imposer en *fa* majeur. Mais l'élément chromatique n'a pas été véritablement vaincu, il n'a fait que se subordonner progressivement à l'élément diatonique. Face à l'appel du patriotisme, la voix personnelle de l'auteur passe au second plan, sans renoncer pour autant à contribuer à l'entreprise commune, dont elle peut même devenir le fondement, c'est-à-dire la basse. À la fin des fins, cependant, toute voix non patrimoniale semble s'estomper, et seule subsiste la combinaison des quatre mélodies de la patrie, qui sont enfin portées jusqu'à leur point culminant : c'est alors, deux minutes avant l'accord final, qu'apparaît pour la première fois la deuxième partie de la mélodie de Haydn. Comme mus par la poussée inexorable du matériau, le symbole national et, à travers lui, la nation elle-même, sont enfin complets.

La fin, en *fa* majeur, *tutti* ***ff***, est assurément une représentation conventionnelle de la victoire de l'Allemagne. S'agit-il pour autant de la victoire de l'armée ? Autrement dit, si l'armée allemande est la destinataire de l'œuvre, en est-elle aussi le sujet ? Rien ne le suggère directement, dans cette pièce patriotique dépourvue d'allusions à la musique militaire. En revanche, la question de la subordination entre le subjectif et le collectif n'est pas purement esthétique, vu précisément le destinataire. Au début de la guerre de 14, l'armée allemande se trouve, elle aussi, confrontée au défi d'articuler l'ancien et le nouveau de manière efficace, comme le montrera sur le front de bataille son recours aux innovations technologiques, y compris les plus meurtrières. L'œuvre de Max Reger s'inscrit ainsi dans la problématique de la modernisation dans son ensemble, qui est à la fois idéologique et technique, et qui, de l'armée aux musiciens, traverse les institutions, les pratiques et les personnes. Les Allemands peuvent alors s'enorgueillir d'avoir une armée moderne qui, tout en capitalisant l'effort massif des citoyens par le biais de la conscription, reste marquée dans l'imaginaire par l'élitisme romantique de figures légendaires telles que Frédéric le Grand, fait de « régiments allant au combat en chantant des hymnes, d'officiers et de soldats entonnant des chœurs de victoire autour de feux de camp[25] ». Le tribut au passé mythifié dans *Une ouverture patriotique* semble être allé bien au-delà de ce que les officiers en charge de la rationalisation de l'armée considéraient alors souhaitable pour le bon fonctionnement interne de celle-ci, quitte à converger avec des images courantes chez des profanes qui, comme Reger, n'avaient sans doute jamais mis les pieds dans une caserne.

Or, c'est un jeu de représentations qui n'avait pas à être complété par la figure d'un ennemi. Dans l'opus 140, il n'y a rien qui ressemble à un antagoniste – et surtout pas selon les termes conventionnels du genre de la bataille musicale, où il est représenté par une mélodie caractéristique, un hymne ou une marche par exemple. Certains s'attendaient tellement à retrouver cette convention qu'ils ont cru véritablement l'entendre, comme ce journaliste réjoui de ce que dans la salle de concert de Heidelberg « nos chers soldats

---

25. Dennis E. Showalter, « Army and Society in Imperial Germany: The Pains of Modernization », *Journal of Contemporary History*, XVIII/4 (octobre 1983) « Military History », p. 583-618 (p. 604).

[*Feldgrauen*] participaient à une bataille musicale dans les balcons supérieurs[26] ! » Mais il n'y a pas de bataille dans la partition. *Une ouverture patriotique* entendait peut-être annoncer une guerre imminente, mais pas représenter la guerre elle-même. C'est peut-être pourquoi, dans ce monde rêvé du patriotisme militariste de septembre 1914, il n'y a pas non plus de souffrance. Et surtout, il n'y a pas de mort. Rien que la célébration fracassante du « nous » mythique de la nation.

Cela dit, dans la musique de Max Reger, la mort n'allait pas tarder à se faire entendre. Les musiques funèbres qu'il composa à cette époque ne parlent pas davantage de l'ennemi, ni du combat, mais, bien entendu, elles parlent de morts, des morts à la guerre. Des morts et de leur présence chez les vivants, comme le dit le poème *Requiem* de Christian Friedrich Hebbel, texte de l'opus 144b :

> Âme, ne les oublie pas,
> Âme, n'oublie pas les morts !
> Vois, ils t'environnent,
> Frissonnants, abandonnés,
> Et, dans les brasiers sacrés
> Que l'amour inspire aux pauvres,
> Ils respirent et se réchauffent,
> Et jouissent une dernière fois
> De leur vie qui va s'éteindre[27].

Le *Requiem* de Max Reger, peut-être l'une des musiques les plus poignantes jamais inspirées par un conflit armé, n'a rien d'une louange en l'honneur du sacrifice héroïque. L'appel au souvenir est dit dans le clair-obscur d'une tristesse qui semble dépourvue de tout lien idéologique avec l'emphase clinquante d'*Une ouverture patriotique*. Seule la persistance stylistique du postromantisme vient rappeler que ces musiques témoignent toutes deux d'une culture qui, dans le courant du XIXe siècle, avait mis au cœur des pratiques musicales une esthétisation du lien entre destin collectif et sentiment *sérieux*. Le compositeur, mort à Leipzig le 11 mai 1916, n'aura pas assez vécu pour sortir de la contradiction existant entre son opus 140 et son opus 144b : la patrie d'un côté, les morts de l'autre, et rien entre les deux, ni ennemi, ni cause, ni explication.

Histoire du soldat de Stravinski

Le 1er septembre 1915, dans le village suisse de Morges, proche de Lausanne, Igor Stravinski composa une brève pièce pour piano intitulée *Souvenir d'une marche boche*. Le manuscrit fut publié en 1916 dans *The Book of the Homeless*, un recueil de poèmes, textes en prose et illustrations, plus deux partitions, édité par la romancière américaine Edith Wharton au bénéfice d'organisations internationales d'aide aux réfugiés – surtout les enfants –, actives

26. C. Schottler. Cité dans Wilske, *Max Reger*, p. 295.
27. Christian Friedrich Hebbel, « Requiem », *Anthologie bilingue de la poésie allemande*, édition établie par Jean-Pierre Lefèbvre, collection Bibliothèque de la Pléiade, Paris : Gallimard, 1993, p. 750.

en France et en Belgique[28]. En tête de cet ouvrage luxueux figurent une lettre du général Joffre louant les États-Unis d'Amérique qui, dit-il, « apportent aujourd'hui à la France, qui combat pour sa liberté, l'aide la plus précieuse et le plus puissant réconfort », et un texte de l'ancien président Theodore Roosevelt rendant hommage aux efforts humanitaires de Mme Wharton[29]. On y trouve des contributions de Maurice Barrès, Sarah Bernhardt, Paul Claudel, Jean Cocteau, Joseph Conrad, Henry James, Maurice Maeterlinck, la comtesse de Noailles, Léon Bakst, Claude Monet, Pierre-Auguste Renoir, Auguste Rodin... ou encore Vincent d'Indy, présent avec un chœur de son opéra antisémite *La Légende de saint Christophe* : « Ô sainte croix qui portas le salut du monde, ta puissance immortelle arrêta le pêcheur sur la route du mal. Et ton charme lui révéla le Ciel, oui, ton charme lui révéla le Ciel, le Ciel, sa future patrie[30]. »

Le ton général est sobre, voire sombre. Il y est question de mort et de souffrance, beaucoup plus que de gloire et de patrie. De Renoir, par exemple, on voit un *Portrait de son fils, blessé au combat*. Dans ce contexte, la contribution de Stravinski est un peu déconcertante, car elle ne concerne en rien les malheurs de la guerre. *Souvenir d'une marche boche* : il s'agit d'une sorte de plaisanterie, la seule de tout le livre. Ou, plus précisément, d'une caricature. Une caricature du militarisme allemand, par le biais d'une caricature de la musique militaire allemande. Si ce n'est que les traits de la musique militaire qui y sont soulignés – le rythme simpliste, l'harmonie sommaire, la mélodie inexistante, le côté pompeux et agressif – n'ont rien de spécifiquement allemands. Le morceau pourrait tout aussi bien s'appeler *Souvenir d'une marche militaire* et viser toutes les armées, ou la guerre elle-même.

À un détail près, et il est d'importance : une citation camouflée du finale de la *Cinquième Symphonie* de Beethoven. Ce qu'il y a de « boche » dans cette musique s'appelle Beethoven. L'antipathie de Stravinski envers l'Allemagne et même sa « haine », déclarée dès septembre 1914 dans des lettres à ses amis français[31], trouve ainsi un symbole musical. Tandis que Brahms, Wagner et leurs successeurs sont bannis des concerts parisiens, Beethoven demeure alors le compositeur préféré des Français, parmi lesquels ces jeunes lecteurs de Romain Rolland partis au front avec « la *Vie de Beethoven* dans les sacoches », quitte à contredire le pacifisme de l'écrivain exilé en Suisse[32]. Le titre *Souvenir d'une marche boche* dit assez que Stravinski va moins au contact avec la réalité du monde qu'avec sa réalité subjective à lui, où convergent ses triomphes parisiens et son nationalisme russe. À propos : un souvenir de quoi exactement ? De quelle marche boche pouvait-il s'agir ? En 1912, lors

28. Voir Edith WHARTON, *The Book of the Homeless. Le Livre des Sans-Foyer : Original Articles in Verse and Prose*, London : Macmillan and Co, 1916, p. 53-56.

29. WHARTON, *The Book of the Homeless*, p. X.

30. WHARTON, *The Book of the Homeless*, p. 63.

31. Voir, par exemple, Igor STRAVINSKI, lettre à Léon Bakst, 20 septembre 1914. Cité dans WATKINS, *Proof through the Night*, p. 140.

32. Esteban BUCH, « "Les Allemands et les Boches" : la musique allemande à Paris pendant la Première Guerre mondiale », *Le Mouvement social*, n° 208 (juillet-septembre 2004) « Musique en politique », p. 45-69.

de son premier voyage en Allemagne, il avait entendu à Berlin son *Petrouchka* et le *Pierrot lunaire* de Schoenberg, pas de la musique militaire ; et qu'une marche ait pu sonner ici ou là au hasard des rues ne change pas l'idée que ce souvenir de Beethoven affublé d'un casque prussien semble tout à fait imaginaire[33].

C'est Léon Bakst, collègue de Stravinski aux Ballets russes qui, pour le convaincre de participer au *Book of the Homeless*, lui avait signalé qu'il serait en « bonne compagnie[34] ». L'argument a dû peser pour que celui-ci donne son manuscrit à cette dame dont on a entrevu le carnet d'adresses. À cela venait peut-être s'ajouter le sentiment du devoir accompli, d'avoir « fait quelque chose ». Ce n'était pas de trop pour un exilé russe qui, ayant construit sa réputation mondiale grâce au public parisien et ayant, par conséquent, de bonnes raisons de se solidariser avec ses amis français, allait passer toute la Première Guerre mondiale en Suisse, où il s'était établi peu avant le début du conflit. On peut croire au plaisir que lui auront causé ces phrases de son admirateur et ami, le critique de la N.R.F. Jacques Rivière, écrites en juin 1918 :

> Je comprends que vous souhaitiez si fort la reconstitution d'un front russe. Vous en êtes un à vous tout seul. Vous prenez l'Allemagne à revers. Vous nous aidez esthétiquement parlant à la maintenir dans cet état de profonde nullité où elle est tombée. Vous percez à jour, vous dégonflez d'un seul coup tout son faux génie, l'énorme ballon de ses velléités artistiques. Par vous et par nous, elle n'est rien. Tenez bon. Vous nous rendez, dès maintenant, un plus grand service que vous ne le pensez peut-être[35].

Le front russe dans l'âme et la musique de Stravinski ne semble pourtant pas avoir pris la forme d'un défi à l'Allemagne, au-delà de ce *Souvenir* somme toute anecdotique. Pendant la guerre, entre autres œuvres de moindre importance, Stravinski travaille à *Noces*, puis à *Renard*, inspiré par des textes russes dont la traduction lui permet de collaborer pour la première fois avec l'écrivain vaudois Charles-Ferdinand Ramuz. C'est avec lui qu'en 1917, il conçoit *Histoire du soldat*, en lui faisant lire quelques contes compilés par Alexandre Afanassiev dont le héros est un soldat de l'armée du tsar Nicolas Ier, à l'époque de la guerre de Crimée – notamment un récit intitulé *Le Déserteur et le Diable*[36]. Le premier synopsis de Ramuz date du 28 février 1918, nombre des esquisses de Stravinski remontent à l'été suivant[37]. L'œuvre est créée à Lausanne le 28 septembre 1918, sous la direction

33. Voir Eric Walter White, *Stravinsky, le compositeur et son œuvre*, traduit de l'anglais par Dennis Collins, collection « Harmoniques. Les goûts réunis », Paris : Flammarion, 1983, p. 40-41.

34. Watkins, *Proof through the Night*, p. 140.

35. Jacques Rivière, lettre à Igor Stravinski, 29 juin 1918. Cité dans Valérie Dufour, *Stravinski et ses exégètes (1910-1940)*, collection Travaux de la faculté de philosophie et lettres de l'université de Bruxelles, Bruxelles : Université de Bruxelles, 2006, p. 141.

36. Alexandre N. Afanassiev, *Le Déserteur et le Diable*. Cité dans Philippe Girard & Alain Rochat, *C. F. Ramuz – Igor Strawinsky. Histoire du soldat. Chronique d'une naissance*, Genève : Slatkine, 2007, p. 261-263.

37. Voir Alain Rochat, « L'évolution du texte de Ramuz. De "Le soldat, le diable et le violon" à *Histoire du soldat* », *Stravinsky's Histoire du soldat : A Facsimile of the Sketches*, édition sous la direction de Maureen A. Carr, Middleton (WI) : A-R Éditions, 2005, p. 27. Voir aussi Robert Craft, « *Histoire du soldat* (The Musical Revisions, the Sketches, the Evolution of the Libretto) », *The Musical Quarterly*, LXVI/3 (juillet 1980), p. 330.

d'Ernest Ansermet, avec des décors d'un ami de Ramuz, le peintre René Auberjonois. Elle sera reprise dans les années 1920 un peu partout, notamment en Allemagne où, avec certes des appréciations contrastées, on y verra volontiers la rupture avec l'opéra wagnérien ou l'annonce du nouveau théâtre musical de Kurt Weill et Bertolt Brecht, mais pas du tout une prise de position reflétant les sentiments du compositeur à l'égard de ce pays[38].

Or, chose curieuse, en Allemagne comme ailleurs on a rarement remarqué que c'est de l'histoire d'un *soldat* qu'il s'agit, qui plus est produite en pleine Première Guerre mondiale. Les traces de ce rapport avec l'actualité semblent avoir été pour ainsi dire brouillées depuis le début, car Stravinski paraît avoir évité pendant des décennies d'identifier son héros à un militaire réel de ce temps-là. Ce n'est qu'en 1962 qu'il dira : « Malgré la neutralité de la pièce à d'autres égards, il était sous-entendu que notre soldat, en 1918, était la victime du conflit mondial alors en cours. L'*Histoire du soldat* demeure ma seule œuvre scénique avec une allusion contemporaine[39]. » Ce pacifisme rétrospectif résumé dans la notion du soldat victime suggère que, chez le compositeur, la conscience de l'inscription historique de l'œuvre s'est accrue avec le temps. Quant à la réception, d'emblée c'est presque exclusivement en tant que variante moderniste de *Faust* qu'*Histoire* a été perçue. « C'est donc quelque chose comme un *Faust* de Goethe, dépouillé de toute spéculation et de toute philosophie[40] » ; c'est « notre petit *Faust* romand[41] », pourra-t-on lire dans la presse suisse au lendemain de sa création. Or, dans le *Faust* de Goethe – qui certes inclut un militaire dans le personnage de Valentin, le frère de Marguerite –, la guerre ne joue aucun rôle. Quel sens pouvait avoir, en 1918 de parler d'un soldat sans parler de la guerre – du moins en apparence ?

La bibliographie relève régulièrement qu'à la date de la conception de cette œuvre, Stravinski avait besoin d'argent parce que la guerre, puis la révolution d'Octobre, l'avaient coupé de ses revenus allemands et de son patrimoine russe. Ramuz et lui auraient ainsi misé sur la viabilité commerciale d'un théâtre itinérant animé par une petite troupe de musiciens et de chanteurs-acteurs, de sorte que la nouveauté formelle de cette œuvre serait bien due à la guerre, mais, pour ainsi dire, par défaut. Les récits autobiographiques ajoutent que le projet avait aidé le compositeur à surmonter la nouvelle de la mort du typhus d'un frère engagé dans l'armée russe sur le front roumain. Et aussi qu'il était, selon ses termes, « écœuré de la monstrueuse paix de Brest-Litovsk et profondément humilié

38. Voir Joan Evans, « "*Diabolus triumphans*" : Stravinsky's *Histoire du soldat* in Weimar and Nazi Germany », *The Varieties of Musicology. Essays in Honor of Murray Lefkowitz*, sous la direction de John Daverio & Murray Lefkowitz, collection « Detroit Monographs in Musicology, Studies in Music », Warren (MI) : Harmonic Park, 2000, p. 175-185.

39. Robert Craft & Igor Stravinski, *Expositions and Developments*, London : Penguin Books, 1962, p. 102. Cité dans Watkins, *Proof through the Night*, p. 147.

40. Édouard Combe, *Gazette de Lausanne*, 29 septembre 1918. Cité dans Girard & Rochat, *C. F. Ramuz – Igor Strawinsky*, p. 332.

41. LS [Luigi Stubbe], *La Revue. Organe du parti démocratique et fédéraliste vaudois*, 2 octobre 1918. Cité dans Girard & Rochat, *C. F. Ramuz – Igor Strawinsky*, p. 338.

dans [s]es sentiments patriotiques[42] ». Cela dit, ce qui reste des contes d'Afanassiev dans *Histoire* est dépouillé de toute allusion au contexte d'origine, de sorte que les traces de la composante nationaliste russe dans la genèse ne sont pas perceptibles dans l'œuvre achevée.

Ce processus se reflète dans les hésitations autour de la caractérisation du soldat sur scène. Dans *Chroniques de ma vie* Stravinski parle d'un « costume uniforme de coupe russe » qu'il aurait tout d'abord envisagé, dans la lignée de *Noces*[43]. Or, un mois avant la création, le peintre Auberjonois écrit au compositeur : « Je renonce aux costumes néo-russes – cela ne va pas – cela donne au décor un air vaguement oriental qui n'est pas [du cadre] de la pièce[44] ! » Mais déjà en mai un ami de Ramuz pouvait dire à un acteur pressenti pour le rôle de Joseph : « Le soldat porte le costume qu'on représente sur les paquets de caporal vaudois[45] », une marque de tabac. En 1929, l'écrivain racontera : « Tout de suite, j'avais songé à ces pantalons de basane que portaient alors nos soldats du train (dits tringlots), et il ne pouvait pas ne pas être admirable de faire asseoir un de ces soldats-là avec son sac de poil au bord d'un de nos ruisseaux tout en le supposant au cœur de la Russie, de le faire jouer du violon comme si l'instrument avait officiellement figuré dans le paquetage fédéral[46]. » Au lendemain de la création, le compositeur Gustave Doret résumait dans le *Journal de Genève* l'impression causée par le personnage, finalement incarné par Gabriel Rosset :

> Le soldat de M. C. F. Ramuz est suisse ; il est même vaudois par son allure et son accent du terroir très précisé ; bien plus, son uniforme de parfaite ordonnance d'avant-guerre le place dans le cadre de sa terre natale ; ainsi les décors localisés le veulent aussi. Ce soldat suisse devient en fait le héros d'une légende essentiellement slave dont jamais, je pense, les racines ne se prolongèrent jusqu'à nous[47].

Quelque chose de ce rapport oblique avec l'actualité se reflète également dans le choix des instruments. « Strawinsky, de son côté – écrit encore Ramuz –, avait fait une large place dans son petit ensemble musical au trombone et au cornet à pistons, chers à toutes nos fanfares ; une plus large encore à la grosse caisse, la caisse plate, aux tambours, aux cymbales, qu'elles n'affectionnent pas moins[48]. » Cette instrumentation évoque non seulement les musiques militaires, mais encore les bandes des fêtes foraines, qu'on peut déjà

42. Igor Stravinski, *Chroniques de ma vie*, 2 volumes, Paris : Denoël, 1935 ; nouvelle édition, Paris : Denoël, 1962, p. 93.
43. Stravinski, *Chroniques de ma vie*. Cité dans Jeremy Cox, « "Le Théâtre forain" : Historical and Stylistic Connections between *Parade* and *Histoire du soldat* », *Music & Letters*, LXXVI/4 (novembre 1995), p. 581.
44. René Auberjonois, lettre à Igor Stravinski, 28 août 1918. Cité dans Girard & Rochat, *C. F. Ramuz – Igor Strawinsky*, p. 220.
45. Gaston Bridel, lettre à Paul Robert, 16 mai 1918. Cité dans Girard & Rochat, *C. F. Ramuz – Igor Strawinsky*, p. 217.
46. Charles-Ferdinand Ramuz, *Œuvres complètes*, vol. XIV, Genève : Slatkine, 1986, p. 63 (*Souvenirs sur Igor Strawinsky*, 1929).
47. Gustave Doret, *Journal de Genève*, 4 octobre 1918. Cité dans Girard & Rochat, *C. F. Ramuz – Igor Strawinsky*, p. 339.
48. Ramuz, *Œuvres complètes*, vol. XIV, p. 63 (*Souvenirs sur Igor Strawinsky*, 1929).

entendre dans *Petrouchka*. Peut-être ce choix marque-t-il le dernier point où, à l'orée du XXe siècle, l'histoire de la fête croise encore celle de la guerre. Stravinski devait en outre associer cette formation instrumentale à sa découverte du jazz – l'une des trois danses d'*Histoire* est un ragtime –, dont on lie souvent la vogue en Europe aux troupes américaines, même si cela n'apparaît pas dans les souvenirs du compositeur[49].

Cela dit, pour ce qui est du lien avec la guerre, le principal demeure bien sûr le fait qu'il s'agit de l'histoire d'un soldat. Rappelons le début : Joseph part en permission, et sur la route « entre Denges et Denezy » – deux vrais villages du canton vaudois – il rencontre le Diable. En échange d'un livre magique qui lui révèle l'avenir, il lui vend son âme, représentée par son violon. Le Diable lui propose de venir passer trois jours chez lui, nourri et logé à corps de roi. En fait, il n'arrivera que trois ans plus tard dans son village, où sa fiancée le rejette et sa mère le prend pour un fantôme. Désormais il est un déserteur, et le Diable, pour l'obliger à respecter leur pacte, lui rappelle dans un dialogue que le peloton d'exécution l'attend s'il s'avise de retourner au régiment, avant de lui faire échanger son uniforme contre des habits civils :

> LE DIABLE
> Parlons sérieusement,
> Qu'est-ce que tu vas faire, à présent ?
>
> *Il vient se placer en face du soldat qui se détourne encore.*
>
> LE SOLDAT
> Je vais rentrer au régiment.
>
> LE DIABLE, *même jeu, et comme si, à chaque tentative du soldat de lui échapper, il lui barrait le chemin.*
> On t'attachera à un pieu
> Avec le bandeau sur les yeux.
>
> LE SOLDAT, *même jeu.*
> Je saurai toujours retourner la terre.
>
> LE DIABLE, *même jeu.*
> Et l'autorité militaire !
>
> LE SOLDAT
> Je vais aller, aller, aller...
>
> LE DIABLE
> Si ça te donne de quoi manger[50] !

Les mots « on t'attachera à un pieu/avec le bandeau sur les yeux » étaient une sorte de mise à jour de la punition décrite dans le conte d'Afanassiev, où le Soldat berné par le Diable s'interroge : « Que devenir à présent ? Si je retourne au régiment, on me fera

49. Voir Barbara B. HEYMAN, « Stravinsky and Ragtime », *The Musical Quarterly*, LXVIII/4 (octobre 1982), p. 552.

50. Charles-Ferdinand RAMUZ, *Le Soldat, le violon, le diable. Histoire lue, jouée, mimée et dansée*, quatrième version manuscrite et première dactylographiée. Cité dans GIRARD & ROCHAT, *C. F. Ramuz – Igor Strawinsky*, p. 284-285.

fouetter par deux rangées de soldats[51]. » Ce traitement peut sembler relativement bénin, vu l'extrême dureté de la vie des soldats du tsar au XIXe siècle, où jusqu'à l'établissement de la conscription en 1874, l'enrôlement, fondé sur des quotas par village, signifiait souvent pour un jeune paysan ne plus jamais retourner chez lui ; peut-être était-il dans l'intérêt de l'armée russe de ne pas multiplier les exécutions des déserteurs[52]. En tout cas, pendant la Grande Guerre, dans la plupart des armées la désertion était punie de mort, comme dans le texte de Ramuz, mais seulement lorsqu'elle avait lieu en présence de l'ennemi[53]. Ce n'est pas le cas dans *Histoire du soldat* ; peut-être Ramuz a-t-il exagéré le châtiment afin de le rendre plus cruel ou plus inique. Pour la création l'écrivain rajoutera encore à son manuscrit, avant la phrase sur le pieu et le bandeau, cette didascalie pour le Diable : « *Il fait le geste de viser*[54]. »

C'est que, vu du lac Léman en 1918, déserter n'est pas forcément si mal que ça. Pour l'autorité militaire, bien sûr, la désertion est toujours un acte gravissime, mais pas forcément pour le fondateur des *Cahiers vaudois*, la revue née à son retour de Paris au printemps 1914, où la neutralité est souvent fustigée[55]. En effet, la Suisse est neutre, mais les forces armées sont mobilisées depuis le 3 août 1914 et les troupes de la région surveillent la frontière avec la France.

> La neutralité, l'indépendance et l'intégrité de la patrie ont pour condition la ferme résolution de notre peuple de repousser par la force des armes toute attaque étrangère, d'où qu'elle vienne, déclare alors le Conseil fédéral de la Confédération helvétique. Sûrs de cette puissante volonté du peuple suisse, nous avons mobilisé hier l'armée, élite, landwehr et partie du landsturm. Nous avons voulu par là dès le premier jour, être en état d'opposer notre armée entière à toute tentative de violation de notre territoire[56].

Si le chemin d'un soldat « entre Denges et Denezy » a un sens, c'est bien celui de quelqu'un affecté à la défense du territoire suisse face à l'armée française, car Denges se trouve près de Lausanne et Denezy est situé dans l'arrière-pays, à une quarantaine de kilomètres. Dans son premier manuscrit, Ramuz avait d'ailleurs fait marcher le Soldat « de Denges à Chevilly », un autre village de la région, un peu moins éloigné, et au nom assurément moins consonant[57].

---

51. AFANASSIEV, *Le Diable et le Déserteur*. Cité dans GIRARD & ROCHAT, *C. F. Ramuz – Igor Strawinsky*, p. 262.
52. Voir Walter M. PINTNER, « The Burden of Defense in Imperial Russia, 1725-1914 », *Russian Review*, XLIII/3 (juillet 1984), p. 231-259. Voir aussi John BUSHNELL, « Peasants in Uniform: The Tsarist Army as a Peasant Society », *Journal of Social History*, XIII/4 (été 1980), p. 565-576.
53. Voir Leonard V. SMITH, « The Disciplinary Dilemma of French Military Justice, September 1914-April 1917 : The Case of the 5e Division d'Infanterie », *The Journal of Military History*, LV/1 (janvier 1991), p. 47-68.
54. Je remercie Alain Rochat pour ses précisions sur ce point.
55. Voir Georges-Paul COLLET, « C.-F. Ramuz, écrivain suisse romand », *PMLA*, LXXVII/5 (décembre 1962), p. 641.
56. Déclaration du Conseil fédéral du 3 août 1914. Cité dans Gordon E. SHERMAN, « The Neutrality of Switzerland », *The American Journal of International Law*, XIII/2 (avril 1919), p. 233.
57. Voir CRAFT, « *Histoire du soldat* », p. 333. Voir aussi GIRARD & ROCHAT, *C. F. Ramuz – Igor Strawinsky*, p. 273.

Or, le Russe Stravinski est francophile et germanophobe, et Ramuz le Vaudois, qui avant la guerre a longtemps baigné dans le monde intellectuel parisien, a lui aussi une nette préférence pour les alliés. « Francophile, [Ramuz] souffre d'être condamné à l'inaction, sur le plan politico-militaire à cause de la neutralité de la Suisse (alors que le pays est divisé, selon les appartenances linguistiques) », écrivent Philippe Girard et Alain Rochat[58]. L'attitude de l'écrivain, lui-même caporal, est commune à la plupart des Suisses francophones et contraire à celle des Suisses alémaniques qui se trouvent alors aux commandes de l'armée helvétique. Le commandant en chef, Conrad Ulrich Sigmund Wille, est né à Hambourg en 1848, il s'est formé à Berlin dans l'armée prussienne et il est marié avec une fille de Bismarck ; en juillet 1915, il a proposé l'entrée en guerre aux côtés des puissances centrales, menant ainsi la Confédération au bord de l'éclatement. On peut donc penser qu'en 1918, le refus d'un soldat de surveiller la frontière française est moralement acceptable aux yeux de quelqu'un comme Ramuz qui, peu après l'armistice, écrira à Élie Faure : « Nous, les Romands, représentons malgré tout la France en dehors de ses frontières politiques[59]. »

Du reste, qu'on soit suisse, français ou allemand, au moment où le projet de cette œuvre voit le jour on est à la fin de la guerre, et plus personne ne croit aux clairons héroïques de 1914. Le dialogue sur le peloton d'exécution, présent dès les premières versions de l'œuvre, ne figurera pas dans la version que Ramuz publiera en 1920 dans les *Cahiers vaudois*, pas plus que dans la partition éditée à Londres en 1924[60]. « Qu'est-ce que tu vas faire, à présent ? », demande le Diable, en obtenant pour seule réponse le silence du Soldat. Peut-être qu'une fois la guerre finie a-t-on jugé malvenu d'insister sur le fait que le héros était un déserteur, mais la suppression atténuait d'autant la possibilité de faire le lien entre l'histoire d'un soldat quelconque et la grande histoire tragique que l'on venait de vivre.

Il va de soi, cependant, que cette modification n'exprime pas une volonté de supprimer la référence à l'armée elle-même, car *Histoire d'un soldat* ne peut fonctionner que si le Soldat devient un ex-soldat, tout en restant jusqu'à la fin quelqu'un qui cherche à *cesser d'obéir*. Le Diable le menace de l'autorité militaire seulement pour utiliser le dressage disciplinaire à ses propres fins, c'est-à-dire l'enrichissement dans les affaires grâce à la triche du livre magique, bref la corruption capitaliste. Joseph est un déserteur malgré lui. Mais peut-on dire que, lorsqu'on cède aux avances du diable, on le fait malgré soi ? Le héros est-il une victime ? Peut-être Joseph avait déjà envie de déserter *avant* de rencontrer le Diable. Peut-être que la Princesse qu'il guérira de la mélancolie en lui jouant un tango en sa qualité de « soldat-médecin » – scène où l'on pourrait voir les prémices symboliques de la musicothérapie – était plus proche de la femme de ses rêves que sa modeste fiancée.

58. GIRARD & ROCHAT, *C. F. Ramuz – Igor Strawinsky*, p. 16.

59. Charles-Ferdinand RAMUZ, lettre à Élie Faure, 20 septembre 1919. Cité dans COLLET, « C.-F. Ramuz, écrivain suisse romand », p. 637.

60. Je remercie Alain Rochat pour ses précisions sur ce point. Charles-Ferdinand RAMUZ & Igor STRAVINSKI, *Histoire du soldat* (1924), London : Chester Music, 1987.

Bref, on peut tout autant soutenir que l'œuvre est une représentation du dilemme moral d'un soldat vaudois face à la Grande Guerre, qu'y voir un conte russe parlant de tout sauf de cette guerre-là. La musique de Stravinski, en détournant des genres tels que la marche, le ragtime, la valse ou le tango, se retrouve au cœur de cette esthétique de l'ambiguïté. Vers la fin, par exemple, le triomphe passager du Soldat et de la Princesse sur le Diable est célébré par un étrange *Grand Choral* qui n'est autre chose qu'une élaboration de *Ein feste Burg* de Luther, ce symbole archi-allemand déjà rencontré dans *Une ouverture patriotique* de Reger. Le traitement que lui réserve Stravinski est assez peu révérencieux, comme celui réservé à Beethoven dans *Souvenir d'une marche boche*, mais rien d'autre dans le contexte musical ou dramaturgique n'incite à y voir une allusion anti-allemande ; selon Watkins, « la version déformée par Stravinsky de l'hymne de Luther ne fait que refléter le chaos moral qui traverse toute la période de la guerre[61] ». Virant de marche nuptiale à musique d'église tournée en parodie, on ne sait si elle dit l'illusion de croire que l'amour triomphe, ou celle de penser que les prêches peuvent détourner les hommes de leur destin. En tout cas, le *happy end* n'est qu'un leurre, car le Soldat va succomber *in extremis* au désir de retourner dans son village pour revoir sa mère, ce qui causera sa perte, scellée par la *Marche triomphale* du Diable. « On n'a pas le droit de tout avoir / C'est défendu », dit alors le narrateur. On peut trouver cette conclusion bien sage, presque lacanienne. Pour l'avoir enfreinte, le soldat Joseph, le déserteur Joseph, finit par périr, quelque part sur une route de la fin de la Grande Guerre, à une distance du front qu'on ne saura jamais évaluer avec précision.

En cela, il était et il n'était pas comme Igor Stravinski. Car Stravinski, lui, est un homme qui aura bien tenté de tout avoir, et qui entre 1914 et 1918, au-delà de ses chagrins intimes, semble l'avoir obtenu : l'engagement et la neutralité, l'objectivation et l'expression, la citation et son détournement, la présence et l'exil. Pendant les répétitions d'*Histoire du soldat*, il avait un moment envisagé de danser lui-même ce solo de percussion qui à la fin, pour dire la victoire du Diable, s'estompe dans un *pianissimo*[62]. À condition de ne pas figer le compositeur dans cette incarnation du mal, qu'il n'aura habité qu'en jouant, voilà qui aurait sans doute constitué une belle icône de son cheminement sur le fil du rasoir des décombres de l'Europe. Pendant la Grande Guerre, la musique et la figure de Stravinski circulent entre toutes les positions, sans se laisser fixer par une quelconque métaphysique des profondeurs : ni celle de la nation, ni celle de l'héroïsme, ni celle de la mort. C'est cela qui donne à *Histoire du soldat* l'intensité singulière d'un regard oblique sur le désastre.

61. WATKINS, *Proof through the Night*, p. 151. COX, « "Le Théâtre forain" », p. 589.

62. Voir les lettres de Ramuz à Auberjonois (5 septembre 1918) et à Stravinski (sans date). Cité dans Charles-Ferdinand RAMUZ, *Lettres, 1900-1918*, Lausanne : Clairefontaine, 1956, p. 363 et 367.

Sinfonia germanica d'Erwin Schulhoff

La Première Guerre mondiale inspira nombre de musiques funèbres, comme le *Requiem* de Reger ou, là encore avant la fin, *Le Tombeau de Couperin* de Ravel, dédié à ses camarades morts au front. Mais, face à l'ampleur de la catastrophe, d'autres trouvèrent la manière d'en tirer les conséquences sous la forme d'une musique critique. D'une certaine manière, le soldat *Wozzeck* d'Alban Berg, inspiré d'une pièce de Büchner remontant aux débuts du XIXe siècle, est une épave psychologique de la Grande Guerre que le compositeur avait traversée, d'abord avec enthousiasme puis, suite à son enrôlement, avec dégoût et désolation. Mais la pointe la plus acérée est bien sûr venue de Dada : déjà en 1916, Richard Huelsenbeck avait chanté au cabaret Voltaire de Zurich une *Totentanz* de Hugo Ball. Dans cette *Danse macabre*, sur l'air de la vieille *Dessauer Marsch* devenue chanson à boire, avec le vers « *So leben wir* » (« Voilà comment nous vivons ») le *poète-performer* lançait un grinçant « *So sterben wir* » (« Voilà comment nous mourons »), pour dénoncer les vertiges de la boucherie : « La bataille est notre maison close / Notre soleil est de sang[63]. » En 1919, Erwin Schulhoff (1894-1942), un jeune compositeur de Prague qui venait de se battre avec l'armée autrichienne sur les fronts russe et italien, présentera au sein d'un cercle d'artistes dadaïstes de Dresde incluant notamment George Grosz, l'un de ses curieux « opus extra », la *Sinfonia germanica*.

Cette *Sinfonia germanica* cite le *Deutschland über alles* tout juste devenu officiellement l'hymne national pour faire entendre un discours politique sur l'Allemagne contemporaine. C'est bien le seul point commun avec Reger. Dans son journal, Schulhoff avait confié son désir de produire une œuvre issue « des décombres et des immondices de l'Europe[64] ». Le morceau en question, malgré son titre de symphonie, dure moins de deux minutes et met en scène un personnage. Il s'agit d'une parodie féroce du discours nationaliste, qui commence par une fanfare « programmatique » sur *dadadadadaaaa*, et qui ensuite, sur la mélodie de Haydn, en appelle au retour de l'empereur Guillaume pour que « nous tous, hommes allemands, mourr[i]ons volontiers de la mort des héros[65] ». Les portées de la partition correspondent de haut en bas à la tête, la main gauche, le pied droit, le pied gauche, la main droite et le nez de l'interprète, qui peut être accompagné par un instrument, par exemple un piano ; dans le disque de l'Ebony Band d'Amsterdam dirigé par Werner Herbers, qui exhuma la pièce en 1993, on entend en outre une *Marseillaise* sortant d'un phonographe, déformée et lointaine, comme un ennemi réduit à un pur fantasme technologique. Pendant que les membres effectuent des gestes et sons divers et variés,

63. Watkins, *Proof through the Night*, p. 222.

64. Erwin Schulhoff, *Journal*. Cité dans Elbony Band Amsterdam, *Erwin Schulhoff, Solo & Ensemble Works, vol. II*, Channel Classics, 1997, notice introductive du disque compact CCS 9997.

65. Voir Christian Utz, « „Aller Ernst ist Verblödung". Ironie und Montage in der Musik Erwin Schulhoffs », mémoire, Hochshule für Musik und darstellende Kunst, Wien, 1995 ; travail revu en 2004, p. 97 et suivantes. Publication disponible en ligne : www.christianutz.net/html/research/publi/Utz_Schulhoff1995.pdf.

« la tête » chante l'hymne à tue-tête, « comme au garde-à-vous (avec une expression de nostalgie) ».

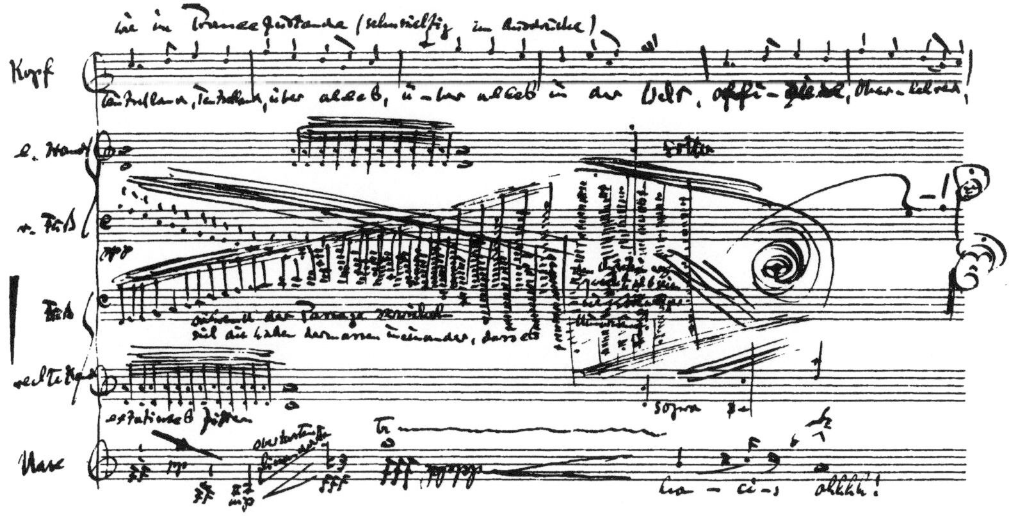

Erwin Schulhoff, *Sinfonia germanica*, détail.

On peut penser qu'entre la *Troisième Symphonie* de Vincent d'Indy ou *Une ouverture patriotique* de Max Reger, d'une part, et la *Sinfonia germanica* d'Erwin Schulhoff, de l'autre, il y a un monde de distance – un monde de différences stylistiques, techniques, idéologiques, historiques. Et pourtant, c'est le même monde, à quelques notes de musique et dix millions de morts près.

Nadia Boulanger et le Comité franco-américain du Conservatoire (1915-1919)

Alexandra Laederich

À partir de l'automne 1915, Nadia Boulanger et sa sœur Lili Boulanger ont participé très activement à l'effort de la nation pour venir en aide aux soldats français et tout particulièrement aux musiciens. Elles furent les instigatrices et les animatrices d'une structure nommée le Comité franco-américain du Conservatoire par le biais duquel elles sont entrées en contact avec la plupart des élèves et anciens élèves du Conservatoire, mobilisés ou non mobilisés, afin de leur apporter un soutien moral et matériel bien souvent salutaire. Leur dessein était de rétablir un lien entre les musiciens et de tenter de diffuser des nouvelles des uns et des autres, pour adoucir un peu la solitude et l'angoisse, et, lorsque cela était possible, pour leur venir en aide matériellement ou financièrement. La relation s'est faite dans l'écrit : elles ont envoyé lettres et colis en grande quantité, et ont reçu des réponses à profusion. Elles ont surtout eu l'idée de créer un journal de liaison intitulé *Gazette des classes du Conservatoire*, sorte de tribune ouverte aux musiciens[1].

Cette aide aux artistes français, financée par des dons américains, s'inscrit dans un élan de solidarité internationale dont les bienfaits se firent sentir dès le début de la guerre. Nadia Boulanger sut mener de main de maître cette action, prenant le relais de sa sœur malade, s'entourant d'un secrétariat efficace et d'un trésorier habilement choisi. Les répercussions ultérieures sur sa carrière furent nombreuses – notamment aux États-Unis[2].

1. Les archives sont conservées pour l'essentiel au département de la Musique de la Bibliothèque nationale de France : lettres de musiciens, collection de la *Gazette*, liste des envois et documents divers, sous les cotes Rés. Vm. dos. 0088 (01) à (11). Voir aussi parmi les volumes N. l. a. 50 à N. l. a. 118 de la correspondance reçue par Nadia Boulanger. Une collection de la *Gazette* est conservée à la médiathèque du Conservatoire national supérieur de musique de Paris sous la cote Rm 321 (1) à (11). Les archives du ministère de la Guerre conservent probablement cette même collection puisqu'un exemplaire devait être envoyé au bureau de la presse de ce ministère avant parution.

2. Cet aspect a fait l'objet d'une communication lors du colloque « Nadia Boulanger and American Music » tenu les 7, 8 et 9 octobre 2004 à l'université de Boulder (Colorado) : Alexandra Laederich, « The Franco-Américain Committee and the Beginnings of the American Conservatory at Fontainebleau (1919-1921) ».

Après avoir tracé les étapes constitutives du Comité franco-américain, nous étudierons son mode de fonctionnement, puis nous présenterons son organe : la *Gazette des classes du Conservatoire*.

Les étapes constitutives du Comité franco-américain

L'idée de constituer un réseau d'aide entre musiciens du Conservatoire est venue des artistes plasticiens de l'École des beaux-arts à Paris. Dès le mois de novembre 1914, l'école fut le siège du Comité des étudiants américains de l'École des beaux-arts. L'architecte américain Whitney Warren, ancien élève des Beaux-Arts et membre correspondant de l'Institut, en était le président. Dans un document d'archive de l'École des beaux-arts, on peut lire que « dès la déclaration de guerre [Whitney Warren] a tout quitté pour venir se mettre au service de notre cause. En dehors de sa propagande personnelle qui a contribué pour une large part à l'entrée en guerre des États-Unis, il a fondé à l'école le Comité américain et les Gazettes[3]. »

Cette action mise en place par les artistes plasticiens fut non seulement le modèle sur lequel se sont appuyées Nadia et Lili Boulanger, mais il en fut aussi le garant du succès, grâce à la personnalité de Whitney Warren. Le lien entre l'École des beaux-arts et le Conservatoire s'est fait par le biais d'un architecte français, Jacques Debat-Ponsan, Prix de Rome et pensionnaire à la villa Médicis en même temps que Lili Boulanger, en 1914. Ayant remporté le prix de Rome en juillet 1913, Lili Boulanger était autorisée à séjourner à Rome à partir de février 1914 pendant au moins deux ans, mais elle n'y passa finalement que peu de temps, en partie à cause de la guerre, mais surtout parce que sa santé fragile l'en empêcha. Première femme grand prix de Rome de composition musicale, Lili Boulanger n'était cependant pas la première femme pensionnaire puisque Lucienne Heuwelmans, sculpteur, a séjourné à Rome au même moment qu'elle. Mais son jeune talent, sa musique prometteuse et l'impact médiatique du prix de Rome de composition musicale avaient fait d'elle une personnalité très remarquée. Son premier séjour s'est déroulé de mars à juillet 1914, dans l'ambiance studieuse et bon enfant de la villa Médicis où la musicienne est appréciée par ses camarades.

Nadia Boulanger est elle aussi très en vue sur la scène musicale parisienne, à la fois comme compositeur et comme interprète. Elle-même candidate au prix de Rome de composition musicale, elle n'a toutefois obtenu qu'un second grand prix, ce qui ne l'a pas autorisée à séjourner à Rome. Organiste et pianiste, elle a déjà donné de nombreux concerts avec des artistes renommés, et tout particulièrement avec le pianiste Raoul Pugno. À cette époque, ils ont composé ensemble un opéra sur un livret adapté à leur intention par le célèbre poète italien Gabriele d'Annunzio d'après son drame *La Ville morte*[4].

3. F-Pan : AJ52 (805), associations diverses : Comité des étudiants américains.

4. Voir à ce sujet Alexandra Laederich, « L'étrange destin de *La Ville morte* de Nadia Boulanger et Raoul Pugno », *D'Annunzio musico imaginifico, Atti del Convegno internazionale di studi*, sous la direction d'Adriana

D'avril à mai 1914, Nadia Boulanger rejoint sa sœur à Rome où elle se mêle à la vie des pensionnaires : Claude Delvincourt (compositeur), Jacques Debat-Ponsan et Roger Séassal (architectes), Lucienne Heuwelmans, Armand Martial et Louis Lejeune (sculpteurs), Jean Dupas et Pierre Bodard (peintres), Jules Piel (graveur). Le retour de Lili Boulanger à Paris a lieu le 1er juillet suivant, grâce à une autorisation spéciale de l'Académie des beaux-arts, car son absence de la villa Médicis n'était pas prévue par le règlement[5]. Mais la déclaration de guerre le 3 août 1914 retient la musicienne à Gargenville, où se trouve la maison de campagne familiale, puis à Paris.

Les agendas de Lili Boulanger indiquent des rencontres à Paris dès janvier 1915 avec Jacques Debat-Ponsan[6]. C'est probablement lui qui établit le contact avec Whitney Warren. Les différentes démarches sont relatées dans la lettre envoyée le 23 septembre 1915 à chaque membre de la section musicale de l'Institut, dans l'espoir qu'ils acceptent d'appartenir au comité d'honneur du nouveau groupement :

> D'anciens élèves américains de l'école des Beaux-Arts ont fondé sous la présidence de Monsieur Whitney Warren, de l'Institut, un Comité qui a rendu les plus grands services à leurs camarades mobilisés. D'une part, une gazette leur permet de rester en communication, d'autre part, des envois de toute nature leur sont faits. Ayant su par des pensionnaires de la villa Médicis quelle joie morale et quel soutien matériel ils en avaient eu, nous avons pensé qu'il serait à souhaiter que les compositeurs pussent bénéficier de cette solidarité. Dans ce but, nous avons été voir Monsieur Whitney Warren pour lui demander s'il ne serait pas possible de réunir aux élèves de l'école des Beaux-Arts, les élèves de composition du Conservatoire, puisqu'ils sont appelés à vivre en commun à Rome. Monsieur Warren, avec une grande bonté, une grande spontanéité a pris notre projet sous son patronage et adjoint aux sections jusqu'alors réservées aux arts plastiques, une section musicale de laquelle nous restons chargées. Il voudrait faire aussitôt que possible aux États-Unis, la propagande qui amènera les fonds nécessaires à la réalisation de ce projet – mais estime que pour bien aboutir, il faudrait qu'il soit entouré par les grands musiciens français, membres de l'Institut – c'est pourquoi nous nous permettons de venir vous prier, cher maître, en son nom et au nôtre, de bien vouloir faire partie du comité d'honneur[7].

Les noms de Nadia et Lili Boulanger ne sont pas inconnus des membres de la section musicale – parmi lesquels se trouvent de vrais amis, tels Gabriel Fauré (directeur du Conservatoire, professeur de Nadia Boulanger, proche de la famille depuis des années), Paul Vidal (professeur de composition au Conservatoire qui habite le même immeuble que les deux sœurs, 36 rue Ballu à Paris) et Charles-Marie Widor (secrétaire perpétuel, professeur de composition de Nadia Boulanger)[8]. Leur adhésion fut immédiate : la notoriété des sœurs Boulanger explique en partie cette confiance, la recommandation de Whitney Warren en constitue l'autre raison. Fortes de cet accord, elles entrent en contact

GUARNIERI & Fiamma NICOLODI & Cesare ORSELLI, actes du colloque tenu les 14, 15 et 16 juillet 2005, Firenze : Leo S. Olschki, 2008, p. 183-199.

5. Voir Jérôme SPYCKET, *À la recherche de Lili Boulanger : essai biographique*, Paris : Fayard, 2004, p. 241-242.

6. Voir F-Pn : département de la Musique, Rés. Vmf. ms. (115).

7. Nadia et Lili BOULANGER, lettre aux membres de la section musicale de l'Institut. F-Pn : département de la Musique, Rés. Vm. dos. 0088 (02).

8. Pour avoir la section complète, il faut ajouter les noms de Gustave Charpentier, Camille Saint-Saëns, Théodore Dubois (directeur honoraire du Conservatoire) et Émile Paladilhe.

avec celui qui deviendra le trésorier du comité en gestation, le compositeur américain Blair Fairchild. Ayant étudié la composition à Harvard, Fairchild est installé en France depuis 1905 où il a travaillé avec Widor. Il habite Avon, près de Fontainebleau, non loin de la propriété de l'éditeur de quelques-unes de ses œuvres, Jacques Durand. Il est de dix ans l'aîné de Nadia Boulanger. Un échange de courriers débute entre eux en octobre 1915[9] et, dès cette date, leur engagement personnel ainsi que leur sens du contact et de l'organisation seront mis au service du comité.

Nadia et Lili Boulanger peuvent alors contacter leurs camarades : par une lettre circulaire en date du 5 octobre 1915, elles font part de leur décision de créer un réseau entre les musiciens, par le biais d'une gazette qui permettra de donner des nouvelles aux uns et aux autres. « Notre Comité a pour but : d'assurer les combattants de notre solidarité absolue, de s'occuper d'eux moralement et matériellement, de leur procurer la tranquillité d'esprit nécessaire à l'accomplissement de tout leur devoir devant l'ennemi en leur donnant la certitude que les êtres qui leur sont chers ne resteront pas loin d'eux dans la détresse sans nous trouver prêts à les secourir[10]. » Du côté américain, une souscription lancée par Whitney Warren et Blair Fairchild permet de collecter des fonds dans plusieurs grandes villes des États-Unis et de réunir des sommes très importantes distribuées entre les musiciens français que la guerre a le plus durement affectés.

Le fonctionnement du Comité franco-américain du Conservatoire

Aucun texte juridique tels que des statuts associatifs ne règle l'activité du comité qui n'a pas de conseil d'administration, mais uniquement un comité d'honneur et un comité actif. D'un point de vue étymologique, le terme comité est emprunté à l'anglais *committee*. Son qualificatif d'américain tient au fait que son financement est assuré par des mécènes américains, relayés en France par Whitney Warren apportant le prestige de son titre de membre correspondant de l'Institut, et par Blair Fairchild qui use de ses relations pour réunir des fonds. Cette structure légère laisse le pouvoir de décision aux « secrétaires fondatrices » que sont Nadia et Lili Boulanger, ainsi qu'au trésorier. Grâce à Gabriel Fauré, directeur, un bureau est mis à la disposition du comité qui peut ainsi fixer son siège au Conservatoire même, 14 rue de Madrid. Nadia et Lili Boulanger viennent y travailler et sont secondées par deux autres personnes, une élève de Nadia Boulanger, Renée de Marquien et une secrétaire, Andrée Lamy. Un papier à lettres est réalisé, portant à l'encre de couleur sépia, les noms et les fonctions de toutes les personnalités impliquées dans l'affaire. Des enveloppes à en-tête, un cachet et une brochure sont également fabriqués afin de garantir la visibilité de l'action du comité.

9. Voir F-Pn : département de la Musique, Rés. Vm. dos. 0088 (03).
10. Brochure du comité. Archives de la Fondation internationale Nadia et Lili Boulanger.

Cachet aux noms de Mlles Boulanger.

Archives de la Fondation internationale Nadia et Lili Boulanger

COMITÉ FRANCO-AMÉRICAIN

DU

CONSERVATOIRE NATIONAL DE MUSIQUE ET DE DÉCLAMATION

FONDÉ

SOUS LE PATRONAGE DE

M. WHITNEY WARREN

Membre de l'Institut.

AU CONSERVATOIRE

14, RUE DE MADRID, 14

PARIS

Brochure du Comité franco-américain.

Archives de la Fondation internationale Nadia et Lili Boulanger

L'une des premières tâches a été de réunir le maximum d'adresses. Un carnet intitulé « Adresses des camarades élèves de composition au Conservatoire[11] » est débuté en septembre 1915 et tenu à jour régulièrement. On peut y lire les noms de tous les élèves dont la trace a été retrouvée. On y remarque même le nom d'Érik Satie : le comité, en effet, ne se limite pas à aider les élèves mobilisés du Conservatoire, il s'adresse aussi aux anciens élèves, et Satie en est le meilleur exemple, puisqu'en 1915, il a presque cinquante ans. Sa correspondance fait apparaître que le 14 août 1915 il s'adresse à Paul Dukas pour se faire recommander auprès d'une œuvre secourable aux artistes. Dans une autre lettre du 19 avril 1916, adressée cette fois au musicologue Henry Prunières, Satie le remercie pour « un mandat très agréable à recevoir » venu du Comité franco-américain « sur votre recommandation[12] ».

Le cas de Louis Vierne est similaire. En mars 1916, Nadia Boulanger alerte Fairchild : « Je reçois un mot de Vierne, l'organiste de Notre-Dame, qui est en train de perdre la vue.

11. F-Pn : département de la Musique, Rés. Vm. dos. 0088 (08).

12. Érik Satie, *Correspondance presque complète*, réunie, établie et présentée par Ornella Volta, Paris : Fayard – IMEC, 2000, p. 211 et 238.

C'est un drame atroce et il est complètement seul. Jugez vous-même de ce que peut faire la caisse pour lui, mais je vous en prie, ne dites *à personne* que nous l'aidons dans sa grande et profonde détresse, nous le peinerions alors que plus rien ne peut le soulager[13]. » Cette discrétion remarquable révèle un trait du caractère de Nadia Boulanger dont témoignent aujourd'hui encore certains de ses élèves.

On peut se demander comment était distribuée l'assistance monétaire du Comité franco-américain : la recommandation suffisait-elle ? Fallait-il des relations, des sympathies ? Colis et mandats sont en tout cas envoyés en nombre, et dès le mois de décembre 1915, Nadia et Lili Boulanger font parvenir un compte rendu aux membres du comité d'honneur qu'elles tiennent au courant de leur travail en ces termes :

> Les souscriptions montent actuellement à 5 721,85 F. Nous avons envoyé un grand nombre d'appels. Whitney Warren et Blair Fairchild ont créé dans onze villes des États-Unis des centres de propagande et nous espérons ainsi voir augmenter rapidement nos fonds. Jusqu'à ce moment, nous avons fait parvenir 44 paquets alimentaires, 18 paquets de vêtements, nous avons aidé la famille d'un disparu dans la mesure de nos moyens et chaque 1er et chaque 15 du mois nous enverrons un paquet de provisions aux Camarades prisonniers[14].

Le détail des envois est consigné dans un cahier de cent pages indiquant le destinataire, la nature ou le montant de l'envoi et la réponse éventuellement reçue[15]. On y apprend qu'outre les vêtements et les mandats, des colis de livres sont distribués. À ce sujet, voici la réflexion du violoncelliste Maurice Maréchal, relatée par Blair Fairchild à Nadia Boulanger dans une lettre du 31 mai 1916 : « J'ai vu Maurice Maréchal hier, en permission exceptionnelle [...] qui a reçu des livres avec joie – et dit que plusieurs de ses camarades en étaient heureux aussi. Caplet est revenu avec lui légèrement blessé au-dessus de l'œil – la blessure n'est rien, mais cela lui trouble beaucoup une oreille et il en est très inquiet[16]. » Caplet, en effet, prouve sa satisfaction dans la lettre qu'il envoie le 27 août suivant : « Mille et mille fois merci de votre dernier envoi, lequel m'a fait profondément plaisir. S'il était dans vos desseins de m'adresser plus tard un autre livre, je souhaite que ce soit – si la chose est réalisable – la traduction d'une œuvre de Walt Whitman. Pardon de la liberté très grande que je prends. Tous mes meilleurs sentiments[17]. »

---

13. Nadia Boulanger, lettre à Blair Fairchild, mars 1916. F-Pn : département de la Musique, Rés. Vm. dos. 0088 (02).
14. Lili et Nadia Boulanger, lettre aux membres de la section musicale de l'Institut, 26 décembre 1915. F-Pn : département de la Musique, Rés. Vm. dos. 0088 (02).
15. Voir F-Pn : département de la Musique, Rés. Vm. dos. 0088 (09).
16. Blair Fairchild, lettre à Nadia Boulanger, 31 mai 1916. F-Pn : département de la Musique, Rés. Vm. dos. 0088 (03).
17. André Caplet, lettre à Nadia Boulanger, 27 août 1916. F-Pn : département de la Musique, Rés. Vm. dos. 0088 (07).

Les difficultés avec Cortot

Les lettres échangées de février à juin 1916 entre Fairchild et Nadia Boulanger sont extrêmement précieuses pour comprendre le fonctionnement du comité. Cet échange est dû à l'absence de Nadia Boulanger qui était partie à Rome avec sa sœur. L'espoir que le changement d'air aurait pu l'aider à guérir avait été le motif principal de la décision prise de retourner à Rome. Mais la maladie n'a fait que s'aggraver : parties le 17 février 1916 de Paris, les deux sœurs n'ont pu y revenir que le 26 juin, car Lili Boulanger était trop faible pour supporter le voyage de retour. Pendant leur absence, Fairchild, responsable du comité, est secondé par Renée de Marquien et Andrée Lamy qui se montrent d'une grande efficacité. Cette correspondance de 1916 révèle des difficultés inattendues provoquées par le pianiste Alfred Cortot, mais aussi par Camille Saint-Saëns. Cortot occupe des fonctions institutionnelles au sein du ministère de l'Instruction publique et des Beaux-Arts, rue de Valois. Il ne donne aucun concert entre 1914 et 1919, mais travaille au service de l'État, en particulier pour créer un bureau de propagande artistique à l'étranger. En avril 1915, il a fondé l'Association nationale des anciens élèves du Conservatoire, présidée par Théodore Dubois. Il prend ce prétexte pour entraver les efforts du Comité franco-américain qui porte ombrage à son initiative, et qu'il préférerait voir passer sous la tutelle de sa propre association, demandant le changement du titre et le déménagement du bureau. Cortot considère également que le Comité franco-américain double l'action de l'Œuvre fraternelle des artistes, autre association nouvelle qu'il préside cette fois avec Camille Saint-Saëns, et qui a son siège 2 *bis*, rue du Conservatoire.

Fairchild doit agir seul même si, juste avant son départ, Lili Boulanger note dans son agenda un entretien avec Cortot au Conservatoire[18]. On découvre un Fairchild décontenancé par l'attitude de Cortot et par son mépris hautain, mais un Fairchild plein de diplomatie et sûr de son bon droit et surtout du poids moral que représente l'autorité de leur tutelle américaine en la personne de Whitney Warren. Fairchild manœuvre adroitement, il conseille Nadia Boulanger : « Je crois qu'au point où en sont les choses, le mieux est d'éviter tout ce qui pourrait laisser croire à une rupture possible. [...] C'est pourquoi j'ai cru devoir modifier la lettre que vous adressiez à Cortot et que je vous fais parvenir sous une forme qui me paraît préférable à la première. [...] Dès que j'aurai des nouvelles, je vous en aviserai et vous pourrez lui expédier votre lettre (je rougis de ma roublardise)[19]. » L'attitude de Fairchild était la bonne puisqu'une semaine après il écrit : « On ne nous embêtera plus – c'est fini : on ne s'occupera plus du tout de nous, ni pour nom ni pour local. C'est en somme une victoire complète – due au nom de notre aimable président[20]. »

18. Voir F-Pn : département de la Musique, Rés. Vmf. ms. (116), 11 février 1916.
19. Blair Fairchild, lettre à Nadia Boulanger, 3 mars 1916. F-Pn : département de la Musique, Rés. Vm. dos. 0088 (03).
20. Blair Fairchild, lettre à Nadia Boulanger, 8 mars 1916. F-Pn : département de la Musique, Rés. Vm. dos. 0088 (03).

Cortot a été stoppé dans ses démarches officieuses, mais l'on découvre plus loin dans la correspondance un incident qui s'est déroulé en avril 1916, après un concert donné à New York par le pianiste américain Ernest Schelling. L'idée d'organiser ce concert à bénéfice venait de Fairchild qui avait constitué un comité pour solliciter des mécènes et avait envoyé de nombreuses lettres pour augmenter la recette. Une somme de 41 615 F a pu être réunie, mais a été malencontreusement envoyée à Camille Saint-Saëns pour l'Œuvre fraternelle des artistes, à cause d'une confusion entre les associations : « Voilà que Saint-Saëns nous a complètement oubliés ! Non seulement il ne nous a pas donné la souscription qu'il avait promise – mais par-dessus le marché il nous joue ce tour[21] ! »

Le Comité franco-américain n'a pas touché un seul centime de cette action qu'il avait initiée et ce qui semble le plus iriter Fairchild dans cette affaire, c'est la revanche que prend Cortot : « C'est bien Cortot pourtant qui rit le dernier – et cela m'ennuie terriblement[22] ! » Fairchild est contraint de retourner au ministère et le raconte ainsi à Nadia Boulanger : « Il m'est impossible de vous dire combien cette entrevue m'a déplu. Ses explications, son air vainceur [sic] – des petits sous-entendus – tout m'a produit une impression extrêmement désagréable[23]. » Cependant, Fairchild est rassuré par le fait que les causes défendues sont communes, que cet argent a bien été distribué aux artistes dans le besoin. De plus, les questions de trésorerie semblent assez simples en 1915 et 1916. En revanche, dès 1917, Fairchild se soucie du peu de revenus sur lesquels ils peuvent compter. Il entre en contact avec un autre groupement intitulé l'Aide affectueuse aux musiciens, fondé en décembre 1914 et dont le siège est à Paris[24]. Mais c'est surtout l'intervention de The American Friends of Musicians in France, association fondée à New York en décembre 1917, qui devient fondamentale. Grâce à Walter Damrosch qui préside, secondé par l'active participation de Mrs Tuttle, des sommes très importantes sont réunies puis distribuées en France. Mrs Tuttle était musicienne, et très sensible à la cause de ces jeunes musiciens français mobilisés. Le 28 mai 1918, Nadia Boulanger lui écrira une magnifique lettre de remerciements, dont voici un extrait :

> Je veux joindre à la lettre que je vous adresse en tant que secrétaire du Comité quelques lignes personnelles, afin de vous exprimer ma gratitude. Au mois de mars, j'ai eu l'immense douleur de perdre ma petite sœur – qui était toute la lumière de ma vie – or, c'est elle qui avait eu l'idée de fonder ce Comité, sentant bien que les musiciens mobilisés auraient besoin d'une aide morale et matérielle durant la guerre que personne alors ne pouvait supposer comme elle est, si

21. Blair Fairchild, lettre à Nadia Boulanger, 3 avril 1916. F-Pn : département de la Musique, Rés. Vm. dos. 0088 (03).

22. Même référence.

23. Blair Fairchild, lettre à Nadia Boulanger, 20 avril 1916. F-Pn : département de la Musique, Rés. Vm. dos. 0088 (03).

24. 69, rue Raynouard (XVIe arrondissement) chez Walter Rummel et 9, rue de Chanaleille (VIIe arrondissement). C'est dans ce cadre que le pianiste Walter Rummel a créé deux œuvres de Debussy : *En blanc et noir*, le 22 janvier 1916 (avec sa femme Thérèse Chaigneau au second piano) et quatre des douze *Études*, le 14 décembre 1916. Voir François Lesure, *Claude Debussy*, Paris : Fayard, 2003, p. 399. Voir aussi Claude Debussy, *Correspondance 1872-1918*, édition établie par Denis Herlin & François Lesure, avec la collaboration de Georges Liébert, Paris : Gallimard, 2005, p. 2030 (note 3).

longue, si tragique [...]. Ma sœur n'est plus là pour vous remercier, Madame, mais il m'est doux de le faire en son nom. C'était une enfant – elle avait 24 ans – une très grande artiste déjà – et une âme d'élite que trois ans de martyre avaient affinée jusqu'à l'extrême limite de la sensibilité humaine. [...] Si un jour vous entendez de ses œuvres, il me semble que vous comprendrez que mon admiration fraternelle est faite d'autre chose que de piété et de tendresse[25].

La *Gazette*

Le 8 janvier 1916, Nadia et Lili Boulanger envoient une circulaire pour annoncer qu'« une Gazette faite avec des extraits de vos lettres vous parviendra régulièrement, des camarades des Beaux-Arts l'orneront de dessins que nos moyens primitifs de reproduction feront, nous disent-ils, pittoresques et inattendus. Nous espérons que vous les apprécierez et que vous nous répondrez tous, car votre silence nous priverait de notre second numéro[26]. » Les moyens primitifs en question sont une machine à ronéotyper et sa fameuse encre violette, utilisée sur du papier ordinaire. Quant aux dessins, ce sont des caricatures réalisées par l'architecte Jacques Debat-Ponsan qui ornent en effet sous forme de clins d'œil humoristiques, les couvertures et les marges du texte[27].

Le premier numéro est daté de décembre 1915, et son succès est immédiat : « Merci beaucoup de la Gazette et toutes nos félicitations : elle est vraiment tout à fait réussie. Vous en avez fait une chose admirable qui va faire énormément de plaisir à tout le monde[28]. »

Dix fascicules suivront, publiés irrégulièrement, à cause de divers obstacles. Parmi les complications rencontrées interviennent immédiatement les exigences du bureau de la presse du ministère de l'Armée avec un règlement qui précise les éléments suivants :

1. le bureau de la presse déclare responsables les rédacteurs dont les noms doivent paraître en tête des gazettes ;
2. il demande une censure par le comité avant le tirage ;
3. il exige la présentation d'un exemplaire de chaque gazette à son bureau par le comité ;

25. Nadia Boulanger, lettre à Mme Tuttle, 28 mai 1918. F-Pn : département de la Musique, Rés. Vm. dos. 0088 (02).
26. Archives de la Fondation internationale Nadia et Lili Boulanger.
27. Les numéros 1 à 6 ont une couverture illustrée : nº 1, un sonneur de cor de chasse (plutôt *turba curva* : voir l'article de Charlotte Segond-Genovesi, « De l'Union sacrée au *Journal des débats* », page 175 du présent ouvrage), cheveux au vent et torse nu ; nº 2, un enfant tambour major à l'allure de Gavroche portant un chapeau républicain ; nº 3, un athlète grec de profil, visage caché tenant un bouclier ; nº 4, huit canons en action, au centre desquels se trouve une lyre ; nº 5, un soldat assis à même le sol, écrivant sur ses genoux en souriant ; nº 6, un prestidigitateur portant un chapeau haut de forme décoré d'un drapeau américain, à l'allure d'« oncle Sam » bienfaiteur. Les numéros suivants n'ont plus de couverture, et seul le texte du nº 8 est encore illustré de quelques caricatures.
28. Blair Fairchild, lettre à Lili et Nadia Boulanger, 6 janvier 1916. F-Pn : département de la Musique, Rés. Vm. dos. 0088 (07).

Couverture de la *Gazette*, nº 1, dessin de Jacques Debat-Ponsan [décembre 1915].

Archives de la Fondation internationale Nadia et Lili Boulanger

Gazette, nº 1, caricature de Jacques Debat-Ponsan [décembre 1915]. De gauche à droite, on devine Renée de Marquien, Lili Boulanger, Nadia Boulanger, Jacques Debat-Ponsan, Blair Fairchild et Andrée Lamy.

Archives de la Fondation internationale Nadia et Lili Boulanger

4. les rédacteurs doivent supprimer toutes les adresses militaires, les grades, les indications de lieux, les dates ;
5. les avis de décès des militaires contenant des précisions à la fois sur le lieu et la date du décès et le numéro du régiment sont interdits.

Ces injonctions ne découragent pas les rédactrices, mais les difficultés qui en découlent provoquent une certaine irrégularité de publication : les dates de publication ne sont d'ailleurs que rarement indiquées sur les numéros eux-mêmes. À partir du numéro trois, le titre est modifié : de *Gazette des classes de composition du Conservatoire*, il s'élargit à *Gazette des classes du Conservatoire*. La pagination est irrégulière, car elle dépend des réponses reçues :

n° 1, [décembre 1915] : 31 pages ;

n° 2, [février 1916] : 31 pages ;

n° 3, [septembre 1916], devient *Gazette des classes du Conservatoire* : 60 pages ;

n° 4, 27 novembre 1916 : 55 pages ;

n° 5, [janvier 1917] : 50 pages ;

n° 6, [février 1917] : 74 pages ;

n° 7, [mars 1917] : 53 pages ;

n° 8, [avril 1917] : 60 pages ;

n° 9, mai 1917 : 55 pages ;

n° 10, juillet 1917 : 29 pages ;

n° 10 [sic], 1er juin 1918 : 81 pages.

L'essentiel du contenu des gazettes est constitué d'extraits de lettres classés par ordre alphabétique d'expéditeur, le nom de famille et le prénom sont suivis du nom du professeur au Conservatoire, puis d'une adresse postale, généralement militaire. Il arrive que seul un nom et une adresse soient indiqués suivis de la mention P.R. : « pas répondu ». À partir du n° 4, les rubriques se suivent de façon régulière : « Liste des camarades [rubrique la plus longue qui contient les extraits de lettres] / Liste des Prisonniers / Blessés / Malades / Disparus / Décorés. » Suivent des listes de noms portant l'intitulé : « Prière d'envoyer les adresses militaires ou civiles des camarades dont les noms suivent ». Les noms sont classés par disciplines : classes de composition, puis classes instrumentales et vocales, liste des camarades ne répondant pas, puis liste des camarades des classes de déclamation dramatique. Une dernière rubrique indique les « Permissionnaires venus au Comité ».

Ces gazettes sont aujourd'hui une mine de renseignements sur les musiciens français dont les noms nous sont devenus étrangers : Pierre Camus (Widor), Henry Defosse (Fauré), Félix Fourdrain (Widor), Roger Manas (Vidal), Roger Peneau (Vidal) et tant d'autres encore. Leurs témoignages côtoient ceux d'André Caplet, Claude Delvincourt, Philippe Gaubert, Jacques Ibert, Charles Kœchlin, Maurice Maréchal, Darius Milhaud ou

Maurice Ravel. Ils donnent de leurs nouvelles, racontent leur sort et souvent précisent les rencontres qu'ils ont faites de tel ou tel camarade ou les lettres qu'ils ont reçues. Les adresses indiquées permettent de les suivre dans leurs déplacements. S'ils ont l'occasion de faire de la musique, ils le disent. Chacun y parle de la guerre, de la souffrance, ou parfois s'excuse de n'avoir rien à raconter. Tous remercient chaleureusement, sincèrement, de ce soutien affectueux qui les rassure, qui les aide et leur apporte un immense réconfort. Comme le dit l'un d'entre eux :

> Cette gazette est un admirable trait d'union... Grâce à elle, nous voici réunis. La musique un instant assoupie au fond des mémoires se reprend à chanter et la vie musicale évoquée en quelques pages, avec les souvenirs exquis qui lui sont inhérents, accomplit un miracle en faisant naître parmi tant de désolation le désir violent des lendemains[29].

Tribune ouverte aux jeunes et aux moins jeunes, la *Gazette* est l'occasion pour certains restés à l'arrière de manifester un patriotisme exagéré. Ainsi, cette lettre de d'Indy s'adressant aux musiciens mobilisés :

> Vous remplissez une noble tâche, car, en dehors même de la défense matérielle de notre pays attaqué, vous, artistes, vous avez l'admirable mission de débarrasser notre art latin de la pernicieuse influence de la pseudo-*Kultur* allemande. Et ce ne sera pas un mince résultat que de raviver notre Musique à la flamme de nos vieilles qualités françaises : *clarté, concision, sentiment des proportions*[30]. Vous les jeunes qui êtes ainsi appelés à libérer à la fois notre Patrie et notre Art, comment ne seriez-vous pas enviés par un ancien, qui, volontaire de 1870, a pris part à la guerre de malheur et de défaite, tandis que vous marchez, vous, vers la revanche et la victoire[31] ?

La question du nationalisme est abordée de plein fouet et Nadia Boulanger fait le pari de donner une fois encore la parole aux combattants dans le dernier numéro de la *Gazette*, celui du 1er juin 1918 : seule rédactrice désormais, elle leur propose le questionnaire suivant :

> 1. Quelle devrait être l'orientation des concerts cet hiver ? Faut-il jouer les classiques ou faut-il donner une place prépondérante à la musique moderne. 2. Les musiciens allemands doivent-ils garder leur place ? Brahms et Wagner ? 3. Quels artistes faudrait-il envoyer en tournée de propagande (concerts, théâtre, théâtre musical). Ceux qui ne sont plus d'âge à être mobilisés, les auxiliaires, ou même les mobilisés qui par leur notoriété ont déjà une influence[32] ?

L'analyse des réponses, qui dépasse le cadre de cet article, donne un échantillonnage précieux des opinions partagées par les musiciens au front : pour la plupart d'entre eux, l'art n'a pas de patrie, et il n'est donc pas question que Wagner ou Brahms, ni Beethoven, Haydn ou Mozart fassent les frais du nationalisme anti-allemand.

Le Comité franco-américain fut éphémère, mais son impact fut réel[33] : on est loin des bonnes œuvres caritatives inefficaces. Le professionnalisme, le sens de l'organisation et

29. Francis Bousquet, lettre du 28 septembre 1916. Cité dans *Gazette*, nº 4 (27 novembre 1916).
30. Souligné dans l'original.
31. Vincent d'Indy, lettre aux musiciens mobilisés, 24 septembre 1916. F-Pn : département de la Musique, Rés. Vm. dos. 0088 (07).
32. *Gazette*, nº 10 [sic pour nº 11] (1er juin 1918), p. 1.
33. La publication de la collection de la *Gazette des classes du Conservatoire* assortie d'extraits de la correspondance qui s'y réfère en donnerait un excellent témoignage.

du contact, ainsi que la rigueur et le sérieux de Nadia Boulanger ont été mis au service des musiciens dans la tourmente. De façon indirecte, le comité fut également le tremplin de la carrière atypique de Nadia Boulanger et le creuset des liens profonds qui l'ont unie à de nombreux musiciens américains. Elle s'est trouvée, par ce biais, au carrefour d'un réseau de relations et de contacts, tant avec les musiciens de sa génération, qu'avec ses maîtres, ou avec des interlocuteurs institutionnels, français et américains.

Soutenue dans cette entreprise par les autorités du Conservatoire, de l'Académie et du Ministère, Nadia Boulanger a bénéficié en outre du grand souffle de générosité qui a mobilisé les Américains face aux malheurs de l'Europe. Elle est alors naturellement sollicitée pour devenir un ambassadeur de la culture française à l'étranger. Invitée à New York par Walter Damrosch dès le mois de décembre 1918 pour assister à la création américaine de *Faust et Hélène*, cantate de Lili Boulanger, elle n'effectuera cependant sa première tournée aux États-Unis que six ans plus tard, en 1924, sous les auspices du gouvernement français. Nadia Boulanger est en outre étroitement impliquée dans la création de deux nouvelles écoles destinées à propager l'enseignement musical français à l'étranger : le Conservatoire américain de Fontainebleau, dont elle est chargée dès 1919 de mettre au point le programme des études, et l'École normale de musique, qui se veut la réplique du Conservatoire national de Paris, mais qui est ouverte aux musiciens étrangers.

De l'Union sacrée au Journal des débats : *une lecture de la* Gazette des classes du Conservatoire *(1914-1918)*

Charlotte SEGOND-GENOVESI[1]

Dans toutes les villes, dans toutes les campagnes
Vous entendez crier des mots partout
Oui, il nous faut anéantir l'Allemagne
On les aura, faut aller jusqu'au bout
Oui, mais ceux-là ne sont pas à la guerre
Ils sont chez eux à l'abri du canon
Ils sont bien loin, loin des balles meurtrières
Y a pas d'erreur, ils ne vont pas sur le front[2].

Entonnée à partir de l'été 1917 (notamment dans les bourses du travail), *On les aura* témoigne, avec d'autres chansons contestataires[3], des tensions parfois exacerbées pouvant alors apparaître entre combattants et civils – conséquence directe de l'enlisement du conflit ayant éclaté trois ans plus tôt. La mise en place, dès l'automne 1914, d'une guerre

1. Nous tenons à remercier Annette Becker, Danièle Pistone, Rémy Campos, Malou Haine et Cédric Segond-Genovesi pour leurs relectures attentives, ainsi que pour les précieuses remarques et suggestions dont ils ont fait profiter ce travail.

2. *On les aura* [extrait], texte de chanson cité par « M. André Ch. » (Romilly, Aube) dans un courrier à son frère « M. Gilbert Ch. » (Angers) daté du 7 octobre [1917]. Le rapport hebdomadaire de la commission du contrôle postal de Troyes (semaine du 7 octobre 1917) avertit du contenu potentiellement subversif de cette lettre interceptée (Paris, archives du Service historique de la défense, 16N1529). Les interprètes et les « diffuseurs » de *On les aura* sont d'ailleurs étroitement surveillés par le service de Sûreté de la police.

3. *On les aura* est notamment contemporaine de la célèbre *Chanson de Craonne*, dont le propos est analogue : « Ceux qu'ont l'pognon, ceux-là r'viendront, /car c'est pour eux qu'on crève. /Mais c'est fini, car les trouffions/vont tous se mettre en grève. /Ce s'ra votre tour, messieurs les gros, /de monter sur l'plateau, /car si vous voulez la guerre, /payez-là de votre peau ! » Anonyme, notée par Paul Vaillant-Couturier lors des mutineries de 1917 puis diffusée dans de nombreux régiments. Voir Pierre BARBIER & France VERNILLAT, *Histoire de France par les chansons*, t. VIII : *La IIIe République de 1871 à 1918*, Paris : Gallimard, 1961, p. 233-235.

de tranchées contribue en effet à partager, de façon inédite, le territoire national entre « ceux de l'arrière » et « ceux du front »[4].

Dès 1914, les risques de dissensions au sein de la population avaient pourtant été anticipés – le président Raymond Poincaré appelant, avant même que ne s'engage la guerre de position, à une union sacrée des pouvoirs politiques et spirituels, mais aussi de la population tout entière face à l'ennemi[5]. Une telle « réconciliation nationale » se double par ailleurs d'un vaste élan de solidarité populaire : les deux années qui suivent la déclaration de guerre voient notamment la création, à Paris, de près de 3 000 œuvres de charité[6], traits d'union privilégiés, tant sur le plan matériel que moral, entre le front domestique et le front militaire.

À moindre échelle, la question du maintien voire de la création d'une union solidaire entre combattants et civils dans un même effort de guerre peut se poser au sujet des musiciens – population dont une large part est mobilisée. Distribuée à l'arrière comme dans les tranchées à partir de décembre 1915, la *Gazette des classes du Conservatoire* constitue en cela un objet d'étude de premier ordre[7] – la diffusion de ce périodique permettant en effet d'entretenir le lien entre élèves, anciens élèves et professeurs (mobilisés ou non) d'une institution qui occupe alors un rôle central dans la vie musicale du pays et qui, malgré la mobilisation d'un grand nombre de ses élèves, et moyennant quelques aménagements[8], poursuit ses activités pendant la guerre. Étape quasi obligatoire dans le parcours des futurs professionnels (interprètes ou compositeurs), gage de reconnaissance officielle et tremplin vers les scènes nationales ou le prix de Rome, le Conservatoire de Paris polarise en outre l'enseignement musical en France par le biais de ses succursales – sans parler de son rayonnement international, qui amène de nombreux étudiants étrangers à fréquenter l'établissement.

Publiés à l'initiative des sœurs Nadia et Lili Boulanger, dont l'attachement à la sphère du Conservatoire est bien connu[9], les onze numéros de la *Gazette* réalisent donc, sur papier,

4. Avec les années, cette distinction tend à s'opérer tant sur le plan géographique qu'en terme d'« état d'esprit », l'expérience de la guerre vécue par les soldats divergeant radicalement de celle des civils (eux-mêmes inégalement exposés).

5. Le message du 4 août 1914 adressé aux parlementaires stipule notamment : « Dans la guerre qui s'engage, la France [...] sera héroïquement défendue par tous ses fils, dont rien ne brisera devant l'ennemi l'*union sacrée*. » Voir Jean-Jacques BECKER, *La France en guerre 1914-1918 : la grande mutation*, avec la collaboration d'Annette BECKER, collection Questions du XXe siècle, Bruxelles : Complexe, 1988, p. 22-43 (chapitre « l'Union sacrée »). Voir aussi Stéphane AUDOIN-ROUZEAU & Jean-Jacques BECKER, *La France, la nation, la guerre : 1850-1920*, collection Regards sur l'histoire, Paris : Sedes, 1995, p. 264-283 (chapitre « l'Union sacrée »).

6. Voir Gabriel-Louis JARAY, *Les Œuvres de guerre et leurs obligations*, Paris : L. Tenin, 1916.

7. Sur l'histoire de la *Gazette*, voir l'article d'Alexandra Laederich, « Nadia Boulanger et le Comité franco-américain du Conservatoire (1915-1919) » , page 161 du présent ouvrage.

8. Ces aménagements concernent notamment le report d'examens et l'élévation des limites d'âge pour les élèves mobilisés. Sous la direction de Fauré, d'importantes réformes de l'enseignement sont même engagées (1915).

9. Après y avoir obtenu ses prix de solfège, d'harmonie, d'orgue, d'accompagnement, de contrepoint et de fugue, Nadia Boulanger (1887-1979) travaillait au Conservatoire comme assistante d'Henri Dallier

ce qui s'apparente à une forme d'« union sacrée » musicienne, mise en scène et appuyée par le biais de différentes stratégies éditoriales dont il va s'agir d'étudier les fonctionnements rhétoriques et symboliques.

Un Conservatoire virtuel : égalitarisme et camaraderie

Composée pour l'essentiel de lettres d'élèves, d'anciens élèves ou de professeurs du Conservatoire[10] et distribuée aux mêmes sur le front militaire ou domestique[11], la *Gazette* opère donc, au sein de la population musicienne, la réunion virtuelle d'une communauté particulière, déjà constituée avant-guerre autour d'un établissement, de pratiques communes, d'intérêts partagés, de certaines normes esthétiques ou socioculturelles, et éventuellement d'une identité politique[12]. La notion de « famille » apparaît d'ailleurs souvent, de façon implicite ou explicite, dans les courriers de lecteurs, enthousiasmés par l'initiative des sœurs Boulanger :

> Votre idée est excellente [...] et les nouvelles de tous ceux qui sont de notre grande famille, nous seront d'un grand réconfort moral[13].
>
> Vrai, cette gazette est un admirable trait d'union. [...] Grâce à elle nous voici réunis[14].

Au-delà du projet global de la *Gazette*, plusieurs principes éditoriaux adoptés par les sœurs Boulanger participent d'une volonté de prolonger sur papier le monde du Conservatoire de Paris. La présentation même de chaque numéro respecte notamment la hiérarchie propre à l'établissement. En première page des *Gazettes*, ce sont bien les figures tutélaires de l'institution qui prennent la plume. Le directeur Gabriel Fauré, le chef du secrétariat Fernand Bourgeat, ainsi que les professeurs de composition Paul Vidal et Charles-Marie Widor (tous proches de la famille Boulanger) inaugurent ainsi la première livraison du

(classe d'harmonie). Sa sœur cadette Lili (1893-1918) ne fréquenta l'établissement (classe de composition de Paul Vidal) que deux années durant avant d'obtenir, en 1913, le premier grand prix de Rome. Leur père, Ernest Boulanger (1815-1900), Prix de Rome en 1835, y enseigna le chant de 1871 à 1894. Parmi les amis et les proches des Boulanger figuraient donc de nombreux professeurs ou anciens élèves du Conservatoire. Outre ce rapport presque « familial » avec l'institution, la place des sœurs Boulanger à la tête de la *Gazette* est pour ainsi dire légitimée par leur statut de femme, acquérant un rôle nouveau et actif dans la vie sociale en temps de guerre – et notamment, comme ici, dans les entreprises de solidarité nationale.

10. De décembre 1915 à juin 1918, la *Gazette* publiera près de 1 160 extraits de lettres, complétées plus ou moins systématiquement par des listes de blessés, de prisonniers, de disparus, de décorés, de « camarades ne répondant pas », et de « permissionnaires venus au Comité » placées en fin de numéro.

11. Le contenu des lettres prouve que certains numéros de la *Gazette*, si ce n'est la série dans son intégralité, parviennent jusque dans les tranchées à un grand nombre d'étudiants.

12. L'« identité » du Conservatoire au tournant du siècle peut aussi être appréhendée en regard d'autres institutions concurrentes, comme la Schola cantorum – dans ce cas précis, l'opposition concerne tant les *credo* esthétiques et pédagogiques que les affinités politiques – les professeurs du Conservatoire étant plutôt rangés du côté républicain. Voir Jann Pasler, « Déconstruire d'Indy », *Revue de musicologie*, XCI/2 (1996), p. 369-400.

13. G[eorges] Becker, lettre non datée. Publié dans *Gazette*, nº 1 (décembre 1915), p. 3.

14. Francis Bousquet, lettre du 28 septembre 1916. Publié dans *Gazette*, nº 4 (novembre 1916), p. 5.

périodique. De même, on peut penser que c'est bien en tant que professeur de direction d'orchestre au Conservatoire, et non comme fondateur de la Schola cantorum, que Vincent d'Indy ouvre le troisième numéro :

> Mes chers Camarades,
>
> On me demande de vous dire combien ceux qui, à leur corps défendant, sont forcés de rester à l'arrière, s'intéressent à vous qui avez l'honneur de combattre pour la Patrie et pour le droit[15].

Il convient de souligner ici la mise en œuvre littéraire d'une rhétorique fédératrice bien connue, s'appuyant sur le zèle patriotique des années 1914-1916, et très caractéristique de l'Union sacrée. D'Indy s'emploie en effet à glorifier l'héroïsme libérateur des soldats, à sublimer la portée symbolique des combats, ainsi qu'à justifier de sa présence sur le front domestique tout en revendiquant une pleine communion d'esprit et d'action avec les combattants.

À de très rares exceptions près[16], le reste des lettres (celles des élèves ou anciens élèves) est publié à la suite, sous l'intitulé « Liste des camarades ». Particulièrement significatif, le double sens du mot *camarade* relève à la fois des vocabulaires militaire et scolaire. Cette « étiquette » commune permet également de résoudre l'hétérogénéité d'un ensemble de correspondants aux statuts parfois très différents : simple élève ou musicien déjà célèbre (Maurice Ravel, par exemple), interprète, compositeur ou musicographe (Émile Vuillermoz, notamment), tous appartiennent à une même « famille », celle du Conservatoire. Les rivalités passées ou présentes des différentes classes (notamment celles de composition) sont, en outre, effacées.

L'idée d'une camaraderie égalitaire s'incarne aussi à travers l'organisation même du contenu de la *Gazette*, les lettres reçues y étant publiées selon un ordre alphabétique d'auteurs tout à fait rigoureux, auquel échappe donc toute distinction de rang ou de statut. Si l'éventuel grade militaire (ou, pour les non-mobilisés, l'adresse postale) apparaît après le nom du professeur au Conservatoire, les nombreuses situations intermédiaires ou complexes rendent toutefois la distinction civil-militaire difficilement repérable. Bien qu'une telle logique de classement réponde avant tout à des impératifs pratiques – les livraisons successives de la *Gazette* étant relativement volumineuses (de 30 à 80 pages environ, selon le numéro)[17], il est difficile de ne pas constater l'effet de nivellement qu'elle produit sur la population des *camarades* réunie par les sœurs Boulanger. D'autres logiques de classement auraient d'ailleurs pu prévaloir (publication par ordre d'arrivée des courriers, par

---

15. Vincent d'Indy, *Gazette*, n° 3 (septembre 1916), p. 1.
16. C'est par exemple le cas de la lettre d'Alfred Bruneau, dont le propos est d'ailleurs tout à fait comparable à celui de d'Indy, et qui sera publiée en tête de la quatrième livraison de la *Gazette* : « Mes chers amis, [...] La jeunesse, votre jeunesse, ah ! comme je l'envie, à cette heure prodigieuse et pathétique ! Comme je m'irrite d'être trop vieux déjà pour pouvoir partager vos émotions, vos enthousiasmes et votre gloire ! » Publié dans *Gazette*, n° 4 (novembre 1916), p. 1.
17. Il s'agissait donc d'organiser les gazettes sur le modèle de l'annuaire afin d'en faciliter la consultation : des nouvelles de chaque « camarade » pouvaient ainsi être retrouvées rapidement en recherchant son nom.

« promotion », par classe, en distinguant les civils des militaires, etc.). Cette neutralité de présentation s'accompagne, par ailleurs, d'une neutralité de « ton » consistant à publier *toutes* les lettres reçues, sans presque aucune sélection préalable.

Le dessin de Jacques Debat-Ponsan[18] ornant la couverture du premier numéro de la *Gazette* (voir figure 1) mérite, enfin, quelques commentaires. Celui-ci représente un joueur de *tuba curva*, « trompette courbée » romaine que les fêtes de la Révolution française, elles-mêmes inspirées des fêtes de l'Antiquité, remirent au goût du jour à partir de juillet 1791[19]. En 1915, une telle image compte déjà de nombreux antécédents et modèles potentiels (voir figures 2, 3 et 4) – citons notamment, pour les seuls ouvrages musicographiques illustrés, le célèbre *Essai sur la musique ancienne et moderne* de Laborde (1780), dont la famille Boulanger possédait d'ailleurs un exemplaire[20], le *Manuel général de musique militaire* de Kastner (1848) ou encore l'*Histoire de la musique* de Lavoix (sans date, vers la fin du XIXe siècle)[21]. L'hypothèse la plus séduisante vient toutefois du *Dictionnaire de l'Académie des beaux-arts* (cinq volumes parus, 1858-1904) dont les planches (voir figure 4) étaient probablement familières à Debat-Ponsan, lui-même ancien élève de l'École des beaux-arts.

On devine aisément les valeurs patriotiques (voire patrimoniales), guerrières et fédératrices véhiculées par l'image de la *tuba curva*. Le lectorat de la *Gazette* reconnut-il, toutefois, l'antique trompette, un temps ressuscitée par la Révolution ? Il est fort probable que cette dernière fut, plus simplement, assimilée à une sorte de cor de chasse. Dans un cas comme dans l'autre, l'instrument s'inscrit naturellement dans un double champ sémiotique, relevant à la fois de l'artistique et du militaire. Sonnant le « rassemblement » du Conservatoire tout entier autour du bulletin des sœurs Boulanger, dans un même effort de guerre, il contribue en outre à légitimer la place et la responsabilité de la communauté musicienne vis-à-vis de la défense nationale. Une telle symbolique se trouve enfin confortée par la

18. Outre les couvertures des huit premiers numéros, Jacques Debat-Ponsan (Grand Prix de Rome en 1912 et condisciple de Lili Boulanger à la villa Médicis) signera les croquis commentant les quatre premiers numéros de la *Gazette* (les quelques dessins ornant la sixième livraison n'étant vraisemblablement pas de sa main). La couverture du premier numéro de la *Gazette* est intégralement reproduite dans l'article d'Alexandra Laederich, « Nadia Boulanger et le Comité franco-américain du Conservatoire (1915-1919) », page 170 du présent ouvrage.

19. Sur la reconstitution et l'usage des *tuba curva* lors des fêtes de la Révolution, voir Malou HAINE, « Sonorités nouvelles aux fêtes de la Révolution française », *Fêtes et Musiques révolutionnaires : Grétry et Gossec*, sous la direction de Hervé HASQUIN & Roland MORTIER, collection Études sur le XVIIIe siècle, Bruxelles : Éditions de l'université de Bruxelles, 1990, p. 193-209.

20. D'après l'inventaire manuscrit de l'appartement de Nadia Boulanger, réalisé entre mars et mai 1981 par Florence Gétreau (grand salon, bibliothèque X, C3, 1-4).

21. Malou Haine a, par ailleurs, noté qu'au tournant du XXe siècle, les collections instrumentales du Conservatoire de Paris comptaient une *tuba curva*, identifiée en 1893 par Constant Pierre (voir Constant PIERRE, « Un instrument disparu », *L'Art musical*, 21 décembre 1893). Voir HAINE, « Sonorités nouvelles aux fêtes de la Révolution française », p. 195. Sur ce sujet, voir aussi Florence GÉTREAU, *Aux origines du musée de la Musique : les collections instrumentales du Conservatoire de Paris, 1793-1993*, collection Domaine musicologique, [Paris] : Klincksieck – Réunion des musées nationaux, 1996, p. 65, 67, 70, 136, 283 et 591. Publiés entre 1890 et 1910, les travaux de Constant Pierre et de Julien Tiersot sur les musiques de la Révolution mentionnent bien la *tuba curva*, mais n'en proposent toutefois aucune représentation.

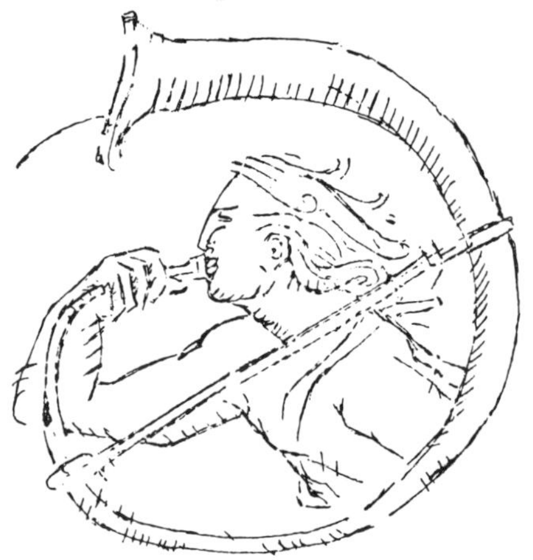

Figure 1. Jacques Debat-Ponsan, *Gazette*, nº 1 (décembre 1915), détail de la couverture.

Archives de la Fondation internationale Nadia et Lili Boulanger

Figure 2. Jean-Benjamin de Laborde, *Essai sur la musique ancienne et moderne*, tome I, Paris : Ph.-D. Pierres, 1780, face à la page 232 (« Trompette courbée », détail).

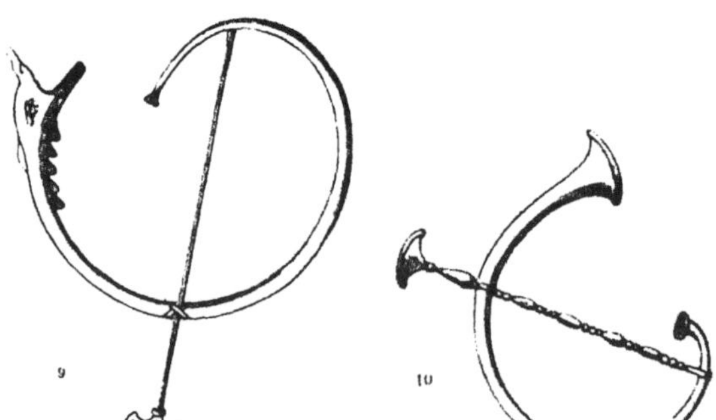

Figure 3. Georges Kastner, *Manuel général de musique militaire à l'usage des armées françaises*, Paris : Firmin-Didot frères, 1848, face à la page 382 (« Trompette courbe des Romains », détail).

Figure 4. *Dictionnaire de l'Académie des beaux-arts*, t. IV, Paris : Firmin-Didot, 1884, face à la page 268 (« Cors romains », détail).

figure même de l'instrumentiste, personnage qui – rhétorique tout à fait consciente ou hasards d'un néoclassicisme stylistique lié à la *tuba curva* – semble emprunter les traits du héros grec.

Élaboré à travers certains principes éditoriaux, le corporatisme égalitaire des premiers numéros de la *Gazette* semble donc participer pleinement d'une volonté d'union sacrée entre les deux fronts (militaire et domestique), au-delà de la seule fonction « pratique » du bulletin. En opérant la transposition sur papier d'une « famille » déjà constituée avant-guerre, la *Gazette* des sœurs Boulanger met en œuvre le dépassement symbolique d'une dichotomie combattants-civils au profit d'une camaraderie égalitaire plus globale autour d'une institution musicale.

En cela, la *Gazette des classes du Conservatoire* peut être rapprochée d'initiatives similaires qui, au même moment, rassemblent d'autres communautés artistiques « institutionnelles » face à l'ennemi. Auguste Morisot, professeur à l'École des beaux-arts de Lyon, recueille par exemple les informations qu'il reçoit des anciens rapins pour ensuite les communiquer à chacun – sans toutefois les diffuser sous forme publiée[22]. Modèle plus direct pour le bulletin des sœurs Boulanger, les « Gazettes d'ateliers » de l'École des beaux-arts de Paris, créées un an plus tôt sous l'égide du même Comité franco-américain (et de son président, l'architecte Whitney Warren), rassemblent et diffusent aussi les courriers des étudiants, mobilisés ou non[23]. Reprenant strictement ce modèle[24], la *Gazette des classes du Conservatoire* s'en distingue toutefois par l'absence totale d'« esprit d'atelier » (mélange d'humour potache, de cynisme débridé et de sous-entendus scabreux) dans ses pages.

Du mauvais camarade au mauvais patriote : la stratégie du bouc émissaire[25]

Toute communauté d'individus se construit aussi en creux, en désignant ce qui lui est étranger ou, du moins, en pointant du doigt les postures individuelles qui lui apparaissent comme *marginales*. Aussi, les responsables de la *Gazette* qui entendent réunir la grande « famille » du Conservatoire dans un même effort patriotique font rapidement émerger une telle figure extra-communautaire.

22. Voir Jacques Amaz, « Les étudiants de l'école des Beaux-Arts de Lyon engagés sur le front pendant la Première Guerre mondiale : le salut par l'art ? », *Guerres mondiales et Conflits contemporains*, n° 183 (1996), p. 125-139.

23. Dix-huit collections de ces gazettes, baptisées des noms respectifs de leurs chefs d'ateliers, sont aujourd'hui conservées à la Bibliothèque nationale de France (F-Pn : MFILM. LC6-107 à 124) – citons notamment les gazettes des ateliers Redon, Deglane, Bernier, Defrasse ou encore Chifflot.

24. De nombreux éléments (papier ordinaire, format, présence et style des croquis illustratifs, procédé de reproduction par ronéotypie et encre violette, organisation interne de chaque numéro) laissent d'ailleurs penser que l'ensemble des gazettes (musique et beaux-arts) a été produit avec les mêmes moyens techniques.

25. Voir René Girard, *Le Bouc émissaire*, Paris : B. Grasset, 1982.

Dans le bulletin des sœurs Boulanger, l'abréviation « P.R. » correspond initialement à une forme de *statut* : placée, dans la « Liste des camarades », à la suite des nom, prénom, fonction et adresse d'un élève, elle signifie que celui-ci n'a « Pas Répondu » aux sollicitations de la *Gazette* et n'a donc pas envoyé de ses nouvelles depuis le dernier numéro (le sigle P.R. remplace alors le courrier manquant). On peut noter toute l'ambiguïté d'un procédé qui, assurément motivé par de louables intentions (établir un « annuaire » exhaustif tout en manifestant son inquiétude face à au silence épistolaire de certains camarades) ne tend toutefois pas moins à constituer, et à diffuser, une liste nominative des *mauvais* camarades – ceux qui, en refusant d'écrire au bulletin, adoptent donc un comportement marginal vis-à-vis de leur communauté.

La quatrième livraison de la *Gazette* tend à conforter cette analyse. En effet, ce qui n'était précédemment qu'un *statut* y prend alors la forme d'un véritable *personnage* fictionnel, dont le mauvais esprit de camaraderie est raillé puis stigmatisé à travers les croquis de Debat-Ponsan insérés en marge des lettres publiées. D'abord interpellés sur le ton de la plaisanterie (« Dédié aux P.R. Que faut-il pour écrire ? Un peu d'encre »), les P.R. sont rapidement qualifiés d'« infâmes » ou de « honteux ».

Figure 5. Jacques Debat-Ponsan, croquis, *Gazette*, nº 4 (27 novembre 1916), p. 13, 15 et 19.

Archives de la Fondation internationale Nadia et Lili Boulanger

Un peu plus loin, le quatrième croquis de Debat-Ponsan au sujet des P.R. est cette fois tout à fait explicite : « Dédié à ces P.R. de malheur. Oui, que faut-il pour écrire ? Être un bon camarade ».

Figure 6. Jacques Debat-Ponsan, croquis, *Gazette*, n° 4 (27 novembre 1916), p. 23.

Archives de la Fondation internationale Nadia et Lili Boulanger

Enfin, l'ensemble des P.R. est rabaissé au rang de « race inférieure » et non-civilisée[26] avant d'être littéralement condamné au pilori. Remarquons que dans ces deux dernières illustrations, ce qui restait tout de même un ensemble d'individualités (« *les* P.R. ») se trouve finalement réduit à une figure archétypale (« *le* P.R. »), qui s'incarne pour la première fois sous les traits d'un personnage à la laideur particulièrement significative, sorte d'antithèse du héros grec qui figurait sur la couverture de la première *Gazette*.

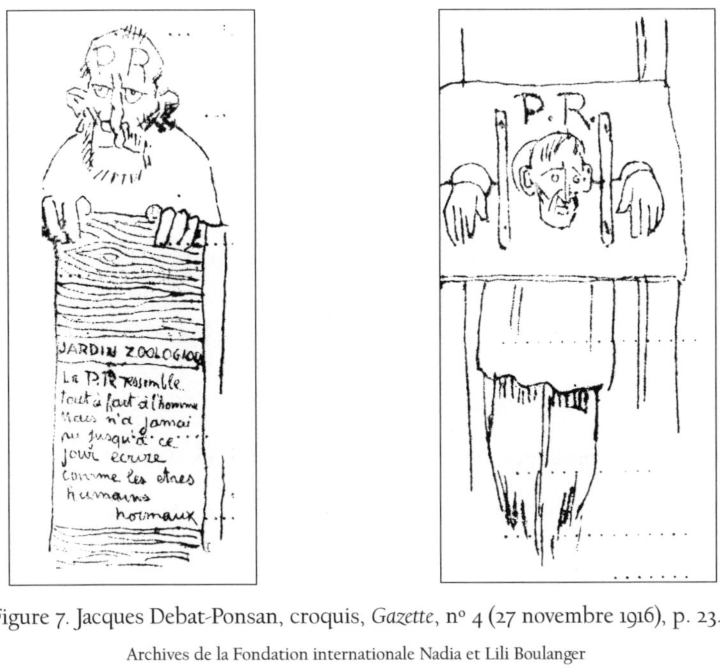

Figure 7. Jacques Debat-Ponsan, croquis, *Gazette*, n° 4 (27 novembre 1916), p. 23.

Archives de la Fondation internationale Nadia et Lili Boulanger

Contribuant à « souder » un peu plus encore la communauté musicienne réunie par, et autour de Nadia et Lili Boulanger, la désignation puis la condamnation d'un groupe de

26. « Jardin zoologique / le P.R. ressemble tout à fait à l'homme mais n'a jamais pu jusqu'à ce jour écrire comme les êtres humains normaux ». Le dessin du P.R. au pilori est très proche de ceux des P.G. (prisonniers de guerre) dans les camps allemands que l'on trouve notamment dans les journaux de tranchée.

« marginaux » tend en outre à déplacer la distinction fratricide possible entre soldats et civils, en la redéfinissant en de tout autres termes – et sur un terrain de bien moindre envergure : l'attitude montrée du doigt et ouvertement condamnée n'est pas celle du musicien resté à l'arrière, mais bien celle du *mauvais camarade* qui, en refusant de soutenir l'effort de guerre des « siens » par l'envoi de nouvelles, devient par extension un *mauvais patriote*.

Tensions et enlisement dans la durée : la réintroduction du débat dans la *Gazette*

Élaborée à travers les premières livraisons de la *Gazette*, l'image d'une communauté musicienne (la « famille » du Conservatoire d'où sont logiquement exclus les *mauvais camarades*) unie dans un même effort de guerre, tous statuts confondus, résiste-t-elle à l'enlisement du conflit dans la durée ? Les principes de liberté éditoriale, d'égalité entre les correspondants et de fraternité corporatiste qui semblent prônés dans le bulletin permettent, en retour, à certains *camarades* de décrédibiliser, au fil des numéros, la représentation quelque peu idéalisée véhiculée par la *Gazette*.

En choisissant de publier *toutes* les lettres reçues, dans leur *intégralité* ou presque[27], le comité éditorial du bulletin offre en effet aux voix discordantes une opportunité de se faire entendre. Ainsi, et malgré les coupes opérées par Nadia Boulanger dans les courriers les plus « pessimistes » (censure qui reste toutefois ponctuelle et très rare[28]), certains propos contribuent à remettre en question l'union sacrée des élèves du Conservatoire, en rappelant notamment les conditions de vie des combattants sur le front :

> On se rendort malgré la vermine qui vous dévore, malgré le grondement incessant des obus qui meurtrissent la terre et qui tuent les êtres et les choses [...] nous entendons le chant des oiseaux aux premières heures de l'aurore pendant que nous marchons dans la plaine, jonchée de cadavres[29].

27. Il est important de souligner que, de façon certaine, les lettres reçues par Nadia et Lili Boulanger ont préalablement été expurgées par l'autocensure des combattants eux-mêmes, la censure de la hiérarchie militaire sur le front et lors du contrôle postal du courrier. En revanche, l'action du bureau de la presse, avant tirage de chaque livraison, semble avant tout formelle : après la publication du premier numéro de la *Gazette*, son intervention se limitera, en définitive, à imposer la suppression, pour les numéros suivants, des adresses militaires et de certaines indications trop précises sur le déroulement des combats. Nadia Boulanger, quant à elle, s'en tient (dans la très grande majorité des cas, voir plus loin) à ne couper que les passages qui lui sont directement adressés (remerciements pour des envois de colis, condoléances lors du décès de Lili), et sont alors remplacés, dans les pages de la *Gazette*, par des lignes de pointillés comme le montrent les lettres originales qui ont été conservées. Voir F-Pn : département de la Musique, Rés. Vm Dos. 0088 (04 à 07).

28. C'est par exemple le cas de la lettre envoyée le 21 janvier 1917 par Georges Grisez, dont le passage « nos malheureux chevaux s'abattant et crevant là de froid, de fatigue, de misère, jalonnant ces pistes de leurs pauvres cadavres, nos effectifs réduits par la fatigue et la fièvre », a été coupé par Nadia Boulanger pour la sixième livraison de la *Gazette*. F-Pn : département de la Musique, Rés. Vm Dos. 0088 (06), folio 75.

29. Henry VASSEUR, lettre du 23 avril 1917. Publié dans *Gazette*, n° 9 (mai 1917), p. 42.

Introduite dans la *Gazette* par les lettres de certains musiciens-soldats, l'idée d'une rupture entre l'arrière et le front s'incarne aussi sur le plan socioculturel ou esthétique – notamment par la position marginale de certains combattants par rapport à la pensée alors dominante chez les civils. Dès la première livraison du bulletin, le musicien-brancardier Louis Fourestier témoigne par exemple de son goût inaltéré pour l'œuvre de Wagner (qui disparaît totalement des scènes parisiennes après 1914[30]), et de sa pleine adhésion aux idées de Romain Rolland, alors largement condamnées dans la capitale :

> On se remémore de belles œuvres, et... le plus de Wagner possible, naturellement. [...] Quelquefois un journal satirique ou un *Mercure de France* s'égare jusqu'ici, nous lisons comme à l'arrière sévit un esprit mesquin, et comme un Romain Rolland est attaqué âprement... par ceux qui ont réussi à tenir, de haute lutte, le haut du pavé[31] !

Fait particulièrement significatif en regard du projet communautariste de la *Gazette*, la lettre du « camarade » Fourestier est accompagnée, lors de sa publication, de plusieurs lignes de pointillés, d'une illustration représentant les ciseaux des censeurs, ainsi que de la mention « Attention !!!!!!! », mettant ainsi en garde les correspondants tentés de s'engager dans la brèche ouverte. Les propos de Fourestier ne passent d'ailleurs pas inaperçus : dans un courrier interne à Nadia Boulanger, l'ancien directeur Théodore Dubois expose ainsi sa consternation face à l'attitude de cet étudiant, et souligne qu'une telle lettre ne devrait pas être publiée dans la *Gazette* :

> La lettre d'un nommé Fourestier détonne singulièrement au milieu de toutes les autres, plus ou moins intéressantes, mais dont l'esprit est généralement bon. Un monsieur, qui écrit, *en ce moment*, « et... le plus de Wagner possible, *naturellement*[32] » et qui déplore que « Romain Rolland soit attaqué âprement »... fait preuve d'une mentalité qui me paraît, en les circonstances actuelles, tout à fait déplorable ! Celui-là, la guerre ne lui aura rien appris, et il restera après ce qu'il était avant ; un sectaire, à moins qu'il ne soit un innocent, auquel cas je lui pardonne. Mais il ne serait pas mauvais de lui faire comprendre qu'il serait de bon goût de s'abstenir d'envoyer à votre « gazette » ses pensées intimes ainsi formulées ! Mr Fourestier est peut-être un excellent Français, mais il lui manque quelque chose ! Peut-être du tact ?... J'ai remarqué les ciseaux d'Anastasie et « Attention ». Je vous en félicite[33].

Suivent d'autres courriers de musiciens-soldats, témoignant d'une forte réprobation vis-à-vis du « front intérieur ». Répondant aux sollicitations de Nadia Boulanger, le musicographe Émile Vuillermoz (alors détaché au service du Contrôle télégraphique) rédige

30. Voir Esteban Buch, « "Les Allemands et les Boches" : la musique allemande à Paris pendant la Première Guerre mondiale », *Le Mouvement social*, n° 208 (juillet-septembre 2004) « Musique en politique », p. 45-69.

31. Louis Fourestier, lettre non datée. Publié dans *Gazette*, n° 1 (décembre 1915). En septembre 1914, Romain Rolland avait en effet publié, au *Journal de Genève*, une série d'articles intitulée « Au-dessus de la mêlée ». Manifeste pacifiste dénonçant l'attitude des pays belligérants et insistant sur la nécessité d'une paix équitable, l'ouvrage valut à son auteur de nombreuses et très vives critiques, largement relayées par la presse française.

32. Souligné deux fois dans l'original.

33. Théodore Dubois, lettre du 8 janvier 1916. F-Pn : département de la Musique, Rés. Vm Dos. 0088 (07).

notamment une longue lettre dont le propos oscille entre contestation et cynisme désabusé :

> Je me sens accordé une quinte au dessous du *la* que donne votre magnifique orchestre ! [...] Contrairement, en effet, à la plupart de mes contemporains qui ne cessent de se féliciter des bienfaits moraux de la guerre, j'ai le malheur de croire que tout n'est pas pour le mieux dans le meilleur des mondes et j'ai le caractère si mal fait que je voudrais, pour soulager ma conscience [...] dresser un état « nominatif » de tout ce qui cloche dans les tranchées musicales de l'arrière que j'ai eu le loisir de visiter ! Rassurez-vous. Je ne me livrerai pas à cette coupable tâche, d'abord pour ne pas risquer de vous attrister, et ensuite parce que les délinquants sont couverts par un moratorium spécial qui s'appelle l'Union sacrée ! Ne m'accusez pas de blasphème ! Ce moratorium ne vaut ni plus, ni moins que les autres. Indispensable en politique il ne joue pas en art, après trente mois de guerre, un rôle bien glorieux[34] !

Conscient du contenu subversif de son texte, Vuillermoz joint un courrier explicatif à l'intention de Nadia Boulanger :

> Chère Mademoiselle. Voici la lettre que vous m'avez demandée. [...] Dites-moi en toute franchise si le ton et le sujet que j'ai adoptés vous déplaisent. Une seule chose importe : vos lecteurs. Il ne s'agit pas de savoir si j'ai raison ou tort, il faut éviter de leur faire de la peine. Jusqu'ici on leur a menti charitablement. L'égoïsme et la férocité de l'arrière sont des monstruosités qu'on avait le devoir de leur cacher. Mais, tout de même, il ne faut pas exagérer. À leur retour, quand ils verront l'attitude honteuse de nos éditeurs, directeurs, chefs d'orchestre... ils nous accuseront d'être leurs complices. Ce n'est pas mauvais de leur apprendre qu'on est pas [sic] dupe de certaines conventions traîtres et qu'on ouvre l'œil, en pensant à eux[35] !

Outre les lettres « discordantes » de certains combattants, il est important de souligner ici le rôle de Debat-Ponsan dans la déconstruction progressive de l'image « familiale » véhiculée dans les premiers numéros de la *Gazette* ; celui-ci réagit aux courriers de soldats teintés d'un optimisme trop suspect par le biais de croquis à l'ironie parfois grinçante[36]. Ainsi, la lettre du tambour-major Georges Becker, qui écrit le 16 mai 1916 :

> Actuellement nous sommes relativement très heureux [...]. Nous sommes installés dans les bois, et nous y sommes très bien. [...] Les abris sont aussi très commodes, ils comportent une dizaine de couchettes, tables et bancs, et toutes les commodités en usage dans de semblables circonstances. [...] C'est épatant, n'est-il pas vrai[37] !

est affublée, dans la marge, d'un poilu grelottant de froid et répondant « Tu parles ! ».

34. Émile Vuillermoz, lettre du 18 janvier 1917. Publié dans *Gazette*, n° 5 (décembre 1916-janvier 1917), p. 36.
35. Émile Vuillermoz, lettre à Nadia Boulanger, 18 janvier 1917. F-Pn : département de la Musique, Rés. Vm Dos. 0088 (07).
36. Selon Françoise Navet-Bouron, les dessinateurs humoristiques ont pu jouir d'une certaine liberté de propos pendant la Grande Guerre – le nombre des demandes officielles d'échoppage de dessins entre 1914 et 1918 ne s'élevant qu'à 850 environ. Voir Françoise Navet-Bouron, « Censure et dessin de presse en France pendant la Grande Guerre », *Guerres mondiales et Conflits contemporains*, n° 197 (mars 2000), p. 7-19. Repris dans Hervé Coutau-Bégarie (dir.), *Les Médias et la Guerre*, collection Bibliothèque stratégique, Paris : Economica – Institut de stratégie comparée É.P.H.É. IV, 2005.
37. Georges Becker, lettre du 16 mai 1916. Publié dans *Gazette*, n° 3 (septembre 1916), p. 2. Les propos de Georges Becker ne vont pas sans rappeler ceux de Robert Hertz, les deux discours partageant à quelques mois d'intervalle cette « forme de contentement » qu'a souligné Christophe Prochasson (expression d'un bien-être physique doublée d'une description de la nature au contact régénérant pour les soldats). Voir *Un ethnologue dans les tranchées (août 1914 – avril 1915). Lettres de Robert Hertz à sa femme Alice*, présentées par Philippe Besnard & Alexander Riley, préfaces de Jean-Jacques Becker & Christophe Prochasson, Paris : C.N.R.S., 2002.

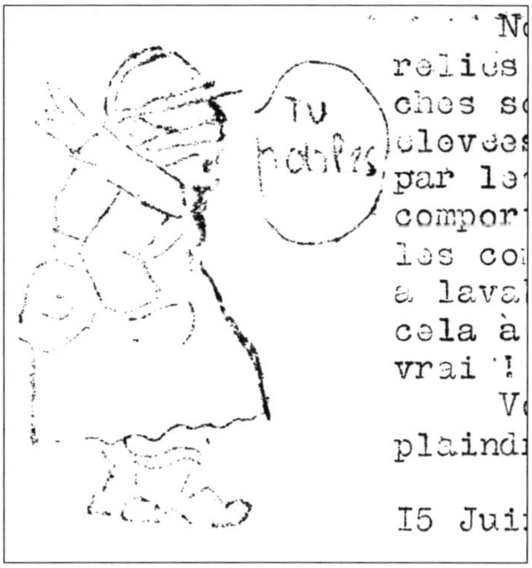

Figure 8. Jacques Debat-Ponsan, croquis, *Gazette*, n° 3 (septembre 1916), p. 2.
Archives de la Fondation internationale Nadia et Lili Boulanger

Figure 9. Jacques Debat-Ponsan, croquis, *Gazette*, n° 4 (27 novembre 1916), p. 4.
Archives de la Fondation internationale Nadia et Lili Boulanger

Dans le numéro suivant de la *Gazette* (novembre 1916), Henri Bouillard évoque les concerts qu'il s'emploie à organiser dans les dépôts militaires, pour les soldats blessés ou mutilés : « Tous les mois nous donnons des concerts et tâchons de leur donner le plus d'éclat possible[38]. » En jouant sur le double sens du mot « éclat », Debat-Ponsan réplique par un croquis représentant un poilu particulièrement mal-en-point, et sous-titré « Concert avec beaucoup d'éclat. Les spectateurs : beaucoup d'éclats ».

Contribuant à mettre en crise la représentation d'une communauté musicienne « soudée » au-delà de la dichotomie civil-soldat, les lettres et dessins polémiques évoqués à l'instant vont par ailleurs susciter ou stimuler les débats voire les polémiques, parmi les lecteurs-correspondants de la *Gazette*. Si les principes éditoriaux du bulletin restent inchangés, le contenu des lettres publiées évolue en revanche dans le sens d'une séparation entre l'arrière et le front. Fait significatif, la *Gazette* tend peu à peu à devenir l'organe d'une seule population : celle des musiciens-soldats, dont les lettres occupent par exemple la quasi-totalité de la septième livraison[39]. Cette évolution n'échappe d'ailleurs pas aux correspondants eux-mêmes. En convalescence à l'hôpital, Claude Barrier assimile volontiers les P.R. aux « planqués » de l'arrière :

> Je suis certain qu'il est du plus grand intérêt pour eux de ne pas paraître au grand jour [...] mais il faut espérer que ceux qui ne se cachent que depuis le début de la guerre, ne sortiront pas de l'ombre lors de la Victoire à laquelle ils n'auront pas participé. Il est en effet inadmissible qu'en ce moment un homme jeune et valide troque un fusil, dont il pourrait se servir, contre

38. Henri Bouillard, lettre du 31 août 1916. *Gazette*, n° 4 (novembre 1916), p. 4.

39. Dans le septième numéro de la *Gazette*, les lettres envoyées depuis l'arrière proviennent exclusivement de musiciens blessés ou réformés – comme Roger Manas, aveugle. Les courriers de musiciens-soldats occupent la majorité du bulletin à partir de sa troisième livraison – les musiciens restés à l'arrière ayant, pour la plupart, écrit au moins une fois dans les deux premiers numéros.

> un emploi de manœuvre dans un arsenal où il n'est bon à rien ; c'est pourtant la conduite d'un élève du conservatoire[40].

Appuyée sur l'optimiste belligérant des années 1914-1916, la « stratégie du bouc émissaire » évoquée plus haut ne résiste donc pas à l'usure psychologique d'une guerre de tranchées. D'abord simples « mauvais camarades » (soldats et civils confondus), les P.R. de 1917 deviennent à présent « ceux-là [qui] ne sont pas à la guerre » et qui sont « chez eux à l'abri du canon [...] loin des balles meurtrières », pour reprendre les mots de la chanson *On les aura*.

Lorsque paraît la *Gazette* de juin 1918, la rupture entre les musiciens restés sur le front domestique et les musiciens-soldats semble donc consommée, ou du moins sérieusement engagée – malgré le mouvement d'union corporatiste prôné et mis en scène dans le bulletin des sœurs Boulanger. L'année 1917 avait marqué un tournant dans l'évolution du conflit, se traduisant par une certaine baisse générale de moral et contribuant à creuser encore le fossé entre combattants et civils. Parallèlement, l'entrée en guerre des États-Unis, qui laissait entrevoir la fin prochaine des hostilités, incitait la population française à s'interroger bien plus concrètement sur la question de l'après-guerre – non sans quelques inquiétudes, d'ailleurs.

C'est donc assez naturellement que le comité éditorial de la *Gazette* révise son projet initial afin de pouvoir répondre, dans le dernier numéro (1er juin 1918), aux attentes des lecteurs-correspondants, tout en préservant sous un autre aspect l'indispensable image d'une communauté musicienne « soudée ». Si le bulletin rassemble et publie toujours les courriers des camarades – par ordre d'arrivée cette fois –, le propos de ces derniers n'est en revanche plus laissé à leur libre initiative. En effet, chaque membre de la « famille » du Conservatoire est invité (par une lettre préalable de Nadia Boulanger) à se prononcer sur trois questions :

> 1. Quelle devrait-être l'orientation des concerts cet hiver ? Faut-il jouer des classiques ou faut-il donner une place prépondérante à la musique moderne. 2. Les musiciens allemands doivent-ils garder leur place ? Brahms et Wagner ? 3. Quels artistes faudrait-il envoyer en tournée de propagande (concerts, théâtre, théâtre musical). Ceux qui ne sont plus d'âge à être mobilisés, les auxiliaires, ou même les mobilisés qui par leur notoriété ont déjà une influence[41] ?

Tout en s'écartant de son objet initial (recueillir et diffuser les nouvelles de chacun), la *Gazette* reprend donc le fil de débats esthétiques récurrents (oppositions entre « classiques » et « modernes », ou entre wagnériens et antiwagnériens[42]), qui agitaient déjà la communauté musicienne avant 1914, et qui trouvent alors une nouvelle légitimité dans un

---

40. Claude Barrier, lettre du 19 mars 1917. Publié dans *Gazette*, n° 7 (mars 1917), p. 1-2.

41. *Gazette*, n° 10 [sic pour n° 11] (1er juin 1918), p. 1.

42. En cela, le bulletin de Nadia et Lili Boulanger rejoint un certain nombre d'initiatives analogues, par exemple celle de *La Renaissance politique, littéraire et artistique*, qui publie dans son numéro du 5 février 1916, les réponses de différentes personnalités à la question : « Doit-on jouer Wagner après la guerre ? »

contexte social, politique et culturel dominé par la volonté de reconquête et d'affirmation de l'identité nationale. Ce qui fonde la représentation d'une communauté dans le dernier numéro de la *Gazette* ne tient donc plus tant à la mise en scène d'une union sacrée corporatiste qu'au prolongement des débats d'idées ayant toujours caractérisé le milieu musical. Ce dernier numéro parvient d'ailleurs à rassembler *in fine* la population des élèves et anciens élèves du Conservatoire, qui s'implique et répond très massivement au questionnaire de Nadia Boulanger – la proportion de soldats et de civils parmi les correspondants retrouvant en outre un point d'équilibre.

*

* *

Au terme de cette analyse, la *Gazette des classes du Conservatoire* apparaît donc comme un trait d'union tout à fait singulier entre le front domestique et le front militaire, dont les principes éditoriaux peuvent être appréhendés à travers un projet unique et inaltéré entre 1915 et 1918 : organiser et représenter l'union d'une « famille-Conservatoire » dans un même effort de guerre, au-delà des séparations combattants-civils. À ce titre, cette initiative est à distinguer d'autres entreprises pouvant, au même moment, paraître similaires (le *Bulletin des écrivains de 1914*, par exemple, ou encore les annuaires de l'École normale supérieure[43]), mais aussi de la presse musicale des années 1914-1918, qui couvre avant tout les événements musicaux à l'arrière (*La Musique pendant la guerre, revue musicale mensuelle* ou *Le Courrier musical*, par exemple).

Identifier et analyser les différentes mécaniques éditoriales œuvrant, dans la *Gazette*, à l'union sacrée d'une corporation musicienne suppose évidemment de se heurter aux limites théoriques et pratiques d'un tel exercice – notamment en termes d'*autorité* (à qui attribuer telle ou telle composante du bulletin ?) et d'*intentionnalité* (avec quel degré de conscience les mécanismes éditoriaux « corporatistes » étudiés ci-dessus ont-ils été élaborés à l'époque ?). Face à ces impasses provisoires, notre « lecture » de la *Gazette* appelle donc à être poursuivie sur le plan documentaire, mais aussi à être complétée par d'autres lectures. Il serait par exemple intéressant d'envisager l'initiative des sœurs Boulanger (et notamment de Nadia qui, en 1909, postulait sans succès au poste de professeur d'accompagnement au Conservatoire) sous l'angle de la stratégie institutionnelle. Les répercussions des propos et témoignages publiés dans la *Gazette* sur les carrières des élèves du Conservatoire après-guerre mériteraient en outre une analyse approfondie. À ce titre, il est intéressant de noter que la douzième livraison de la *Gazette*, restée inédite, devait s'articuler autour d'une question posée à l'ensemble des lecteurs : « Quels sont vos projets

43. Le premier s'adresse aux écrivains, communauté non institutionnalisée, plus vaste et hétérogène, sans velléité affichée d'en organiser ou d'en représenter l'union solidaire. Les seconds relèvent pour leur part davantage du « monument aux morts ». Voir Nicolas Beaupré, *Écrire en guerre, écrire la guerre. France, Allemagne 1914-1920*, préface d'Annette Becker, collection C.N.R.S. histoire, Paris : C.N.R.S., 2006, p. 47-72 (« Le monde des lettres et les écrivains combattants »). Voir aussi Olivier Chaline, « Les normaliens dans la Grande Guerre », *Guerres mondiales et Conflits contemporains*, nº 183 (1996), p. 99-110.

pour l'après-guerre[44] ? » En novembre 1918, afin de préparer ce numéro, Nadia Boulanger invitait chaque étudiant à remplir et renvoyer une fiche de renseignements précisant ses diplômes, ses postes d'avant-guerre, sa situation militaire ainsi que la nature de ses candidatures pour l'après-guerre (orchestres, postes dans les conservatoires, etc.). Constituant ainsi un gigantesque fichier professionnel de la vie musicale française, la musicienne semble s'être personnellement engagée à aider les étudiants à entamer ou à réintégrer une carrière dans la vie civile après l'armistice[45]. Enfin, au-delà de ces approches particulières, il s'agirait surtout de traiter le contenu des quelque 1 160 lettres de musiciens publiées dans la *Gazette* entre 1915 et 1918, corpus documentaire absolument exceptionnel pour l'étude de la vie et des pratiques musicales sur les fronts militaire[46] et domestique pendant la Grande Guerre.

44. F-Pn : département de la Musique, Rés. Vm Dos. 0088 (05), 224 feuilles.

45. Les réponses des musiciens-soldats témoignent d'aspirations communes pour l'après-guerre, à savoir rejoindre des orchestres parisiens ou provinciaux et enseigner l'instrument. Un grand nombre d'entre eux s'inquiète par ailleurs des possibilités de réintégration au sein des classes du Conservatoire.

46. Différents courriers d'élèves témoignent par exemple de l'organisation et du déroulement de concerts à proximité des lignes de feu (en précisant parfois le programme et les interprètes), de la formation d'orchestres ou de chorales d'amateurs dirigées par des musiciens-soldats (Philippe Gaubert, Jacques Pessard, René Vierne, etc.) ou encore de la composition d'œuvres depuis les tranchées (Roger Norbert, Fernand Cotte, Pierre Tesson, etc.).

Écoles de musique en guerre (1914-1925)

David MASTIN

Si les compositeurs de musique ont retenu l'attention des historiens[1], les médiateurs ont été à peu près oubliés. Or, les enseignants des écoles de musique forment un groupe en expansion sous la IIIe République. En 1920, il existe 13 succursales du Conservatoire et 23 écoles nationales de musique, contre 5 succursales seulement en 1850[2]. Cette croissance du nombre des enseignants de musique ainsi que leur plus grande visibilité sociale sont à mettre au compte des processus de professionnalisation et de nationalisation de la musique, décrits par Didier Francfort tout récemment[3]. Ces professeurs de musique sont aussi des praticiens : tuttistes ou solistes, animateurs d'harmonie ou de fanfares, ils forment la « chair musicale » de la République. C'est dire que l'étude de ce groupe dans la Grande Guerre a beaucoup à enseigner sur les cultures de guerre[4]: les écoles, les enseignants de musique ont, eux aussi, participé à l'effort de guerre, se sont engagés dans la guerre. Sur le front domestique (*home front*) les écoles de musique sont au cœur de la mobilisation culturelle de guerre.

---

1. Voir Christophe PROCHASSON & Anne RASMUSSEN, *Au nom de la patrie. Les intellectuels et la Première Guerre mondiale (1910-1919)*, collection « Texte à l'appui. Série l'aventure intellectuelle de la France au XXe siècle », Paris : La Découverte, 1996 ; Glenn WATKINS, *Proof through the Night. Music and the Great War*, Berkeley (CA) : University of California Press, 2003 ; Esteban BUCH, « "Les Allemands et les Boches" : la musique allemande à Paris pendant la Première Guerre mondiale », *Le Mouvement social*, nº 208 (juillet-septembre 2004) « Musique en politique », p. 45-69.
2. La croissance la plus rapide a lieu dans les années 1920 : en 1930, il y a 23 succursales, 21 écoles nationales, 20 écoles municipales et 7 écoles privées contrôlées par l'État. Voir Myriam CHIMÈNES, « Les institutions musicales en France », *Inharmoniques*, nº 6 (mai 1990) « Musique et institution », p. 161-183.
3. Voir Didier FRANCFORT, *Le Chant des nations. Musiques et cultures en Europe (1870-1914)*, Paris : Hachette littératures, 2004.
4. Pour une définition des cultures de guerre voir Stéphane AUDOIN-ROUZEAU & Annette BECKER, « Vers une histoire culturelle de la Première Guerre mondiale », *Vingtième Siècle. Revue d'histoire*, nº 41 (janvier-mars 1994), p. 5-7. Voir aussi, en guise de bilan, Christophe PROCHASSON, « La guerre en ses cultures », *Histoire culturelle de la Grande Guerre*, sous la direction de Jean-Jacques BECKER, Paris : Armand Colin, 2005, p. 255-271.

Il faut donc interroger nos sources[5]. La guerre s'installe dans les écoles de musique par tous les biais : elle entraîne des bouleversements matériels, humains, mais aussi pédagogiques, et les directions des écoles doivent adapter l'enseignement à ces nouvelles conditions.

En second lieu, il faudra questionner le temps de la victoire et du retour des survivants. Le temps de la démobilisation est celui d'un nouveau bouillonnement et, à bien des égards, celui de la persistance de la mobilisation ou de la « remobilisation » de cultures de guerre.

« Mars aux écoles »

Le déclenchement de la guerre trouve les écoles en vacances. Les cours ne reprennent traditionnellement qu'au début du mois d'octobre. La désorganisation est profonde : le ministre des Beaux-Arts s'en inquiète, les maires aussi. Nous sommes donc assez bien renseignés sur l'évolution des effectifs par les états du personnel. Les effectifs enseignants, d'abord, sont amputés par la mobilisation des professeurs masculins, qui forment d'ailleurs l'essentiel des effectifs des écoles. Les effectifs des élèves sont aussi affectés : la désorganisation des transports peut empêcher certains élèves de rejoindre leur école ; d'autres fuient les régions de combat. La maladie va aussi jouer son rôle et sans distinction de sexe. Mais encore une fois, c'est la mobilisation des jeunes gens qui explique les pertes d'effectifs impressionnantes dans les classes : les classes d'instrumentistes, en particulier, se vident. Au total les écoles perdent, pendant la durée de la guerre, entre 20 et 40 % de leur effectif d'élèves, le maximum étant atteint à Lille qui est en zone envahie.

Est-il, dans ces conditions, souhaitable d'ouvrir les écoles ? Gabriel Fauré[6], qui dirige le Conservatoire de Paris, est pourtant – et paradoxalement – optimiste dans une lettre au ministre dans laquelle il conclut que, seuls 183 élèves sur 598 étant présents, qu'aucun élève n'étant en cours de contrebasse sur 6 inscrits et un seul sur 34 pour les cuivres, cet effectif réduit au tiers de ce qu'il était habituellement ne peut manquer de se redresser, estime le directeur, avec la fin des congés exceptionnels accordés.

L'attitude parisienne n'est pas isolée. Les écoles de province réagissent dans le même sens. Après tout, la question paraît légitime : faut-il encore enseigner la musique en temps de guerre ? La réponse est massivement affirmative. Alors que l'invasion menace l'existence même des écoles, dans le Nord et l'Est, on a partout voulu reprendre les cours, continuer à enseigner. Lorsque la guerre dure, la réponse reste inchangée : ses motivations sont seulement plus développées et renouvelées. Les écoles entrent donc dans la guerre avec des effectifs réduits. On pense de toute façon que celle-ci sera courte.

5. Archives essentiellement administratives et pédagogiques des fonds municipaux, à Boulogne-sur-Mer, Lille, Toulouse, Montpellier, Orléans, Tours.

6. Voir F-Pan : AJ37 (83) 1, 8 octobre 1914.

Lorsqu'il est clair que la guerre va durer, il faut résoudre les problèmes d'effectifs. Ceux des élèves, d'abord : l'affaire est entendue, il n'est pas possible de laisser des enseignants sans élèves. À Paris, en octobre 1916, le ministre préconise d'ouvrir plus grand les portes et d'offrir les places des élèves mobilisés à des aspirants. Mais on se ravise plusieurs fois, car les soldats sont appelés à revenir. On est très mal à l'aise dans les écoles sur ces questions : l'école doit tenir son rang, mais doit-elle abandonner le destin musical d'élèves au front[7] ?

Du côté des professeurs aussi il faut se mobiliser pour suppléer les absents. À Boulogne-sur-Mer, c'est à 24 intérimaires qu'on fera appel durant le conflit. Il a fallu que les écoles puisent dans des viviers de main d'œuvre jusque-là sous-exploités : professeurs déjà retraités (qui meurent parfois en exercice), jeunes élèves, mais qu'il faut remplacer quand vient leur tour d'être mobilisés, les femmes aussi. Les écoles utilisent également des enseignants qui servent en ville dans les unités auxiliaires. À Boulogne-sur-mer, on recrute Bonenfant (violon et solfège), professeur du conservatoire de Lille, mobilisé dans une unité territoriale.

Un autre problème crucial se pose : celui des traitements. Il est admis dans toutes les écoles que la solidarité nationale doit agir et que les traitements des professeurs mobilisés doivent continuer d'être versés. Comme on pense la guerre courte, c'est unanimement que les intérimaires – collègues, élèves plus avancés, professeurs réfugiés, venant des écoles de zones occupées – acceptent d'officier à titre gracieux. Très rapidement pourtant, sous forme d'un secours nécessaire, s'insinue la question de la rétribution. Mais certains professeurs cumulent les cours et un rappel à l'ordre peut être nécessaire ; c'est le cas dans cette lettre du maire de Boulogne à un professeur, en octobre 1916 :

> Il est bien entendu que cette somme ne représente pas le taux de traitement du professeur de ce cours et que la différence constitue de votre part une contribution de solidarité à l'égard d'un de vos collègues mobilisés auxquels nous avons maintenu l'intégralité de leur traitement pendant leur séjour aux Armées.
>
> Cette décision ne saurait avoir valeur d'un précédent et constituer un engagement, en vue de l'attribution de postes qui pourraient devenir vacants.

Les écoles se sont donc adaptées à une guerre longue, mais les difficultés économiques ont souvent mis à mal les solidarités internes. C'est ainsi que le maire de Calais doit demander la révocation d'un enseignant qui refuse, en décembre 1916, de participer à un concert philanthropique sans percevoir de cachet[8]. *A contrario* et le plus souvent, un sentiment de culpabilité de n'être pas au front provoque une débauche de concerts : les initiatives privées ou publiques mobilisent alors les effectifs des écoles.

---

7. Une inspection reproche à l'école toulousaine de ne pas savoir trouver d'élèves. Émile Ratez, au contraire, directeur du conservatoire de Lille, accueille plus d'élèves à la fin de la guerre qu'au début, comme pour témoigner de la vitalité lilloise.
8. Voir lettre du maire de Calais au sous-préfet, décembre 1916. Archives départementales du Pas-de-Calais, T208.

Car les écoles aussi sont en guerre, elles font leur guerre. La mobilisation musicale est constante. Le manque de personnel, le manque de moyens n'induisent pas une baisse d'activité ; bien au contraire. Les écoles sont de toutes les manifestations patriotiques. Ces manifestations participent à une mobilisation et une remobilisation permanente de la population, à une réaffirmation des liens de solidarité entre la communauté locale et nationale en guerre, à une diffusion d'une culture de guerre de l'arrière.

Toutes les manifestations sont marquées du sceau du patriotisme : on donne des concerts pour les œuvres des prisonniers de guerre, des réfugiés, des orphelins, etc. lors des hommages publics – et notamment aux morts au champ d'honneur ; les exercices et concerts publics des élèves eux-mêmes, comme à Toulouse, peuvent devenir l'expression de l'engagement dans la guerre lorsque les recettes sont reversées aux œuvres de guerre.

Le répertoire subit bien entendu des modifications. Les archives toulousaines permettent de déterminer qu'elles se font dans trois directions : d'une part, les compositeurs « germains » sont éliminés. Kunc, le directeur de l'école, est un des premiers adhérents de la Ligue de défense de la musique française. Wagner, encore joué lors des exercices de 1914, disparaît des programmes. Saint-Saëns, figure patriarcale du patriotisme musicien, est au contraire de tous les exercices. Deuxièmement, les hymnes et chants patriotiques, *Marseillaise* et *Chant du départ*, ouvrent et ferment les manifestations. Les orchestrations peuvent être revues de multiples fois (Paul Vidal, de Paris, communique de nouvelles versions à Toulouse). Les hymnes alliés sont, à Toulouse, réservés aux concerts donnés les 14 juillet, alors qu'ils sont systématiquement joués à Boulogne, ville-port internationale. Dans le même ordre d'idée, des textes anciens sont réinvestis, comme l'*Hymne aux morts pour la patrie* qui sert depuis 1870, et l'on cherche bien souvent à valoriser un patrimoine régional porteur des valeurs vraiment françaises : le 6 juillet 1915 on donne *Patrie* de Victorien Sardou, grand succès des années 1870-1880.

La musique a donc continué, l'enseignement musical aussi. Mais quels buts leur assigner dans le cadre d'une guerre totale ?

Au-delà des ambitions musiciennes nourries pour leurs élèves, les écoles ont adapté leurs buts pédagogiques à la guerre. Elles défendent toutes l'idée d'un enseignement porteur des valeurs de civilisation : lors d'un discours officiel, en 1916, Aymé Kunc, le directeur du conservatoire de Toulouse, lie, avec des accents messianiques, l'effort de guerre et l'effort des jeunes musiciens. Ces deux efforts s'associent dans une « union sacrée » pour établir la « suprématie française » : d'abord celle des armes et, après la victoire, celle de l'art musical français, comme régénéré :

> Car *il faut* qu'ils aient, eux aussi, plus tard l'orgueil de pouvoir participer par tous leurs moyens à la grandeur et à la suprématie de la France, en maintenant au plus haut degré la renommée de l'Art musical Français. Et il faut qu'ils puissent dire à leurs grands camarades revenus au jour de la Victoire : pendant que tu te battais pour moi, j'ai travaillé aussi, j'ai beaucoup appris, mon temps n'a pas été perdu et je saurais à mon tour être utile à mon pays ! Ah ! Ce jour prochain où

> ils rentreront nos chers Absents ! Quels chants de triomphe et de reconnaissance seront assez beaux pour accueillir leur retour victorieux ? Quelle voix sera assez mélodieuse, quelle musique assez surhumaine pour dire leur gloire et célébrer leurs exploits ? Car ils reviendront, apportant dans leurs bras, avec le laurier nouveau, la liberté de la Patrie reconquise et la splendeur rajeunie de la France immortelle[9].

Même si les circonstances sont officielles, ce discours est d'une veine patriotique courante et efficace : on y célèbre l'héroïsme et le sacrifice et, en même temps, on définit le rôle de la musique et des musiciens dans le triomphe final.

À Lille[10], la situation de guerre est rendue plus complexe par l'occupation. Émile Ratez, le directeur, mène un combat musical qui relève à bien des égards de la résistance. Citons ce courrier au maire de Lille du 22 septembre 1917 :

> Je dois vous prévenir aussi que les tuyaux métalliques du grand orgue subiront le même sort, vraisemblablement, que nos cuivres : ceux de l'orgue du Conservatoire de Roubaix ont été saisis, paraît-il il y a quelque temps. Que faudra-t-il faire lorsqu'on viendra les prendre ? Devrai-je exiger (?) un bon de réquisition ?

Et la réponse désabusée du maire du 29 septembre 1917 :

> Il n'y a rien à faire pour sauver les tuyaux métalliques du grand orgue, pareil enlèvement se pratique même dans les églises me dit-on.

Cependant, Ratez s'emploie à faire face à l'adversité : les vexations, les privations de chauffage, les « enlèvements » ou déportations et autres évacuations de jeunes ou de femmes ne l'empêchent pas de continuer à enseigner, de continuer les concours – même à huis clos[11], de faire publier chaque année l'annuaire du conservatoire et de préparer l'avenir. Il souligne une continuité historique, celle des constants succès lillois, autant que son obstination patriotique qui ne peut souffrir de fléchissement :

> Les concours [...] ont permis de constater que le travail de ces deux dernières années a été sérieux et que les circonstances n'ont donné lieu à aucun fléchissement dans les études[12].
>
> Vous avez pu constater, monsieur le maire, que malgré la difficulté des temps il n'y a eu aucune interruption, aucun fléchissement dans l'enseignement du Conservatoire. Les concours de 1916 ont atteint le même niveau artistique que ceux des années précédentes. Aujourd'hui même, dans des classes sans feu ou insuffisamment chauffées, chacun remplit son devoir professoral avec le même zèle[13].

Cette obsession de la poursuite des cours doit retenir l'attention. Elle est significative du consentement à la guerre et de la mobilisation d'une culture de guerre. La Ligue de la défense de la musique française, patronnée par Saint-Saëns, propose aux écoles d'adhérer,

9. *Discours de M. Kunc, Directeur du Conservatoire à l'occasion de la visite de M. Le Sous secrétaire d'état (1916)*, texte dactylographié. Toulouse, archives municipales, 1R167. « Il faut » est souligné dans l'original.
10. Il convient de rappeler que Lille est la succursale de province qui reçoit la plus forte contribution municipale avant guerre.
11. Après avoir refusé l'humiliation de devoir demander l'autorisation à l'autorité allemande.
12. Émile Ratez, lettre au maire de Lille, 25 août 1916. Lille, archives municipales, 4H218.
13. Émile Ratez, lettre au maire de Lille, 5 février 1917. Lille, archives municipales, 4H218.

pour que la « musique de France soit aux Français », mais les écoles ne l'ont pas attendu pour faire œuvre patriotique, car l'essentiel c'est une participation de chaque instant à une guerre de civilisation, contre un ennemi capable d'enlever jusqu'aux orgues des églises. Cette guerre ne peut-être gagnée que par l'accomplissement du devoir et le sacrifice : les professeurs non mobilisés doivent assurer les succès à venir, tout comme les professeurs mobilisés vont assurer le succès des armes. De la même manière, au sacrifice des héros des écoles, morts aux champs d'honneur, doit correspondre le sacrifice des heures d'un travail obstiné sur les partitions et sur l'instrument pour les élèves ou le renoncement au traitement pour les intérimaires. Il y a, dans cette guerre et dans le labeur surhumain et les privations qu'elle impose, comme une obligation de régénération.

C'est le programme que d'Indy, ancien de 1870, fixe aux élèves et anciens élèves au front dans le nº 3 de la *Gazette du Conservatoire* :

> Vous avez l'admirable mission de débarrasser notre art latin de la pernicieuse influence de la pseudo-*Kultur* allemande. Et ce ne sera pas un mince résultat que de raviver notre Musique à la flamme de nos vieilles qualités françaises : *clarté, concision, sentiment des proportions*[14].

Le temps des démobilisations

Après avoir vécu quelque quatre années en guerre, les écoles doivent revenir à la paix : se reconstruire quand elles sont dans la zone des combats, se recréer dans les provinces alsacienne et mosellane. La paix provoque un surcroît d'activités. La demande sociale de musique explose alors que les effectifs d'enseignants et d'élèves ne sont pas reconstitués, faute d'une démobilisation rapide. Or, justement, malgré l'apparent consensus des fêtes de la victoire et autres commémorations, les lézardes de l'Union sacrée apparaissent plus criantes. Le consensus social au sein des écoles est mis à mal, car les démobilisés entendent faire respecter les droits des combattants. La démobilisation culturelle[15] est donc inévitablement ralentie.

> En se retirant, l'ennemi laissa les locaux dans un état de dévastation facile à deviner quand on connaît les mœurs prussiennes[16].

C'est ainsi que l'inspecteur Michelot évoque la dévastation à laquelle les écoles du Nord ont été soumises. Ici celle de Douai dont l'état ne diffère guère de celui de l'école de

---

14. Vincent D'INDY, *Gazette*, nº 3. F-Pn : département de la Musique, Rés. Vm dos. 0088 (01). Souligné dans l'original. D'Indy enseigne à la Schola cantorum et au Conservatoire. Voir la citation complète dans l'article d'Alexandra Laederich, « Nadia Boulanger et le Comité franco-américain du Conservatoire (1915-1919) », page 161 du présent ouvrage.

15. Cette expression a été consacrée par les études des historiens groupés autour du centre de recherche de l'Historial de Péronne et renvoie à « la poursuite de la guerre dans les cerveaux ». Pour plus d'informations, voir Gerd KRUMEICH, « Où va l'histoire culturelle de la Grande Guerre ? », *14-18 aujourd'hui*, nº 5 (2002) « Démobilisations culturelles après la Grande Guerre », p. 7-13.

16. F-Pan : F21 (4587), rapports d'inspection des écoles de musique, 1914-1920.

Cambrai, de celle de Valenciennes. Mais les problèmes matériels seront d'autant plus vite résolus, que les écoles vont participer aux tâches de démobilisation : animer les « heures de sublime allégresse[17] » et commémorer le sacrifice des poilus.

Il y a, dès la fin de la guerre, une multiplication des productions de célébration. C'est surtout vers des productions empreintes de recueillement que les écoles se tournent. En 1923 et 1924 à Boulogne-sur-Mer, les concerts se succèdent au moment de l'érection du monument aux morts : Alexandre Georges y dirige ses œuvres. Antoine Mathieu fils crée, quant à lui, l'*Ode funèbre* composée par son père, mort d'épuisement durant la guerre.

À Lille, la délivrance de la ville, en octobre 1918, a lieu au moment même où le concours de violon s'achève, et l'école de musique paye encore son tribut à la guerre quand Seiglet, professeur de violon, meurt en pleine répétition du *Te Deum de la victoire*. Victoire, deuil, glorification de la petite patrie – en l'occurrence des Flandres – se mêlent dans les manifestations de 1920. Au XIIe Congrès fédéral des sociétés musicales, Alfred Richart dirige le *Choral des Flandres*, chant patriotique, chant du Nord, composé par Francis Casadesus. Enfin, la célébration du centenaire de l'école (le 28 avril 1923) est l'occasion de lier délivrances de la ville et de l'art, après avoir enduré « la tyrannie mesquine de la soldatesque occupante[18] ». La deuxième partie du programme est consacrée aux œuvres d'anciens élèves de Gustave Charpentier, dont Lalo. Elle s'achève par le final des *Scènes héroïques* pour *soli*, orchestre et chœur. Cette œuvre du directeur et compositeur Émile Ratez met en exergue les rôles de la France et du « génie de la patrie ». C'est toute l'histoire de l'école qui est revue à la lumière de la Grande Guerre et de la victoire finale.

La participation des élèves et des enseignants aux manifestations festives de la fin de la guerre conforte l'esprit d'« union sacrée » encore pour un temps, surtout autour de cette mission d'honorer les morts.

Toutes ces activités et la reprise des théâtres ou des saisons posent néanmoins le problème des effectifs. Quel avenir y a-t-il pour les démobilisés et à quelle carrière sont-ils promis ? La fin de la guerre est censée provoquer le retour des soldats dans leurs foyers. Or, comme on le sait depuis la thèse de Bruno Cabanes[19], cette période de démobilisation a été longue et mal comprise. Les musiciens n'ont pas eu de dérogation : Auguste Paul[20] tente de bénéficier d'un sursis, qui l'aurait rendu à la vie civile, mais en vain. Cette attente

---

17. Expression d'André Caplet dans une lettre de novembre 1918 à Lucien Durosoir. Document consultable en ligne : www.megep.net.

18. Expression de Paul Bardou, adjoint au maire de Lille, délégué aux Beaux-Arts, dans *L'Académie et le Conservatoire national de musique de Lille de 1816 à 1918, livre du centenaire*, Lille : sans nom, 1923. Lille, archives municipales, 1R2/5.

19. Voir Bruno Cabanes, *La Victoire endeuillée, la sortie de guerre des soldats français (1918-1920)*, collection L'univers historique, Paris : Seuil, 2004.

20. Professeur de flûte à Boulogne-sur-Mer à partir de 1911. Marié et père de jumeaux depuis 1913, il fait la guerre au 3e régiment du Génie comme brancardier. Voir ses carnets annotés et commentés dans David Mastin, *Autour d'Auguste Paul, professeurs, élèves et écoles de musique dans la Grande Guerre*, mémoire de D.É.A. de l'université de Paris X-Nanterre, 2004.

du retour pose des problèmes non seulement aux écoles qui ne peuvent, dans le meilleur des cas, pas reconstituer leur effectif avant le printemps 1919, mais surtout aux musiciens eux-mêmes, rongés par l'inaction.

Nadia Boulanger le sentait bien qui écrivait à une correspondante américaine :

> En premier lieu, la reprise du travail – la plupart de ces jeunes gens, de ces hommes vont revenir dans un état de fatigue, songez que beaucoup d'entre eux ont combattu 4 ans, qui ne leur permettra pas de lutter avant d'avoir pris du repos – de plus, ils ont leur technique à refaire[21].

Revenir à la vie civile est une nouvelle « lutte », une nouvelle épreuve pour les musiciens.

Peut-on mesurer les souffrances de ceux qui ont perdu leur intégrité physique ? Un bilan reste à faire : il y a dans le livre de Dominique Huybrechts[22] une saisissante photographie de soldats-musiciens aveugles qui suivent une formation à la lecture de partition en braille. Il faut se questionner au sujet de tous ceux qui n'ont pas pu s'adapter. Il faut rappeler que, dans la plupart des formations de musique municipale, le handicap physique qu'on ne peut cacher rendait impropre au service. Le cas de Clément Corbet, clarinettiste, professeur à l'école de Boulogne est à ce titre certainement exceptionnel, car il semble surmonter les difficultés de réinsertion, y compris musicienne : amputé d'un bras en 1917, il est réformé. Il ne peut reprendre son poste à Boulogne, mais « travaille sérieusement le piston[23] » et, après la guerre, dirige les classes de cuivres à l'école d'Abbeville.

Cette réinsertion professionnelle, musicienne et professorale est au cœur de la vie des écoles dans les années 1919 à 1921. Les écoles ont un besoin urgent de réintégrer leurs enseignants qui reviennent vivants du carnage. Mais comment remercier les intérimaires ? Bien sûr on sent qu'il faudrait avantager les jeunes gens qui ont passé quatre ans au front, mais peuvent-ils seulement être à la hauteur des concours de recrutement ? En outre, comment ne pas reconnaître aussi les mérites des intérimaires ? Quant aux élèves qui veulent reprendre leurs études, s'il est admis que la période de guerre n'est pas comptabilisée, les limites d'âge ne peuvent être indéfiniment repoussées !

Il reste que les combattants entendent pour le moins ne pas être lésés dans la course à l'emploi, sinon être avantagés.

Citons ici le cas de Raoul Guilhot, né à Toulouse en 1889, qui postule à un emploi au conservatoire de sa ville natale et entend bien faire respecter l'égalité des chances au concours. Sa lettre portera ses fruits et le concours sera déplacé du printemps à l'automne 1919 :

> Monsieur le Maire,

---

21. Nadia Boulanger, lettre à Mme Tuttle, 10 décembre 1918. F-Pn : département de la Musique, Rés. Vm dos. 0088 (02).

22. Voir Dominique Huybrechts, *1914-1918, les musiciens dans la tourmente. Compositeurs et instrumentistes face à la Grande Guerre*, Mont-de-l'Enclus : Scaldis, 1999, p. 32.

23. Clément Corbet, lettre à Charles Gripois, directeur de l'école de musique de Boulogne-sur-mer, 24 septembre 1917. Boulogne-sur-mer, archives municipales, série R carton nº 2.

> Je reçois de Toulouse l'avis et le programme du concours ouvert pour deux places de professeur de piano au Conservatoire de cette ville.
>
> Permettez-moi de m'élever avec force contre ce que je considère comme une injustice flagrante !!!
>
> Toulousain de naissance, pianiste, 1er prix de piano et de solfège du Conservatoire de notre cité me voilà, depuis août 1914, au service de la Patrie en tant qu'artilleur au 257e.
>
> Actuellement au P. A de Boran[24] où une longue servitude militaire me tient dans une inactivité, dont mon avenir dépend, j'apprends avec douleur que l'on ne me permet pas (vu la date trop rapprochée du concours) de défendre et tenter la chance.
>
> Près de cinq années données sans compter pour l'idéal commun, en factionnaire avancé me permettent je crois de faire valoir mes droits à la vie.
>
> Les cours étant déjà suffisamment avancés, rien n'empêcherait de remettre ce concours à la session prochaine.
>
> [...] Ne laissera-t-on au « poilu » à l'heure où il reprendra sa place de citoyen libre, que l'amertume d'une complète indifférence ??...
>
> Tout cela pour le récompenser, sans doute, du sacrifice qu'il fît de sa vie, de son avenir, de ses aspirations[25] !

L'amertume de cette lettre est bien compréhensible. Guilhot ne rejette pas l'idée de concourir. Il se sent prêt, d'autant qu'il a fait de la musique pendant la guerre. Il regrette de ne pouvoir se présenter, faute d'être démobilisé. On sent bien qu'à ses yeux il n'y a pas de commune mesure entre la guerre sur la ligne de feu et celle à l'arrière.

Les musiciens restent donc « mobilisés » sur la question de l'emploi. La crainte du déclassement professionnel et social rend les professeurs ou élèves démobilisés et les autres particulièrement sensibles au thème de la protection des postes et des niveaux de vie.

Ces frictions internes ont vite cessé : trois causes peuvent être évoquées. D'une part, le marché de l'emploi musical s'ouvre, car les pertes démographiques facilitent le retour au plein emploi. D'autre part, la demande sociale reste forte : les créations d'écoles sont particulièrement nombreuses dans les années 1920, les harmonies et fanfares se reconstituent. Enfin, les enseignants ont su s'organiser pour la défense de leurs intérêts économiques. Ainsi, Auguste Paul, pendant la guerre elle-même, à Boulogne-sur-Mer, a contribué au développement du syndicalisme, et les associations défendent les revendications musiciennes[26]. Toutes les municipalités élaborent alors de nouveaux plans de

24. Poste d'artillerie de Boran dans l'Oise.

25. Raoul Guilhot, lettre au maire de Toulouse, 4 avril 1919. Toulouse, archives municipales, 1R153.

26. Voir, à titre d'exemple, *Le Musicien fédéré, organe de la fédération des sociétés musicales du Nord et du Pas-de-Calais*. Suspendu pendant le temps de la guerre, ce journal d'une grande qualité renaît en 1920, sous la direction d'Alfred Richart (qui meurt en 1922). La devise fédérale de 1921 « Renaître, travailler, prospérer » dit la préoccupation de reconstruction. Les femmes ont, semble-t-il, maintenu les liens entre musiciens, durant la guerre, elles qui étaient naturellement exclues. Les thèmes de prédilection d'avant-guerre, comme l'alimentation des fanfares et harmonies grâce aux formations régimentaires ou à l'enseignement de la musique à l'école primaire refont surface. Les questions de solidarité et de défense des musiciens occupent une large place.

carrière, de nouvelles grilles de traitements. On renforce la professionnalisation de l'enseignement de la musique. Ici, la guerre n'a fait qu'accélérer un processus entamé à la Belle Époque.

La question de la démobilisation matérielle, du retour à la vie normale est indissociable de celle de la démobilisation des esprits, de la démobilisation culturelle. Il semble bien, à la lumière des rapports entre la musique américaine et les écoles françaises, que cette démobilisation culturelle ait tardé. La musique et son enseignement sont restés porteurs de valeurs défendues pendant le conflit et qui seront réinvesties dans une nouvelle lutte contre l'Allemagne ou contre l'Italie fasciste.

C'est dans une lettre du 10 décembre 1918, que Nadia Boulanger lance l'idée d'une coopération franco-américaine. L'objectif semble au départ purement économique. Peut-on favoriser aux États-Unis la carrière de nos « poilus » français rendus à la musique et inversement accueillir des élèves américains ? Mais déjà, au mot « lutter », on sent les implications politiques :

> La seconde [préoccupation] concerne l'avenir de ces mêmes artistes – nous pensons que l'heure est venue de porter notre enseignement, notre esthétique vers ceux que nous aimons, que de notre côté nous ne cherchons qu'à mieux connaître.
>
> Votre comité ne pourrait-il prier les directeurs de théâtre, d'orchestre, de Conservatoire, de lui faire savoir s'il y a des postes vacants par suite du départ des Allemands qui les occupaient. De notre côté nous centraliserions les demandes de ceux qui aimeraient partir en Amérique – à l'aide de références absolument sérieuses de part et d'autre, d'immenses services pourraient être rendus à de jeunes artistes prêts à lutter avec toute leur foi, toute leur loyauté, tout leur enthousiasme[27].

En 1921, lorsque l'école de Fontainebleau est inaugurée, le sous-préfet rappelle la continuité des enjeux en opposant aux vues étroitement économiques ou politiques des enseignements allemands le désintéressement et la générosité de l'enseignement des maîtres français :

> Si, en effet, les élèves américains avaient été conduits jusqu'au tournant où se révèlent les chefs d'orchestre, les portes se fermaient en Amérique à tous ces *Capellmeister* qui s'étaient donné pour mission de recruter au rabais, et au détriment non seulement des exécutants français, mais même des Américains, des musiciens allemands en même temps voyageurs de commerce ou agents spéciaux et zélés du pangermanisme.
>
> Nos maîtres français eux ne cacheront rien de leur art ; ils l'offriront à nos alliés, sans arrière-pensée, dans toute sa splendeur, en révéleront les moindres secrets, ne redoutant aucunement la célébrité à laquelle pourrait parvenir un de leurs élèves, la souhaitant plutôt. Et ce sont justement les plus réputés d'entre eux pour leur talent, pour leur technique et pour leur conscience, dont le concours est déjà acquis au conservatoire de Fontainebleau[28].

---

27. Nadia Boulanger, lettre à Mme Tuttle, 10 décembre 1918. F-Pn : département de la Musique, Rés. Vm dos. 0088 (02).
28. F-Pan : AJ37 (84) 13, École de Fontainebleau, 1921. Deux documents concernant l'inauguration de l'école.

Mais quatre ans plus tard, Charles-Marie Widor[29], le nouveau directeur du conservatoire de Fontainebleau qui réclame en vain au ministre un local plus spacieux, parle sans ambages. Le Conservatoire américain est une œuvre de propagande :

> Non seulement nous ne demandons pas de subvention pour cette œuvre de propagande sans égale – Mussolini vient, pour le même objet de mettre la villa d'Este à la disposition des États-Unis – mais sur les instances du ministère des Finances, nous consentons un loyer de 25 000 F à l'État. [...]
>
> Nous avons économisé 250 000 F depuis ces quatre ans, pour pouvoir approprier le local cherché, pour écluser en France cette clientèle qui jadis allait à Munich, Dresde, Berlin.
>
> Plusieurs des directeurs *n'ont* et *n'acceptent aucun traitement*[30] ; ils se doivent au pays comme l'ont fait ceux qui sont morts à la bataille. [...]
>
> Nous ne travaillons que dans l'intérêt général pour l'art français, pour le pays[31].

1925 semble bien être une année où la compétition internationale musicale est dense et l'activité politique de la musique intense : citons l'initiative d'un certain Pierre Lucas qui, sur le modèle du conservatoire de Fontainebleau, crée une école à destination des étudiants sud-américains et attend la reconnaissance officielle[32]. Elle avait pour siège social la maison Gaveau à Paris. Bien qu'il ait multiplié les démarches entre juillet 1925 et février 1926, Pierre Lucas ne parvint pas à obtenir la reconnaissance officielle du ministère des Beaux-Arts.

*
* *

Les écoles de musique sont pleinement mobilisées. Pendant plus de quatre ans, passivement ou activement, elles participent à l'élaboration de la culture de guerre. À l'arrière, elles mettent à disposition du public les représentations musicales d'une guerre aussi juste que l'ennemi est cruel. Nadia Boulanger reste choquée devant les ruines de Reims qu'elle visite en 1918, ruines érigées en symbole de la barbarie de l'ennemi. Dans la guerre et après la guerre, les écoles de musique prennent en charge l'expression artistique de la haine, du patriotisme absolu, du patriotisme de défense, mais aussi de la souffrance et du deuil. Elles le font d'autant plus facilement que réformés, femmes, vieillards forment cadres et rangs de ces écoles et se sentent coupables de n'être pas morts au combat.

On comprend mieux aussi quel pouvait être alors le hiatus entre les maîtres et les élèves mobilisés, d'une part, et ceux restés aux écoles (« à la maison », comme aurait dit Kunc)

29. Charles-Marie Widor (1844-1937), ancien professeur de la classe d'orgue au Conservatoire de Paris, membre de l'Institut, mène une action déterminante en faveur de la propagande musicale française en Espagne durant la guerre. C'est lui qui lance, en 1916, l'idée d'héberger en Espagne des artistes qui viendraient à Madrid compléter leur formation. Ce projet aboutit à l'inauguration, en 1928, des premiers bâtiments de la Casa de Velázquez.
30. Souligné dans l'original.
31. F-Pan : F21 (5389), conservatoire de Fontainebleau.
32. Voir F-Pan : F21 (5387), demandes de reconnaissance d'utilité publique.

d'autre part. Pour les premiers, la musique n'est pas qu'un art de combat, ses fonctions sont plus complexes : exaltation des idéaux, refuge dans les moments d'angoisse, expression religieuse du deuil lors des messes ou au contraire défoulement de petites pièces gaillardes des noubas dans les cantonnements. On s'est moins soucié, semble-t-il, de lui trouver une nationalité. Pour les seconds, la guerre est envisagée comme l'occasion d'une régénération et dicte l'adaptation des répertoires, des programmes et conduites scolaires. La découverte de la force de la propagande musicale durant la Grande Guerre explique en bonne partie la persistance, durant les années 20, d'une culture de guerre musicienne à laquelle les cadres des écoles de musique apportent une contribution décisive.

« Le devoir est partout » – reflets de la guerre dans la fondation de la Société française de musicologie en 1917

Sara Iglesias

Juin 1914, quelques jours avant l'attentat de Sarajevo : le cinquième congrès de la Société internationale de musique (S.I.M.) réunit pendant deux semaines 500 personnes, Français et étrangers[1], autour de l'histoire et de l'esthétique de la musique dans des lieux parisiens des plus en vogue. Entre cette manifestation de l'internationalisme scientifique et l'acte d'affirmation nationale que fut la fondation de la Société française de musicologie (S.F.M.), la Grande Guerre éclate, cause de bouleversements sociaux profonds et terribles, mais aussi source d'exaltation spirituelle et d'engagement inouï dans les milieux intellectuels[2]. À cette époque où politisation et autonomie de la musique se trouvent au cœur d'une polémique virulente et que les combats font rage au front, quel sens la guerre peut-elle apporter à la création d'une société savante de musicologie ; en quoi faire de la musicologie est-il alors un acte patriotique ?

1914 : L'internationalisme en musicologie

Tentons d'apporter des éléments de réponse en revenant d'abord au congrès international qui révèle quelques symptômes de l'état de la musicologie française et de la collaboration

1. Les délégations venaient d'Allemagne-Bavière, d'Angleterre, d'Autriche-Hongrie, de Belgique, du Danemark, des États-Unis, de la Grèce, de Hollande, d'Italie, de Russie, de Suède et de la Suisse. Voir « Le cinquième congrès de la Société internationale de musique », *Revue musicale SIM*, 10e année, fascicule 7 (1914), p. 6-7.
2. Sur l'histoire des intellectuels durant la Grande Guerre, voir par exemple Pascal Ory & Jean-François Sirinelli, *Les Intellectuels en France : de l'affaire Dreyfus à nos jours*, « Collection U. Série histoire contemporaine », Paris : Armand Colin, 2002. Voir aussi Christophe Prochasson & Anne Rasmussen, *Au nom de la patrie. Les intellectuels et la Première Guerre mondiale (1910-1919)*, collection « Texte à l'appui. Série l'aventure intellectuelle de la France au xxe siècle », Paris : La Découverte, 1996 ; Brigitte Schroeder-Gudehus, *Les Scientifiques et la Paix. La communauté scientifique internationale au cours des années 20*, Montréal : Presses de l'université de Montréal, 1978 ; Roland N. Stromberg, *Redemption by War. The Intellectuals and 1914*, Lawrence (KS) : Regents Press of Kansas, 1982.

musicologique internationale. Organisé par la section parisienne de la Société internationale de musique, le congrès se place en effet sous le double signe du patriotisme français et de l'internationalisme scientifique. Patriotisme, car le but affiché des organisateurs est d'épater leurs hôtes par des festivités élégantes et mondaines mettant en scène la culture française[3]. Patriotisme également dans la volonté de défendre le statut de la France au sein du groupement international : Jules Écorcheville (1872-1915), en tant que président de la Société internationale de musique, affirme ainsi dans son discours de clôture que la musicologie française aurait enfin pris conscience d'elle-même et « de ses droits à une existence désormais glorieuse[4] ». Internationalisme, car « qui dit congrès dit internationalisme », comme nous l'apprend le compte rendu du congrès, mais aussi, plus concrètement, dans la détermination avec laquelle les congressistes se tournent vers des recherches de dimensions mondiales, ainsi que dans l'effort consacré à l'organisation d'une musicologie internationale. Au beau milieu des tensions politiques précédant le déclenchement de la guerre, la Société internationale de musique se conçoit, du moins dans le discours officiel des Français, comme le lieu de la collaboration internationale idéale : « La musicologie, dernière venue de toutes les disciplines de l'esprit, a eu le bonheur de naître internationale. Tout en laissant à chaque pays, à chaque localité, l'entière indépendance de ses agissements, sans porter atteinte à aucune liberté, elle a trouvé le secret de s'organiser à travers le monde[5]. » Côté germanique, le ton est le même : l'éminent Guido Adler, l'un des animateurs les plus importants de la discipline en Europe, loue non seulement les qualités du pays qui accueille les délégations étrangères, mais également le pouvoir de la culture et de la science d'unir les peuples[6].

Cependant, ce tableau idyllique se teinte de critiques internes portant justement sur cette coordination internationale, jugée chaotique, déséquilibrée, voire inexistante[7]. L'un des porteurs de cette remise en question est Julien Tiersot (1857-1936), bibliothécaire du Conservatoire, actif à la Schola cantorum, et auteur entre autres de l'*Histoire de la chanson populaire en France* (1889) et de l'*Histoire de la Marseillaise* (1915). Ce musicologue attaché à l'idéal républicain qui n'hésite pas à exprimer ses opinions politiques dénonce une domination du congrès par la délégation allemande. Dans son compte rendu publié par *Le Ménestrel* le 27 juin, plus sévère que celui, officiel, de la *Revue musicale SIM*, il affirme ainsi que l'on « se serait cru parfois Unter den Linden [...], tant la langue allemande y était d'un usage prépondérant et presque exclusif ». Si Tiersot admet volontiers

3. Voir « Le cinquième congrès de la Société internationale de musique », p. 4-5, 16-30.
4. « Le cinquième congrès de la Société internationale de musique », p. 3.
5. « Le cinquième congrès de la Société internationale de musique », p. 30-31.
6. Voir Gabriele Eder, « Die missbrauchte Muse. Über die Grenzen des Internationalismus in der Musikwissenschaft », *Zeitgeschichte*, 21e année, fascicules 1-2 (janvier-décembre 1994), p. 399. Pour les échanges scientifiques internationaux avant 1914, voir Schroeder-Gudehus, *Les Scientifiques et la Paix*, p. 41-62. *Mil neuf cent, revue d'histoire intellectuelle*, nº 7 (1989) « Les congrès lieux de l'échange intellectuel 1850-1914 ».
7. Voir « Le cinquième congrès de la Société internationale de musique ». Voir aussi Louis Laloy, « Jules Écorcheville », *Le Tombeau de Jules Écorcheville, suivi de lettres inédites*, Paris : Dorbon aîné, 1916, p. 9-10.

la compétence scientifique de ses collègues allemands, sa critique se fonde sur des arguments d'ordre politique : « En les voyant ainsi, nombreux et compacts, accrédités par leurs gouvernements ou par les institutions publiques auxquelles ils appartenaient, nous avions l'impression qu'ils étaient maîtres de la situation, [...] et que la société qui porte [...] la qualification d'internationale est essentiellement une société allemande[8]. » Ces arguments relèvent d'un discours récurrent dans le milieu savant de l'immédiat avant-guerre ; l'image de la prééminence scientifique allemande appuyée par une puissante machine administrative est alors fréquemment l'occasion de suspicions concernant les projets politiques du pays voisin[9]. Sans doute pour maintenir la paix fragile au sein du groupement, le compte rendu officiel semble réagir à cette prise de position lorsqu'il rend hommage à la méthode, à la cohésion et à la discipline du groupement germanique en tant que modèle pour les musicologues français[10].

La publication des actes du congrès, annoncée par les organisateurs, ne verra jamais le jour. La guerre éclate et parmi les mobilisés se trouve Jules Écorcheville, président de la Société internationale de musique et lieutenant de réserve au 130e régiment d'Infanterie. Il sera tué dans les tranchées de l'Oise en février 1915 ; une disparition qui, deux ans plus tard, prendra toute son importance dans l'assise morale de la Société française de musicologie.

Pour une consolidation de la musicologie française

Vers le milieu de l'année 1915, l'archiviste-bibliothécaire de la section parisienne de la Société internationale de musique prend contact avec les autres membres, mobilisés ou non, en vue de fonder une nouvelle réunion musicologique nationale. Lionel de La Laurencie (1861-1933), spécialiste reconnu de la musique française des XVIIe et XVIIIe siècles, est tout comme Tiersot lié à d'Indy et à la Schola ; les idées et concepts de ce défenseur des valeurs du classicisme et du catholicisme le rapprochent fortement du discours de la droite nationaliste et traditionaliste[11]. À l'occasion des hostilités, il souhaite enfin émanciper la musicologie française de l'allemande – et donc de la Société internationale de musique – en fondant une « Société française de musicologie ». Dans une correspondance avec Écorcheville alors au front, les deux hommes avaient réfléchi à l'avenir de la discipline. Écorcheville, qui se souciait avant tout de la reprise de l'internationalisme, avait contacté de son côté ses collègues anglais et allemands de la Société internationale de musique. Comme tant d'autres, il concevait la guerre contre l'Allemagne

8. « Le congrès international de musique (suite) », *Le Ménestrel, musique et théâtre*, 80e année, no 26 (27 juin 1914), p. 205.

9. Voir Schroeder-Gudehus, *Les Scientifiques et la Paix*, p. 60.

10. Voir « Le cinquième congrès de la Société internationale de musique », p. 31.

11. Jane F. Fulcher constate une forte convergence entre le discours de La Laurencie et celui de l'Action française. Voir Jane F. Fulcher, *French Cultural Politics and Music: from the Dreyfus Affair to the First World War*, New York : Oxford University Press, 1999, p. 49-52, 139.

comme la lutte pour la paix et la civilisation : « Ce qui me réjouit [...], c'est de voir que cette guerre est le triomphe de l'internationalisme mondial sur le nationalisme de la Germanie aveuglée. Nous partons en chantant *La Marseillaise*, mais nous reviendrons en chantant *L'Internationale* (SIM)[12] ! » Et en janvier 1915, peu de temps avant sa mort : « Ici, sur le front, nous ne partageons pas du tout le *furor anti-teutonicus* que la presse essaye d'inculquer au public. [...] Les Allemands font une guerre guerrière, nous la faisons humanitaire[13]. »

La Laurencie quant à lui se dit avant tout attaché à la défense patriotique de ce qu'il perçoit comme une musicologie proprement française, forte de ses acquis et de ses droits, comme Écorcheville l'avait exprimé en 1914. Sa germanophobie est teintée d'un ton virulent, et sa critique de la musicologie allemande se lie de manière explicite et immédiate à celle, politique, du peuple voisin. Dans un grand hommage rendu à Écorcheville en 1916, à l'occasion du premier anniversaire de sa « mort glorieuse », il dénonce les « appétits germaniques » qui se seraient fait sentir au congrès de Paris : « Déjà l'orage soufflait, et nous le sentîmes tous[14]. » Dans le premier *Bulletin* publié par la Société française de musicologie, daté de 1917, il saluera les efforts d'Écorcheville pour tenir tête à « l'envahissement qui s'annonçait du côté de l'Allemagne », ajoutant : « il ne pensait sans doute pas que, moins de deux mois après, cet envahissement deviendrait une cruelle réalité[15]. » Qu'il s'agisse ici de ce que Schroeder-Gudehus appelle la « réinterprétation partisane » des échanges scientifiques après l'éclatement de la guerre[16] ou d'une opinion déjà défendue à l'unisson avec Tiersot lors du congrès même, le ton est clair : l'émancipation du joug de la domination scientifique allemande se marie parfaitement à la défense militaire de la nation.

Le 1er janvier 1917, après un an et demi de préparation, La Laurencie convoque 65 anciens membres de la Société internationale de musique en vue de la fondation de la société nationale, dont 21 seront présents : Lionel de La Laurencie, G. Allix, Alfred Boschot, Charles Bouvet, Gariel, Henri de Curzon, Brancour, Charles Mutin, Jacques-Gabriel Prod'homme, Louis Laloy, Henri Quittard, Julien Tiersot, André Pirro, Vinée, Henri Marcel, Élie Poirée, Marnold (il s'agit probablement de l'influent critique Jean Marnold), Amédée Gastoué, Félix Raugel ; ainsi que deux femmes, Jeanne Arger et Mme Gallet[17]. La Laurencie explicite sa position vis-à-vis de la Société internationale de musique : le sort de l'ancienne section

12. Jules Écorcheville, lettre à Émile Vuillermoz, 10 septembre 1914. Cité dans *Le Tombeau de Jules Écorcheville*, p. 42.

13. Jules Écorcheville, lettre à Lionel de La Laurencie, 15 janvier 1915. Cité dans *Le Tombeau de Jules Écorcheville*, p. 43-44.

14. *Le Tombeau de Jules Écorcheville*, p. 21.

15. Lionel de La Laurencie, « Aux morts », *Bulletin de la Société française de musicologie*, t. I, no 1 (1917), p. 16.

16. À l'exemple des congrès et réunions internationales de l'avant-guerre, elle explique qu'« il n'était pas rare [après 1914] de voir d'anciens admirateurs de la science allemande non seulement réviser leurs opinions, mais encore réévaluer leurs souvenirs de fond en comble », en faveur d'un récit politisé de rapports de force déséquilibrés avec les scientifiques allemands (Schroeder-Gudehus, *Les Scientifiques et la Paix*, p. 54-55).

17. Voir Jacques-Gabriel Prod'homme, « Société de musicologie, fondée à Paris, en 1917 », procès-verbal de la séance du 31 janvier 1917. Archives de la Société française de musicologie, boîte S.F.M. Convocations 1917-1959, Adhérents listes 1930-1976.

de Paris sera réglé après la cessation des hostilités, et la nouvelle Société en sera complètement indépendante[18]. Certes, cette astuce formelle se fondait sans doute en partie sur la volonté d'éviter les réflexions de fond sur le fonctionnement administratif et le sens d'une société savante internationale en temps de guerre. Cependant, il s'agissait probablement avant tout de se détacher extérieurement comme intérieurement de l'influence allemande en vue d'affirmer, dans un acte proprement politique, l'importance et la légitimité scientifiques de la musicologie française[19].

Deux mois plus tard, le 17 mars 1917, une assemblée générale constitutive de 27 membres vote les statuts et élit le conseil d'administration ainsi que le bureau dirigeant, faisant de La Laurencie le président, de Poirée le vice-président, de Prod'homme le secrétaire général, de Quittard le secrétaire adjoint, et enfin de Mutin le trésorier de la société. Parmi les nouveaux venus se trouvent notamment Michel Brenet *alias* Marie Bobillier, Marie-Louise Pereyra qui sera 25 ans durant la secrétaire-trésorière adjointe de la société, Lionel Dauriac, Maurice Emmanuel, Henry Expert, Georges de Saint-Foix et Théodore Reinach[20]. Dans le cadre de séances à fréquence variable, les membres se réunissent dès lors à la prestigieuse salle Gaveau autour de communications musicologiques, souvent illustrées d'auditions musicales. La Société française de musicologie se constitue comme société savante où les résultats des recherches les plus récentes sont présentés et discutés, mais également comme lieu de sociabilité cultivée entre initiés. L'effectif des membres s'accroît jusqu'au nombre de 70 en mars 1918, dont un Espagnol, un Portugais et un Suisse ; en 1922, la Société française de musicologie compte déjà 145 membres, tous invités par deux personnes elles-mêmes membres de la Société, selon les statuts[21].

Cette fondation constitue un pas symbolique majeur dans le processus d'ancrage institutionnel de la discipline en France. L'enseignement universitaire de l'histoire de la musique reste confiné à la Sorbonne qui dispose depuis 1903 de la seule chaire en France, occupée par Romain Rolland, puis, dès 1912, par André Pirro. La musicologie n'étant alors pas reconnue comme science indépendante, l'institut de musicologie n'y sera d'ailleurs instauré qu'en 1951. Les médias français de diffusion du discours musicologique étant déjà rares avant la guerre, la plupart des périodiques musicaux cessent ou interrompent leur parution en 1914[22]. Les musicologues de la Société française de musicologie doivent se

18. Voir Prod'homme, « Société de musicologie, fondée à Paris, en 1917 ». Archives de la Société française de musicologie, boîte S.F.M. Convocations 1917-1959, Adhérents listes 1930-1976.

19. En cela la Société française de musicologie prend part à un phénomène qui s'observe dans l'ensemble des milieux savants français où la guerre est souvent accueillie comme l'occasion d'accomplir une émancipation intellectuelle de la culture allemande, tournée à la « barbarie ». Voir Prochasson & Rasmussen, *Au nom de la patrie*, p. 132-137 ; Schroeder-Gudehus, *Les Scientifiques et la Paix*, p. 54-55.

20. Voir « Assemblée générale du 17 mars 1917 ». Archives de la Société française de musicologie, registre des procès-verbaux (1917-1924).

21. Le nombre de membres est régulièrement publié dans les rapports annuels figurant dans le *Bulletin*.

22. Voir Michel Duchesneau, « La musique française pendant la Guerre 14-18. Autour de la tentative de fusion de la Société nationale de musique et de la Société musicale indépendante », *Revue de musicologie*, t. LXXXII, nº 1 (1996), p. 123.

restreindre à la *Rivista musicale italiana*, au *Musical Quarterly* américain et au *Musical Times* anglais ; *Le Courrier musical* et le tout récent *La Musique pendant la guerre* publiant des articles plutôt d'ordre critique ou polémique, et *Le Mercure de France* n'ouvrant que très rarement ses colonnes à la musicologie. Le *Bulletin de la Société française de musicologie* (qui deviendra la *Revue de musicologie* en 1922) comble ainsi une véritable lacune. À partir de 1917, il publie deux fois par an des articles de fond, des nouvelles musicologiques, des annonces nécrologiques, ainsi que des recensions de livres et d'éditions musicales.

Durant ses premières années, le *Bulletin* se distingue par un détachement flagrant du contexte politique, surtout en comparaison avec *La Musique pendant la guerre* et *Le Courrier musical*. Ces deux derniers prennent position dans le conflit militaire, luttent pour la musique française et intègrent des réflexions de fond sur divers thèmes liés à la guerre, là où le *Bulletin* recherche clairement une dimension scientifique située au-dessus des contingences. Cet idéal de scientificité autonome se fonde certainement d'un côté sur le désir de faire sortir la musicologie française de l'amateurisme et de la mener vers une large reconnaissance en tant que science et, de l'autre, sur la volonté de s'affirmer dans la compétition internationale. Dans l'ensemble, le périodique affiche un esprit à tendance scholiste dans le choix des thèmes (un pourcentage important des membres est lié à l'institution de d'Indy), et des jugements et préoccupations conservateurs. C'est presque exclusivement la musique française qui est à l'honneur, de la redécouverte du Moyen Âge à la Révolution en passant par les grands « classiques » (Rameau, Couperin), et en portant une attention particulière à la musique de cour ainsi qu'à la musique religieuse et plus généralement au répertoire d'orgue.

On trouve cependant bien quelques allusions à la guerre et des énoncés patriotiques et germanophobes, la plupart du temps dans les rubriques destinées à la discussion et à l'expression d'opinions et de sentiments comme les nécrologies et les comptes rendus. C'est ainsi que Tiersot fait entrer dans les pages du *Bulletin* les propos nationalistes et belliqueux du texte *Germanophilie* (1916) de Saint-Saëns : dans un compte rendu grave et enthousiaste, Tiersot soutient pleinement les « utiles leçons » données par le compositeur – qui a rejoint la Société française de musicologie en décembre 1917 – en reproduisant sans critique ultérieure des extraits virulents du pamphlet[23]. Les lecteurs du *Bulletin* auront sans doute également remarqué les quelques piques contre la musicologie allemande que l'on accuse d'incompétence et de partialité nationaliste, telles celle de Saint-Foix dans un article sur Muzio Clementi, contemporain incompris de Mozart : « Si [...] les Allemands, en écrivant l'histoire de la musique, se sont entendus pour ne mettre en plein relief que leurs grands maîtres et pour reléguer dans la catégorie des simples pédagogues une

23. Jules Tiersot, « Camille Saint-Saëns, *Germanophilie* », *Bulletin de la Société française de musicologie*, t. I, n° 2 (mai 1918), p. 121-122.

personnalité aussi puissante que Clementi, et bien, c'est à nous de réparer maintenant une telle injustice[24]. »

Devoir patriotique et musicologie : la guerre à la salle Gaveau

Mais ces travaux musicologiques du *Bulletin* à la vocation de scientificité objective et autonome sont bel et bien encadrés d'un discours proprement politique que les auteurs diffusent dans des lettres, allocutions et autres « paratextes ». Ainsi, l'éditorial du premier numéro du *Bulletin*, « À nos lecteurs », signé par le comité, mais rédigé par La Laurencie[25], ne fait certes pas du tout état de la guerre, mais place un accent volontariste et patriotique sur le renforcement du statut de la musicologie française au sein de la société et de la nation. La Laurencie souhaite associer les chercheurs de l'ensemble du territoire et les recherches de différentes disciplines en France et termine ainsi son éditorial : « Unissons nos efforts en vue de faire revivre le passé musical de notre pays. La moisson est assez belle pour tenter notre patriotisme[26]. »

Dans ce même esprit d'« optimisme de type eschatologique[27] », le secrétaire général fait le bilan d'une année de fonctionnement de la société en mars 1918. Prod'homme (1871-1956) – cofondateur et secrétaire de la section parisienne de la Société internationale de musique – est un musicologue et critique qui affiche ses idées socialistes dans différents journaux comme la *Revue socialiste*, *L'Humanité* et *Le Temps*. Spécialiste de la musique allemande ayant passé ses premières années d'activité scientifique outre-Rhin, il est certainement l'un des wagnériens les plus importants en France (en 1914 sort sa traduction de quatre opéras du compositeur allemand, et en 1915, il publie encore des lettres inédites dans les pages du *Musical Quarterly*[28]), prenant part aux polémiques tout au long de sa carrière. Huit mois avant l'armistice, il définit le maintien des liens rompus par la guerre entre musicologues « en France et aussi dans les pays alliés » comme le principal dessein de la société. De la même manière qu'avant 1914, cette démarche d'internationalisme scientifique – Allemands exclus – s'accompagne du désir de reconnaissance internationale et d'organisation de la discipline en France. La guerre figure ici comme une sorte de catharsis ayant permis à la musicologie française de se rendre compte de ses défauts, mais aussi de ses spécificités et de ses forces, regroupées désormais dans « notre jeune société

24. Georges DE SAINT-FOIX, « Muzio Clementi », *Bulletin de la Société française de musicologie*, t. I, n° 3 (décembre 1918), p. 161.

25. Lionel DE LA LAURENCIE, « Communiqué pour le Bulletin de la S.F.M. », non daté. Archives de la Société française de musicologie, boîte S.F.M., convocations 1917-1959, adhérents listes 1930-1976.

26. Lionel DE LA LAURENCIE, « À nos lecteurs », *Bulletin de la Société française de musicologie*, t. I, n° 1 (1917), p. VI.

27. Stéphane AUDOIN-ROUZEAU & Annette BECKER, « Vers une histoire culturelle de la Première Guerre mondiale », *Vingtième Siècle. Revue d'histoire*, n° 41 (janvier-mars 1994), p. 7.

28. Voir Jacques-Gabriel PROD'HOMME, « Wagner and the Paris Opéra : Unpublished Letters (February-March, 1861) », *The Musical Quarterly*, vol. I, n° 2 (avril 1915), p. 216-231.

française de musicologie, née de la guerre[29] ». Face à l'ennemi commun, qui est passé du statut de concurrent scientifique à celui d'ennemi national, les querelles internes, apparentes au congrès de 1914, semblent ainsi s'être évaporées en faveur d'une sorte d'« union sacrée » musicologique ; du moins telle est l'image que l'on cherche à communiquer.

Julien Tiersot, successeur de La Laurencie à la présidence de la Société française de musicologie en 1920, conçoit lui aussi le devoir patriotique comme raison principale de la fondation de la société. Deux ans à peine après la cessation des hostilités, il revient sur les faits :

> C'était en 1917 : il suffit de prononcer cette date pour rappeler les plus angoissants des moments que nous avons vécus depuis 1914. Mais de La Laurencie n'est pas de ceux qui se découragent et qui désespèrent. Pendant que, sur d'autres fronts, les plus jeunes d'entre nous accomplissaient glorieusement leur devoir de soldats – et plusieurs allèrent jusqu'au suprême sacrifice, – il comprit que le devoir est partout et que, pour ceux de l'arrière, la meilleure façon de le remplir était de ne pas interrompre leur activité et de continuer à remplir leur tâche. C'est pourquoi il nous appela autour de lui, et cet appel fut entendu par nous tous[30].

En effet, les membres fondateurs de la Société française de musicologie intègrent consciemment cet « autre front » dans leur discours : il s'agit de témoigner de leur solidarité et de leur conscience de contribuer ensemble à la grande œuvre nationale. Le *topos* du sacrifice pour la nation soulevé par Tiersot apparaît déjà dans le premier numéro du *Bulletin* : après l'éditorial « À nos lecteurs », un grand hommage « Aux morts », est lui aussi rédigé par La Laurencie. « Les deuils, écrit-il, qui, depuis trois ans, s'appesantissent si cruellement sur l'Europe, n'ont pas épargné la famille musicologique. Nombre de nos confrères ont disparu au cours de la grande tourmente, et plusieurs moururent en héros[31]. » Il désigne donc la musicologie non pas comme communauté scientifique, mais comme « famille » : la musicologie a elle aussi sacrifié ses fils, ses frères, son sang à elle aussi a coulé pour la patrie. Si les membres fondateurs de la Société française de musicologie ne donnent pas leur vie au front, ils prennent ainsi quand même part au sacrifice suprême en déplorant leurs morts à eux.

C'est dans ce contexte que la disparition de Jules Écorcheville devient le mythe fondateur de la Société française de musicologie : en elle, la société trouve le récit sublimé de la musicologie nationale. Dans la lettre annonçant le décès du musicologue aux confrères, au sein du volume célébrant la gloire posthume militaire et scientifique de ce dernier, et à nouveau dans le premier numéro du *Bulletin*, La Laurencie met l'accent sur ce qui lui semble être l'essentiel dans cette mort héroïque :

> Avant de tomber, il eut la force de crier à ses hommes : « Pour moi c'est fini ; pour vous, faites votre devoir. » Les musicologues français n'oublieront pas le savant, l'artiste, le héros que fut

29. Assemblée générale du 15 mars 1918, rapport du secrétaire général. Archives de la Société française de musicologie, boîte Assemblées générales, Conseils d'administration, Procès-verbaux, 1917-1950.

30. Julien Tiersot, « La Société française de musicologie », *Bulletin de la Société française de musicologie*, t. II, nº 7 (octobre 1920), p. 55-56.

31. La Laurencie, « Aux morts », *Bulletin de la Société française de musicologie*, t. II, nº 1 (1917), p. 13.

> Jules Écorcheville ; ils n'oublieront pas sa bonté, son dévouement, sa courtoisie, son ardeur à propager chez nous l'étude des sciences musicales, et la Société française de musicologie s'enorgueillit de recueillir son héritage[32].

En accomplissant le devoir patriotique par sa vie, Écorcheville, en tant que l'un des principaux protagonistes de la discipline en France, semble en quelque sorte avoir racheté une part de la dette de la musicologie française envers la nation. Le transfert symbolique du devoir patriotique du front vers l'arrière s'exprime bien dans le témoignage solennel d'un musicologue anonyme, relaté par La Laurencie : « [Écorcheville] a su montrer [...] comment on passe de la patience héroïque de l'érudit à l'héroïsme actif du soldat. Sa mort explique toute son œuvre et le propose en exemple[33]. »

Une démobilisation musicologique : la longue sortie de guerre de la Société française de musicologie

Bien évidemment, la Société française de musicologie ne se démobilise pas le jour de l'armistice. Les auteurs continuent à réfléchir en termes militaires, divisant le monde musicologique en alliances, et évacuant complètement la musicologie allemande de leur spectre discursif ; la scission militaire et politique se reflète en effet dans une véritable scission musicologique. La rubrique bibliographique du *Bulletin* refuse ainsi d'intégrer des auteurs allemands jusqu'en novembre 1923, où La Laurencie accuse Adolf Aber de subjectivité nationaliste et peu scientifique dans son *Handbuch der Musikliteratur*. De même, la bibliographie des périodiques français et étrangers, instaurée dans le numéro daté de mars 1919, ne dépouille aucun périodique germanophone jusqu'au numéro de mai 1923, avec la *Zeitschrift für Musikwissenschaft*, organe de la Deutsche Musikgesellschaft fondée en janvier 1918. Les textes de musicologues germanophones se restreignent, pour toute la période de l'entre-deux-guerres, au nombre de quatre, ces quatre auteurs étant au surplus tous en exil au moment de la parution de leurs articles entre 1935 et 1939[34]. Dans le cadre de la reprise des échanges internationaux, les attentions des musicologues français se

32. La Laurencie, « Aux morts », p. 16-17. Voir aussi Lionel de La Laurencie, lettre à André Pirro, 20 mars 1915. F-Pn : département de la Musique ; Lionel de La Laurencie, « La vie et l'œuvre », *Le Tombeau de Jules Écorcheville*, p. 23. Ce dernier message d'Écorcheville à ses hommes est également diffusé par le *Musical Times*. Voir « The Late Jules Écorcheville and His Undertakings », *The Musical Times*, vol. LVI, nº 867 (1er mai 1915), p. 276-278.

33. La Laurencie, « La vie et l'œuvre », p. 26. Jean-François Sirinelli note l'importance de la construction des représentations collectives de la « génération du feu » par les intellectuels. Voir Jean-François Sirinelli, « Les intellectuels français et la guerre », *Les Sociétés européennes et la Guerre de 1914-1918*, sous la direction de Stéphane Audoin-Rouzeau & Annette Becker, préface de Jean-Baptiste Duroselle, actes du colloque tenu les 8, 9, 10 et 11 décembre à Amiens et à Nanterre, Nanterre : Publications de l'université de Nanterre, 1990, p. 146.

34. Gitta Horn, travaillant apparemment à Bratislava (Tchécoslovaquie) en février 1935 ; Curt Sachs, en 1936, lorsqu'il travaille au musée de l'Homme ; Alfred Einstein, en exil à Londres en 1937 ; Richard Engländer, exilé en Suède en 1939.

focalisent ainsi exclusivement sur les « pays amis et alliés[35] ». Cet ostracisme important que le discours français inflige à la musicologie allemande ne fait que suivre la mise en quarantaine des scientifiques et intellectuels allemands prônée par le Conseil international de recherches en octobre 1918. Ce que les Allemands appellent le « boycott » consiste en effet en leur exclusion de la majeure partie des congrès, instituts et organisations scientifiques internationaux ainsi que des publications scientifiques, mesure qui ne s'estompera en France qu'à partir de 1925[36].

L'armistice militaire n'est commenté dans le *Bulletin* que par de rares allusions, tout comme l'avait été la guerre auparavant. C'est dans le domaine musical que la paix doit maintenant s'instaurer, et la Société française de musicologie se fait le lieu et le médium d'une véritable querelle au sujet de l'appréciation de la musique germanique. À partir de décembre 1919, le *Bulletin* publie quelques articles et comptes rendus bienveillants sur Mozart, Beethoven et Brahms. L'apparition de ce dernier, dont la musique fut quasi totalement bannie durant la guerre[37], ne provoquera pas d'émoi dans les pages des numéros suivants. Or, si l'aura d'universalité de Mozart et Beethoven ne fut que peu endommagée par les circonstances[38], Georges de Saint-Foix attise néanmoins l'ire de Saint-Saëns par sa communication sur ce même Beethoven lors de la deuxième séance après la paix de la société en avril 1919, agacement que le compositeur exprime dans une lettre ouverte :

> Beethoven n'a pas plus grand admirateur que moi. Je ne demande pas l'exclusion de ses œuvres [...]. Mais je remarque ceci, que jamais il n'a été aussi en faveur que depuis la guerre [...]. Est-ce bien le moment ? On ne devrait cependant pas oublier tout à fait que Beethoven a célébré, par un morceau symphonique, la défaite de l'armée française à Vittoria ; et qu'il a écrit une grande cantate, l'*Instant glorieux*, en l'honneur du célèbre Congrès de Vienne. [...] J'aurais préféré que dans les circonstances présentes, alors que la paix n'est pas encore signée, la Société française de musicologie portât son attention ailleurs que de l'autre côté du Rhin[39].

Mais c'est au sujet de l'auteur de *La Walkyrie* que les esprits se divisent le plus profondément entre confrères musicologues. Ainsi en juillet 1921, dans son compte rendu de l'ouvrage *Richard Wagner et la France* (1921) de Prod'homme, Tiersot ne cache pas son inquiétude patriotique vis-à-vis de la défense d'une musique autonome :

> Nous restons rêveurs devant la constatation de cette « conquête » [de la scène française] effectuée, par persuasion, par un représentant des plus autorisés d'un peuple qui a, en effet, tenté de

35. Assemblée générale du 19 mai 1919. Archives de la Société française de musicologie, Registre des procès-verbaux (1917-1924).

36. Voir SCHROEDER-GUDEHUS, *Les Scientifiques et la Paix*, p. 107, 132, 262-264.

37. Voir Esteban BUCH, « "Les Allemands et les Boches" : la musique allemande à Paris pendant la Première Guerre mondiale », *Le Mouvement social*, n° 208 (juillet-septembre 2004) « Musique en politique », p. 45-69. Prod'homme a par ailleurs publié un article intitulé « Les origines flamandes de Beethoven » (*Mercure de France*, 1er octobre 1918, p. 454-469) où il prouve aux « maniaques » qui auraient besoin de tranquilliser leur conscience patriotique avant d'écouter, que le compositeur de l'*Ode à la joie* est bien le descendant d'un grand-père belge.

38. Voir BUCH, « "Les Allemands et les Boches" ».

39. Camille SAINT-SAËNS, copie de la lettre adressée à la Société française de musicologie, 13 avril 1919. Archives de la Société française de musicologie, registre des procès-verbaux (1917-1924).

> grands efforts pour assurer ses conquêtes ; et peut-être aurions-nous aimé voir l'auteur trouver à cela quelques inconvénients. [...] on a fait voir, naguère, le danger de « l'emprise allemande » dans divers domaines de notre activité nationale ; par quelle vertu la musique serait-elle donc la seule à y échapper et pourquoi n'est-il interdit qu'à elle de s'en garder ? Ce sont là des réflexions d'ordre, il est vrai, peu musicologique ; mais nous avouons n'avoir jamais pu nous défendre contre elles à la lecture de maints écrits semblables à celui qui fait l'objet de la présente notice, et dans l'esprit desquels il nous semble apercevoir un peu trop de détachement[40].

Cette polémique autour de l'autonomie de la musique, ce malaise fondamental entre admiration artistique et rejet politique de la culture allemande[41], qui gagnent même les rangs de cette institution dont l'ambition consiste à développer une réflexion « purement » scientifique, témoignent à la fois de la politisation profonde de l'univers intellectuel à cette époque et de la recherche d'une sorte d'« autonomie malgré tout ». Si la réflexion musicologique en soi apparaît ainsi, dans les pages du *Bulletin*, comme un îlot de non-engagement et de transcendance scientifique, il y a bien engagement patriotique dans la volonté de dresser une musicologie nationale française contre l'adversaire allemand. C'est là une véritable rupture spirituelle, annoncée et souhaitée avant 1914, mais rendue possible de manière officielle par la Grande Guerre. Cependant, ni la guerre ni la fondation de la Société française de musicologie n'eurent véritablement le résultat désiré d'un renouveau scientifique et politico-social, et la musicologie française évolua en pleine continuité entre l'avant et l'après 1914.

Fulcher souligne à juste titre le rôle important du paradigme national dans la naissance de la discipline en France[42], mais ce serait peindre un tableau trop homogène de la musicologie française que de réduire ses motivations au seul nationalisme. Le groupement de musicologues étudié ici embrasse à la fois des partisans de Saint-Saëns et des wagnériens, des nationalistes et des germanophiles, des républicains et des traditionalistes, des progressistes et des conservateurs. Durant ces années de guerre et d'immédiat après-guerre, la Société française de musicologie – en tant qu'institution transcendant les individualités de ses membres – n'affiche pas d'idéologie attachée à un bord politique, si ce n'est celle d'un patriotisme internationaliste et germanophobe. Après l'armistice, ce patriotisme se teinte de pacifiste. Dans sa première allocution en tant que président de la Société française de musicologie en juillet 1920, Tiersot regarde ainsi l'avenir d'un œil optimiste : « La jeunesse, par bonheur, commence à venir à nous : elle nous infusera du sang nouveau, un sang généreux, épuré [...] par d'autres épreuves. Qu'elle veuille bien

40. Julien TIERSOT, « Jacques-Gabriel Prod'homme, *Richard Wagner et la France* », *Bulletin de la Société française de musicologie*, t. II, nº 9 (juillet 1921), p. 202. Pour sa critique d'une conception autonome de la musique, voir Julien TIERSOT, « Musique et conscience nationale », *Le Courrier musical*, 1er décembre 1918, p. 345-348. Cité dans BUCH, « "Les Allemands et les Boches" ».

41. Buch décrit la variété et l'ambiguïté des réactions à la culture allemande et revient sur la thèse des « deux Allemagnes ». Voir BUCH, « "Les Allemands et les Boches" ».

42. Voir Jane F. FULCHER, *The Composer as Intellectual. Music and Ideology in France 1914-1940*, Auckland – New York – Oxford : Oxford University Press, 2005, p. 40-42.

maintenant prendre part à nos travaux pacifiques, et nous ne pourrons rien souhaiter de mieux[43]. »

Le processus de signature des traités de paix achevé, à l'issu des festivités du centenaire Beethoven en 1927 se constituera l'I.G.M.W.[44], la Société internationale de musicologie, sous l'impulsion majeure de Guido Adler. Néanmoins, d'autres conflits perturberont bientôt tout aussi fortement cette musicologie certes « née internationale », mais si sensible aux bouleversements politiques de la première moitié du xxe siècle.

43. Tiersot, « La Société française de musicologie », p. 57-58.
44. Internationale Gesellschaft für Musikwissenschaft.

« À gauche et à droite du Rhin » : perspectives sur l'action de Joseph-Guy Ropartz à Strasbourg (1919-1929)

Mathieu Ferey

Le 22 novembre 1918, l'entrée des troupes françaises à Strasbourg marque le retour de l'Alsace-Lorraine dans le territoire de la République. Symboliquement, c'est depuis les marches du palais impérial (futur palais du Rhin), lieu emblématique du pouvoir précédent, que le général Gouraud préside au défilé des soldats. Après quatre années de guerre marquées par les privations, les excès des autorités militaires allemandes et près de 35 000 morts, l'événement rassemble des foules nombreuses dans toute la région, au-delà, sans doute, des nostalgiques d'avant 1870 et des partisans de longue date du retour à la France. Car la fin des hostilités fait basculer l'Alsace-Lorraine du côté des vainqueurs, après quasiment un demi-siècle de souveraineté germanique.

De nouveaux combats vont pourtant s'engager, qui toucheront des pans complets de la société alsacienne. En effet, pour faciliter la réintégration pleine et entière de l'Alsace libérée dans la communauté nationale, le gouvernement va s'appliquer à « franciser » les institutions et l'enseignement. Il tentera ainsi d'éradiquer l'influence allemande en instaurant la suprématie du modèle culturel national, qui passe notamment par l'usage exclusif de la langue française. Certains, dans un esprit revanchard nettement affirmé, iront jusqu'à parler de « débochisation ».

C'est précisément dans ce but que Joseph-Guy Ropartz est nommé quelques mois plus tard directeur du conservatoire et des concerts de la ville de Strasbourg. Son nom s'est rapidement imposé aux autorités strasbourgeoises : soutenu par plusieurs représentants de l'État, il est depuis vingt-cinq ans la plus éminente personnalité musicale de l'est de la France, ayant développé cet art à Nancy au point de lui donner un rayonnement national. Depuis longtemps, son action sert de modèle réussi de décentralisation musicale[1].

1. Voir Mathieu Ferey & Benoît Menut, « Joseph-Guy Ropartz à Nancy (1894-1919), un exemple de décentralisation musicale », *Le Mouvement scholiste de Paris à Lyon. Un exemple de décentralisation musicale*, sous la direction d'Isabelle Bretaudeau, préface de Kurt Lueders, actes du colloque tenu les 14 et 15 novembre 2003 au Conservatoire national supérieur de musique et de danse de Lyon à l'initiative de la Schola Witkowski, Lyon : Symétrie, 2004, p. 189-205.

Ropartz n'est pas inconnu dans la capitale alsacienne. En 1913, un an avant le début du conflit, il était venu diriger l'orchestre municipal, aux côtés de Vincent d'Indy, lors des Fêtes musicales d'Alsace-Lorraine, qui avaient associé des compositeurs des deux nations. À cette époque, la préface du programme des concerts invitait à la réconciliation : « Nous offrons amicalement la main à nos voisins de l'autre côté des Vosges et les appelons à une compétition paisible sur le sol neutre de l'art[2]. »

Après-guerre, le « sol neutre de l'Art » se transforme en terrain d'affrontement idéologique, culturel et esthétique, dont Ropartz sera le fer de lance dans le domaine musical. Son rôle comme chef d'orchestre, développé dans une direction unique pendant dix ans, appuyé sur des convictions personnelles en adéquation avec la tâche fixée, offre une intéressante perspective d'ensemble sur le combat qu'il a mené (et les oppositions qu'il a suscitées) pour imposer à Strasbourg un nouveau goût musical, en sapant l'influence du répertoire germanique : « Vous en avez assez entendu pendant 48 ans ; vous les connaissez ; or, je suis ici pour vous faire connaître une musique que vous n'avez jamais entendue, celle de notre école française[3]. »

L'empreinte de la guerre

La guerre a bouleversé l'univers personnel et artistique de Ropartz. Ses trois fils sont mobilisés, tandis que l'avancée des troupes allemandes, la proximité de la ligne de front et le danger des bombardements conduisent le reste de la famille à se séparer : sa femme et ses deux filles aînées se rendent en Bretagne, où elles séjourneront jusqu'en 1919, alors qu'il demeure en Lorraine. Le 3 novembre 1914, Albéric Magnard disparaît dans l'incendie de son château de Baron, dans l'Oise, causé par un régiment de uhlans. Ropartz perd l'un de ses amis les plus chers, compagnon des années de formation et premier critique de ses œuvres, auprès duquel il continuait de réclamer conseil, avis et soutien[4]. Enfin, son activité musicale est considérablement réduite : si le conservatoire, replié à cause des bombardements dans les locaux des éditions Dupont-Metzner[5], maintient une petite activité, l'orchestre cesse sa programmation, la majorité des musiciens ayant rejoint les rangs de l'armée.

Durant cette période, la plupart de ses compositions révèlent les deux chemins qu'il emprunte pour échapper à l'atmosphère pénible du conflit : d'une part, l'ancrage dans sa

2. « *Wir bieten unseren Nachbarn jenseits der Vogesen freundschaftlich die Hand und rufen sie zu friedlichem Wettstreit auf dem neutralen Boden der Kunst.* » *Viertes Elsass-Lothringisches Musikfest, Programmbuch*, p. 3.

3. Louis Kornprobst, *J. Guy Ropartz, étude biographique et musicale*, préface de Gabriel Le Bras, Strasbourg : G. Wolf et P. Rouart, 1949, p. 42.

4. Voir Albéric Magnard, *Correspondance, 1888-1914*, textes réunis et annotés par Claire Vlach, collection Publications de la Société française de musicologie, Paris : Publications de la Société française de musicologie – Klincksieck, 1997.

5. Ses propriétaires accueillent le directeur dans leur maison de Lay-Saint-Christophe, à quelques kilomètres de Nancy.

foi catholique, qui s'incarne dans les œuvres à caractère religieux écrites pour orgue ou harmonium et, d'autre part, l'évasion dans un imaginaire souvent déconnecté du contexte de la guerre, avec, par exemple, le *Divertissement* pour orchestre ou les *Musiques au jardin*, écrites pour le piano. Il sacrifie aussi au genre de la pièce « patriotique » en acceptant d'harmoniser les *Chansons de France pour les enfants*, recueil d'airs limousins rassemblés par Blanche Selva, fragment du « trésor où puisaient *inconsciemment* les vieux maîtres [...] et qui les mettait en garde contre le mal et les inclinait à aimer le bien[6] ».

Si l'œuvre de Ropartz n'évoque pas directement sa proximité de la zone des combats, sa correspondance en témoigne régulièrement, décrivant par exemple un « calme toujours relatif puisque en ce moment on tire sur un avion boche[7] ». Ce n'est pourtant qu'avec la fin des hostilités qu'il fera la découverte de la réalité du front :

> Et après le déjeuner nous sommes montés au Linge. Cette montagne, autrefois boisée, où tout est haché, criblé de trous d'obus, rempli d'organisation de défense de toutes sortes, quelle vision d'horreur ! et quelle impression on a en songeant que des hommes ont vécu quatre ans dans cet enfer, que tant des nôtres y sont tombés et que dans d'autres enfers semblables vivaient Jacques et Alain. C'est à donner le frisson. [...] En revenant du Linge nous avons traversé des villages complètement anéantis et Munster dont pas une maison n'est restée intacte. D'aujourd'hui, je comprends mieux ce que c'était que « le front ». C'est une impression que je n'oublierai jamais[8].

Marqué par les multiples impressions héritées du conflit, lassé de son inactivité, Ropartz est indéniablement préparé à épouser la cause nationale. L'occasion va lui en être rapidement fournie.

Le chant de la victoire

Le 5 février 1919, bien avant sa nomination à la tête du conservatoire, Ropartz, accompagné de Blanche Selva, est invité à donner un concert à Strasbourg. Comme à son habitude, il construit son programme sur un triple principe : une ou plusieurs œuvres « classiques » – terme couvrant une large palette de compositeurs de Bach à Schumann –, un concerto, une ou plusieurs œuvres contemporaines, appartenant le plus souvent à l'école franckiste. Au premier coup d'œil, ce concert ne déroge pas à la règle : l'*Hymne à la justice* d'Albéric Magnard, le *Concerto en ré mineur* pour clavier de Bach, *La Cloche des morts*, l'un de ses « paysages bretons » de jeunesse, la *Symphonie sur un chant montagnard français* de Vincent d'Indy, le « Morceau symphonique » issu de *Rédemption* de César Franck, l'*Ouverture d'Egmont* de Beethoven.

6. Blanche Selva, lettre à Guy Ropartz, Paris, 16 juin 1916. Collection particulière. Une partie de cette lettre est réutilisée dans la préface que Blanche Selva a rédigée pour la publication originale des *Chansons de France pour les enfants* chez Roudanez.

7. Guy Ropartz, lettre à Gaston Vallin, 14 janvier 1917. F-Pn : département de la Musique, l. a. 93.

8. Guy Ropartz, lettre à son épouse, 22 juin [1919]. Collection particulière.

Mais au-delà de cette structure archétypale déjà construite sur des valeurs sous-jacentes (respect de la tradition et des grands modèles du passé, prédominance du répertoire post-franckiste, concession accordée à la fascination du public pour les virtuoses), ce concert, comme d'autres dans l'année suivant la libération de Strasbourg, illustre les idées de victoire (*Hymne à la justice*), exalte les vertus nationales (« le chant montagnard français ») et célèbre les héros défunts (*La Cloche des morts*).

En affinant l'analyse, ce premier concert nous en apprend plus sur les motifs, conscients ou non, qui guideront l'action de Ropartz à Strasbourg. Ainsi, l'*Hymne à la justice* ne se contente pas seulement d'exprimer la joie de la victoire, après le déferlement des forces véhémentes qui parcourent de façon tellement significative le début de l'œuvre. Associé à la mémoire de l'ami emporté par la guerre, inspiré par les idéaux dreyfusards de Magnard[9], l'*Hymne*, dans ce contexte, précipite éthiquement l'ennemi vaincu du côté du mal, de « l'injuste », image dont Ropartz ne se départira jamais totalement.

Sur un autre plan, le choix de la *Symphonie sur un chant montagnard* indique la proximité de Ropartz avec les convictions des membres de la Schola cantorum concernant la nécessité de renouer avec les chansons et les airs du folklore national pour fonder à nouveau une musique spécifiquement française. Ainsi, sa propre utilisation de thèmes bretons ne s'oppose-t-elle jamais à l'affirmation d'une appartenance à la France, ce qui peut constituer un message à l'adresse des Alsaciens, sur la possibilité de garder vivantes les traditions populaires tout en retrouvant le chemin de la nation commune.

La double présence de Bach et de Beethoven ne contrecarre pas non plus cette primauté du répertoire français, car ils ne sont pas perçus alors comme spécifiquement allemands. Ils appartiennent au répertoire « classique », universel, pour lequel Ropartz n'aura aucune gêne à alléguer la supériorité de l'art interprétatif français[10]. D'une façon totalement déroutante, Schumann sera lui aussi incorporé au sein du canon, malgré l'ostracisme auquel Ropartz condamnera globalement les compositeurs germaniques.

Enfin, si l'*Ouverture d'Egmont* conclut le concert par une éclatante évocation de la victoire avec timbales et trompettes, elle suppose aussi que le combat possède sa noblesse en lui-même. Malgré une donnée programmatique incertaine, l'œuvre introduit au drame de Goethe, qui met en scène la lutte du hollandais Egmont contre l'envahisseur espagnol, lutte menée jusqu'au martyre, prémisse d'une victoire définitive sur l'oppresseur. Elle forme une boucle parfaite avec l'*Hymne à la justice*, comme hommage au martyr Albéric Magnard et à tous les autres martyrs de la guerre, et appelle à mener le combat quelles qu'en soient les conséquences, puisqu'il est juste, en jetant toutes ses forces dans la bataille.

---

9. Ce dont témoigne la dédicace à Émile Gallé, autre ardent défenseur du capitaine.

10. « Vous savez que les chefs d'orchestre boches en prenaient beaucoup à leur aise avec les textes et introduisaient des tas de fantaisies dans leur interprétation... » (Guy Ropartz, lettre à Fernand Lamy, 17 février 1920. Collection particulière).

Convaincu d'être du côté du bien, persuadé de la grandeur de la culture et de l'art français, animé d'idéaux patriotiques, Ropartz va trouver dans le nouveau combat qui s'annonce le moteur d'une action qui lui était par ailleurs viscéralement nécessaire : « Il faut que celui qui souffre [...] trouve en soi-même son propre remède et ce ne peut être que par un renforcement d'énergie[11]. » Ce faisant, il prend le risque de confondre la défense de la musique française et celle de ses propres idéaux esthétiques, ce dont témoignent à l'extrême ses propres commentaires sur la création strasbourgeoise de son opéra *Le Pays*, au début de l'année 1921 :

> Le succès a été considérable. Les Français « de l'intérieur » comme on dit ici ont tenu à fêter la première pièce française jouée ici depuis l'armistice et j'ai été entouré de beaucoup de sympathie : mes professeurs, mes élèves, l'orchestre, les amis, tous m'ont comblé de fleurs et de présents. Ce fut une bonne soirée pour la cause française et pour mon œuvre[12].

L'État se mobilise

Les mesures prises après la fin de la guerre montrent le désir du gouvernement français de tirer un trait définitif sur près de cinquante années d'histoire mêlée de l'Alsace et de l'Allemagne. Aucune légitimité n'est reconnue aux institutions instaurées après 1871 : la constitution régionale élaborée en 1911 est abandonnée, et les ministères alsaciens-lorrains mis en place par l'empire allemand sont supprimés au profit d'un service général basé à Paris. Rapidement, les autorités locales sont chargées de faire respecter les règles et les lois en vigueur sur le reste du territoire national et de faire disparaître toute trace de l'influence allemande. On réprime même les fonctionnaires alsaciens soupçonnés d'avoir fait preuve de zèle envers le pouvoir précédent, par la révocation, la rétrogradation, l'assignation à résidence dans un autre département français ou encore le bannissement vers l'Allemagne.

L'une des premières conséquences de cette politique sera le triage de la population en quatre catégories, dont la dernière – les étrangers de nationalité ennemie et leurs descendants, même nés en Alsace-Lorraine après 1871 – se retrouve désormais exclue du territoire : « À l'exception des conjoints de titulaires de la carte A, ils furent pour la plupart expulsés dans des conditions parfois humiliantes[13]. » Dans une ville comme Strasbourg, dont trente pour cent des habitants sont alors d'origine allemande, le choc est brutal.

---

11. Guy Ropartz, lettre à Fernand Lamy, 24 octobre 1920. Collection particulière.
12. Guy Ropartz, lettre à Gaston Vallin, 28 février 1921. F-Pn : département de la Musique, l. a. 112.
13. Léon Strauss, « L'Alsace de 1918 à 1945. D'une Libération à l'autre », *La Presse en Alsace au xxe siècle. Témoin, acteur, enjeu*, études réunies par Hildegard Châtellier & Monique Mombert, préface de Gérard Littler, collection Faustus-études germaniques, Strasbourg : Presses universitaires de Strasbourg, 2002, p. 42. Sur cette question, voir aussi Bernard Vogler, *Histoire culturelle de l'Alsace du Moyen Âge à nos jours. Les très riches heures d'une région frontière*, collection La bibliothèque alsacienne, Strasbourg : La Nuée bleue, 1994, p. 384.

Parallèlement, le gouvernement s'attaque au vecteur principal de la culture germanique et tente d'imposer l'usage unique du français dans l'administration et l'enseignement. La langue est considérée comme l'un des éléments essentiels d'adhésion à l'identité nationale, qu'on tente d'introduire au sein même de l'esprit des individus, comme le souligne cet extrait d'un rapport de l'inspecteur d'académie du Haut-Rhin : « Le français doit être totalement la langue parlée à l'école, pendant les jeux, les récréations, au même titre que pendant les leçons d'histoire et de calcul... [Il faut] éviter la division de l'enfant entre un individu qui récite ses leçons en français et un moi intime qui pense et formule entièrement ses idées en dialecte[14]. »

Malheureusement, près d'un tiers des enseignants maîtrisent mal le français, comme une grande partie des fonctionnaires, ainsi que la quasi-totalité des universitaires, germanophones. L'université allemande sera d'ailleurs dissoute.

L'obligation d'usage de la nouvelle langue officielle ne permettant pas aux Alsaciens de bénéficier des postes laissés vacants par le départ des autorités allemandes, ceux-ci sont généralement affectés à des Français de « l'intérieur », comme on les appelle ici, nommés par les services centraux, et envoyés en « mission » dans le nouveau territoire avec des indemnités calculées sur le modèle en usage dans les colonies[15]. Par ailleurs, d'autres franges de la population s'inquiètent de l'abandon des droits et avantages sociaux transcrits des lois allemandes, comme l'assurance-chômage, ce qui conduit l'ensemble des syndicats au déclenchement d'une grève, entre le 21 et le 29 avril 1919, pour défendre les *Heimatrechte*, les « droits élémentaires du peuple et du pays natal ».

Une distance se crée donc progressivement entre une partie grandissante des Alsaciens, qui ont le sentiment d'être les perdants du nouvel état de fait, et les « immigrés » – les Français de l'intérieur, qui se voient désormais attribuer le qualificatif désignant les Allemands avant 1918. On assiste alors à l'émergence de la notion de « malaise alsacien », qui se répand rapidement dans la presse.

Or, ce malaise social se double bientôt d'un malaise religieux. Les protestants sont touchés par la fuite des élites allemandes, avec le départ d'un quart des pasteurs (dont la moitié des réformés) et s'inquiètent du statut de la langue allemande, la langue de Luther, fortement liée au culte et à la prédication. La peur de voir instaurer en Alsace la loi de séparation des Églises et de l'État, qui aurait impliqué la disparition du statut particulier dévolu aux cultes et l'abandon de l'enseignement confessionnel, va conduire les catholiques majoritairement rassemblés dans la branche alsacienne de l'U.P.R. (l'Union populaire et républicaine) à soutenir l'idée d'un particularisme de leur région et à s'opposer eux aussi à toute forme d'assimilation. Venu de Nancy en 1919, Mgr Ruch, l'évêque de Strasbourg, fermement opposé aux idéaux autonomistes, se mettra cependant

14. Cité dans Vogler, *Histoire culturelle de l'Alsace*, p. 387.
15. Voir Strauss, « L'Alsace de 1918 à 1945 », p. 41.

à prêcher en allemand[16] : la défense du bilinguisme est devenue le symbole de la lutte pour le maintien des spécificités alsaciennes.

Ropartz dans la bataille

L'orchestre va participer pleinement à la politique de francisation, conduit par un chef pleinement acquis à sa cause. Pour rétablir la prééminence de la musique française dans le cœur des Strasbourgeois, Ropartz va s'attacher à faire connaître les œuvres françaises écrites depuis 1870, en s'appuyant principalement sur le répertoire joué à Nancy, dont il expulse quasiment Wagner et les musiciens allemands après Schumann. Réintroduit le 8 novembre 1922, avec le prélude des *Maîtres chanteurs*, puis reprogrammé de temps à autre, le répertoire wagnérien apparaît effectivement dans des proportions bien moindres que dans la période nancéienne, prolongeant bien plus longtemps que dans le reste du pays l'ostracisme qu'il avait connu durant la guerre. Globalement, en dehors des classiques, la part dévolue aux compositeurs étrangers est de toute façon extrêmement mince : deux ou trois Italiens, quelques Russes et les deux Tchèques Dvořák et Novák.

Convaincu depuis longtemps de la nécessité d'alterner les « classiques » et les modernes, il joue plusieurs fois toutes les symphonies de Beethoven et de Schumann, et réserve une place importante à Bach, Mendelssohn, Mozart (surtout les dernières symphonies) et à quelques œuvres de Haydn, Haendel, Gluck ou encore Rameau, entre autres, mais l'essentiel du répertoire est consacré à la musique française. Hormis celles de Berlioz, les œuvres de César Franck, de ses élèves et des tenants de la Schola cantorum prédominent. Il consacre ainsi trois concerts et un long article à la commémoration du centenaire de la naissance de Franck, en 1922, et donne à peu près tout l'œuvre symphonique de d'Indy, mais aussi Magnard, Roussel ou encore Witkowski.

Il pratique cependant une ouverture assez nette en direction des compositeurs qui forment l'autre versant esthétique de la musique française, parfois violemment opposé aux tenants de la symphonie et de la forme sonate. Mais, sans doute certaines querelles s'étaient-elles amoindries après la disparition de Debussy en 1918. Aux côtés de ce dernier, on retrouve ainsi quelques pièces de Ravel, dont « aucune note n'avait jusqu'alors été jouée à Strasbourg[17] », mais aussi Caplet, Lili Boulanger (*Clairières dans le ciel*) ou Georges Migot.

L'ensemble de sa programmation ne laisse aucune place à l'avant-garde ou à la jeune création contemporaine. Ropartz s'en défendra par le souci d'une pédagogie prudente et progressive : « Je ne pouvais d'emblée, à un public imbu des *Symphonies* de Beethoven et de Brahms ainsi que des œuvres wagnériennes, infliger les musiques les plus avancées de nos

16. Voir Bernard VOGLER, *Histoire des chrétiens d'Alsace des origines à nos jours*, Paris : Desclée, 1994, p. 289.

17. Lucien CHEVAILLIER, « Un entretien avec… Guy Ropartz », *Le Guide du concert et des théâtres lyriques*, XVe année, nº 21 (22 février 1929), p. 601.

contemporains[18]. » Il est cependant probable qu'il avait peu d'intérêt et de compréhension pour les aspects les plus novateurs de l'art de son temps : « les œuvres très modernes m'effarent un peu[19]. »

Au-delà du répertoire, la francisation musicale menée par Ropartz s'étend à l'art de l'interprétation. Il s'efforce de changer le style et la sonorité de l'orchestre, qu'il juge « lourd et raide », loin de « l'allure nerveuse des orchestres français[20] ». Il y parviendra d'autant plus facilement que le départ des éléments allemands lui fournira l'occasion de recruter massivement de nouveaux musiciens. Avec eux, il tentera de prouver au public strasbourgeois la supériorité des musiciens français, y compris dans des répertoires appréciés depuis longtemps. Son interprétation des symphonies de Beethoven offre un exemple assez symptomatique de ce combat mené au cœur même du matériau musical : « La *Pastorale* constituait la continuation de la lutte contre un certain groupe qui prétend que seuls les chefs d'orchestre boches savent interpréter Beethoven. Je pense que les Strasbourgeois ont dû rarement entendre une exécution aussi réussie de l'agreste partition du Vieux Sourd[21]. »

Réellement sevrés de musique française pendant des décennies, les Strasbourgeois commencent par fréquenter massivement les concerts dirigés par Ropartz. Puis le nombre des abonnés commence à décroître dès la saison 1922-1923, pour entamer une chute sensible jusqu'en 1924-1925, passant de 1138 à 902[22]. Ropartz accuse l'augmentation du prix d'entrée décidée par la municipalité, mais des voix s'élèvent bientôt pour remettre en question la politique du directeur des concerts.

Vers un traité de paix ?

La victoire du Cartel des gauches lors des élections législatives de 1924 provoque la cristallisation du malaise alsacien. En effet, le nouveau gouvernement, dont les valeurs républicaines et anticléricales sont partagées par les municipalités cartellistes élues à Strasbourg, Colmar, Mulhouse, Sélestat et Schiltigheim, tente « d'introduire rapidement et totalement en Alsace l'ensemble de la législation républicaine, donc l'achèvement rapide de l'assimilation[23] », s'attaquant *de facto* au statut confessionnel des écoles et aux principes du Concordat. Le clergé catholique, la presse et le parti catholique, l'U.P.R., mais aussi des représentants des églises protestantes, réagissent vivement à ces projets, multipliant les actions, des pétitions aux manifestations.

18. Chevaillier, « Un entretien avec... Guy Ropartz ».
19. Guy Ropartz, lettre à Fernand Lamy, 12 mai 1922. Collection particulière.
20. Guy Ropartz, lettre à son épouse, 2 février 1919. Collection particulière.
21. Guy Ropartz, lettre à Fernand Lamy, 5 février 1921. Collection particulière.
22. Procès-verbal de la séance de la commission du conservatoire du 17 décembre 1924. Strasbourg, archives municipales, 5 MW 89.
23. Jean-Paul Grasser, *Une histoire de l'Alsace*, collection Alsatiques Gisserot, Paris : Jean-Paul Gisserot, 1998, p. 95-96.

Ce nouveau contexte politique favorise l'émergence de prises de positions nettement plus critiques envers les promoteurs de la politique de francisation, dont Ropartz est l'un des symboles. Un débat surgit ainsi au sein du conseil municipal, lors de la discussion du budget de 1926 :

> Les commissions, inquiétées par la diminution croissante de la fréquentation des concerts d'abonnements de la Ville, ont recherché la cause de ce phénomène. [...] Un membre exprima l'avis que, dans la composition des programmes, le Directeur des concerts se laisse guider par des motifs qui n'ont rien à voir avec la musique. M. le Maire promet de faire examiner cette affaire. Ensuite le projet de budget est adopté[24].

La commission de surveillance du conservatoire, son instance consultative, est donc aussitôt saisie du problème. Ropartz se défend, en reportant la faute sur ses adversaires :

> Il [Ropartz] estime notamment que les critiques exercées dans les derniers temps, en particulier par *La Presse libre* et *La République*, dépassent les limites de ce qui est permis et causent du tort aux concerts municipaux. M. Ropartz regrette surtout que le critique musical qui est en même temps membre de la commission de surveillance du Conservatoire, et qui comme tel devrait sauvegarder les intérêts de la Ville, ait publié dans les *Dernières Nouvelles* [de Strasbourg] (édition allemande) pendant la période d'inscription des abonnements, une critique de la saison de concerts prochaine, qui, à son avis, a eu une influence désavantageuse sur le nombre des abonnements[25].

La mention des *Dernières Nouvelles de Strasbourg*, journal d'information nationale plutôt opposé à la mouvance autonomiste, est significative du nouvel état d'esprit : le quotidien avait continûment soutenu l'action de Ropartz et son critique musical, M. Schellenbach, avait d'ailleurs accepté d'être membre de la commission de surveillance du conservatoire en 1923. Dès cette époque cependant, on pouvait percevoir que le nouveau membre, qui écrivait d'ailleurs dans la version allemande du journal, appelait en termes diplomatiques à dépasser le cadre strict de la préférence nationale proposé par Ropartz : « Je prêterai tous mes efforts pour maintenir et relever la réputation musicale de notre chère ville natale, placée sur le front de l'Est et appelée à faire goûter à l'étranger les produits sublimes de l'art français, sans vouloir lui soustraire la musique internationale[26]. »

Son propos deviendra beaucoup plus direct en 1926 :

> Sans vouloir toucher aux facultés magistrales de notre Directeur des concerts officiels, il faut avouer que depuis l'Armistice il avait été de son devoir d'initier les Alsaciens-Lorrains, des provinces libérées à la musique *française*[27], qui depuis maintes dizaines d'années avait été supprimée. Ceci allait très bien en 1919, en 1920, 21 et 22 et jusqu'à nos jours. Mais cette procédure avait pris une extension qui est arrivée, de nos jours, à saturer le public à tel point qu'il

24. Extrait du procès-verbal de la discussion du budget du 16 novembre 1925 inclus dans le procès-verbal de la séance de la commission du conservatoire du 1er décembre 1925. Strasbourg, archives municipales, 5 MW 89.

25. Extrait du procès-verbal de la discussion du budget du 16 novembre 1925.

26. M. Schellenbach, lettre datée du 16 septembre 1923. Strasbourg, archives municipales, 5 MW 85.

27. C'est lui qui souligne, comme dans le reste du texte. Procès-verbal de la séance de la commission du conservatoire du 26 janvier 1926. Strasbourg, archives municipales, 5 MW 89.

> refuse sa collaboration. Il est néanmoins vrai que M. Ropartz avait donné à tous ceux qui ont bien voulu le suivre dans ses efforts musicaux une inspiration très élevée. Mais d'autre part il faut concéder que le cercle de ses programmes nous serre maintenant un peu de trop. [...] Les programmes de nos concerts sont arrivés à une singulière uniformité, qui ne comprend qu'un nombre déterminé de compositeurs qui nous reviennent toujours avec une certaine régularité. Si je vous parle de tout ceci, ce n'est pas pour désapprouver M. Ropartz, ce qui se fait par l'opinion publique, je vous parle seulement en partie comme critique et en majeure partie, je vous répète ce que disent tous ceux qui ne fréquentent plus nos concerts d'abonnement. Si M. Ropartz voulait bien y réfléchir, il ne pourrait pas condamner les voix qui se sont élevées depuis quelques mois contre lui. Il faut dans tous les cas ne pas perdre de vue que les Alsaciens-Lorrains et avec eux les Strasbourgeois ne sont pas une quantité négligeable, à laquelle on prétend – dans certains clans aussi – faire goûter généralement la musique. Nous, Strasbourgeois musiciens, nous connaissons à fond le menu musical d'un programme de concert et si notre goût ne porte pas seulement sur un, mais sur les deux côtés – à gauche et à droite du Rhin, nous nous en faisons un honneur, sachant apprécier tout.
>
> [...] Tout ce que je viens de vous dire, n'est pas partiellement mon opinion *personnelle*, en majeure partie c'est celle des auditeurs, que je puis mieux connaître que M. Ropartz, qui, ici à Strasbourg, vivait jusqu'à présent sur un territoire qui lui est resté inconnu partiellement. S'il est permis de lui faire entendre de bons conseils – et je crois qu'ici au sein de la commission c'est la place voulue pour cela – ce seront ceux de tenir compte des sentiments et de l'éducation musicale de nous *Strasbourgeois*, qui, vous le savez tous, ne date pas d'hier !

« Nous Strasbourgeois » : par ce texte polémique, le critique musical réaffirme la spécificité de l'identité régionale, mais aussi sa légitimité, qui induit pour les Alsaciens des droits sur leur propre territoire. Après plusieurs années de déclassement social d'une part non négligeable de la population, celle-ci réclame désormais aux Français « de l'intérieur » une prise en considération *a minima* de ses attentes. La revendication identitaire tente de s'imposer désormais à ceux qui, comme Ropartz, lui étaient demeurés « partiellement » insensibles.

En matière musicale, ces aspirations deviennent assez floues, car elles ne privilégient pas un marqueur distinctif, comme peut l'être le dialecte pour le théâtre et la littérature. Au contraire, le constat prévaudra longtemps de l'inexistence d'une musique alsacienne savante en-soi : « On peut parler de musique italienne, mais on se contentera d'évoquer la musique en Alsace, car les traits distinctifs d'un génie particulier n'émergent qu'à de rares moments de l'histoire d'une terre de passage, de transition et d'affrontements[28]. »

De fait, en supposant un goût qui se porte à gauche et à droite du Rhin, l'identité alsacienne devient difficilement superposable à l'identité nationale, comme cela pouvait être le cas d'autres identités régionales. Au contraire, elle apparaît formée par l'addition de deux opposés apparemment irréconciliables, les cultures des deux ennemis d'hier, la France et l'Allemagne, et aucune ne peut prendre le pas sur l'autre, puisqu'elles occupent une part égale dans les « sentiments et l'éducation musicale » des Strasbourgeois.

28. Francis Muller, « De quelques constantes dominant la vie musicale en Alsace », *Saisons d'Alsace*, 24e année, no 69 (1979), p. 7.

Enfin, la réaffirmation d'une germanophilie musicale immanente renforce les possibilités d'expression et de démarcation des milieux protestants. Face à l'Église catholique, qui occupe la majeure part du terrain politique lors des grandes manifestations de protestation, consécutives aux projets du nouveau gouvernement, le combat peut maintenant se déplacer sur d'autres fronts, notamment culturels, pour les autres parties.

L'efficacité stratégique de ce positionnement est donc redoutable : sur les nouvelles bases réclamées par les Alsaciens, il devient pratiquement impossible de continuer l'ancienne francisation vindicative de la salle de concert. En conséquence, un nouveau rééquilibrage des programmes est souhaité :

> La Commission [...] a pris connaissance avec une grande satisfaction de votre intention d'exécuter pendant la prochaine saison les neuf symphonies de Beethoven. Elle émet cependant le vœu, qu'en même temps une part aussi large que possible soit faite à des œuvres choisies parmi celles des auteurs classiques suivants : Bach, Rameau, Couperin, Richard Strauss (suite de danses orchestrées), Gluck, Haydn, Mozart, Schubert, Schumann, Brahms, Bruckner, Berlioz, Liszt, Tschaikowski, Weber. En ce qui concerne la musique moderne, les auteurs suivants ont été proposés : Debussy, Caplet, Fl. Schmitt, César Franck, Maurice Ravel, Borodine, Scriabine, Moussorgsky, Rimsky-Korsakoff, Wolf-Ferrari, Hans Huber (Bâle), Glazounow, et pour les contemporains : Honegger, Milhaud, Prokofieff, Stravinsky, Schoenberg, Hindemith, Walter Braunfels, Serge Rachmaninoff (*La Femme du soldat*), Garetta, Korngold[29].

Pourtant, comme un calque des décisions du gouvernement qui avait décidé de faire preuve de prudence en maintenant le *statu quo*, au lieu d'instaurer une paix définitive, les propositions de la commission ne font que permettre à Ropartz de gagner du temps. La seule réelle concession au goût des Strasbourgeois consiste dans la décision de jouer les symphonies de Beethoven, une tactique qui portera ses fruits sur la saison suivante[30]. Mais en fait, Ropartz modifie peu la constitution habituelle de ses concerts, prenant le risque de voir grandir encore le mécontentement.

Les autonomistes à l'assaut

La manifestation d'une ferme opposition au processus d'assimilation du gouvernement français favorise l'émergence d'un solide mouvement autonomiste. Il s'incarne en mai 1925 dans la création à Saverne du journal de langue allemande *Die Zukunft*, « hebdomadaire indépendant pour la défense des droits de la patrie et du peuple d'Alsace-Lorraine ». Le journal dépasse très vite les 25 000 exemplaires.

De façon caractéristique, la contestation s'incarne dans la défense du bilinguisme. Ainsi, lorsque le directeur général de l'Instruction publique préconise l'application d'un

29. *Extrait du procès-verbal de la séance de la Commission de surveillance du Conservatoire du 29 juillet 1926* (Ropartz absent). Strasbourg, archives municipales, 5 MW 86.

30. « Les concerts marchent bien [...] Je donne toutes les symphonies du "Vieux Sourd" et les Strasbourgeois sont beethovenophiles dans l'âme. C'est sans doute pour cela qu'ils trouvent la présente saison à leur goût. » (Guy Ropartz, lettre à Fernand Lamy, 30 novembre 1926. Collection particulière).

« programme pour l'enseignement religieux protestant en langue française », une vive polémique agite les milieux protestants, relayée par les journaux au début du mois de juillet 1925. Ils récusent l'obligation d'abandonner la langue allemande – la « langue du culte » – lors du cours de religion[31].

L'année suivante, une centaine des lecteurs de *Die Zukunft* créent le Heimatbund et publient un manifeste dans le numéro du 8 juin 1926. Ils réclament, en tant que « minorité nationale », une « autonomie complète dans le cadre de la France, législative et administrative », qui doit trouver « son expression dans une représentation élue par le peuple, avec un budget et un pouvoir exécutif siégeant à Strasbourg ».

Un parti autonomiste apparaît, le Landespartei, bientôt suivi du Fortschrittspartei, scission du Parti radical-socialiste. Le gouvernement réagit rapidement : « Des journaux sont interdits (suppression de la *Zukunft* en novembre 1927), des fonctionnaires révoqués, des poursuites engagées contre des signataires du Heimatbund[32]. »

La répression s'étendra jusqu'à la fraction particulariste de l'U.P.R., dont le leader, Joseph Rossé, est arrêté au mois de décembre 1927, ainsi qu'une vingtaine de ses amis. Ils seront accusés de complot contre la sécurité intérieure de l'État. Cinq d'entre eux seront condamnés, puis acquittés en appel un an plus tard.

L'agitation qui parcourt la société alsacienne investit la salle de concert lors du troisième concert de l'abonnement, le mercredi 30 novembre 1927. Au programme figuraient la *Troisième Symphonie* de Schumann, les *Variations symphoniques* de Franck et la *Rhapsodie espagnole* d'Albéniz – exécutées par le soliste invité, le célèbre pianiste Yves Nat –, l'ouverture de *Ramuntcho* de Gabriel Pierné et *Au parc Monceau* de Pierre-Octave Ferroud. Après l'audition de la *Rhapsodie espagnole*, le public réclame un *bis*, que Ropartz, fidèle à son habitude et à sa conception du concert, refuse. Une partie du public s'agite. Au moment de reprendre le programme, le chahut continue ; Ropartz doit s'interrompre et réclamer le silence : « S'il y a des personnes qui ne veulent pas entendre *Ramuntcho*, je leur laisse deux minutes pour se retirer ; mais comme je pense que d'autres auditeurs désirent entendre l'œuvre de Pierné, j'estime qu'ils ont le droit de l'écouter tranquillement. Quelques personnes ont quitté la salle et l'orchestre a pu exécuter le dernier morceau dans le silence qui convient. » À la fin du concert, précise Ropartz, « le public a chaleureusement applaudi », il y eut « quelques sifflets, les mêmes qui m'ont attendu dans la rue, à la sortie ; ces siffleurs pouvaient être dix à quinze[33] ».

Parce qu'il s'est identifié à la mission de francisation qui lui avait été confiée, Ropartz s'attire les foudres de la mouvance autonomiste, ce dont il semble conscient : la « manifestation

31. Voir à ce sujet « Der Kampf um die Sprache im Religionsunterricht », *La République*, 12 juillet 1925.
32. Grasser, *Une histoire de l'Alsace*, p. 96.
33. Guy Ropartz, lettre au maire de Strasbourg, 13 décembre 1927. Strasbourg, archives municipales, 5 MW 89.

[...] revêtait un caractère de nette hostilité à mon endroit[34] ». D'après certaines relations de presse, d'aucuns auraient même crié « démission, démission[35] » dans la salle. Et de fait, les critiques les plus redoutables paraîtront dans *La République*, journal en langue allemande dirigé jusqu'en octobre 1926 par deux membres fondateurs du récent Elsässische Fortschrittspartei.

Elles commencent par s'opposer à Ropartz sur le plan politique, en l'accusant nommément de dictature[36]. Or, bien que ce droit lui soit concédé au sein du conservatoire, il lui est refusé dans la salle de concert, où auraient dû s'appliquer les règles démocratiques : « Il y avait, en comptant sur les doigts, une volonté collective (le public) plus une volonté individuelle (le pianiste) contre une volonté individuelle (le chef d'orchestre). L'addition est simple[37]. » Tout en s'appuyant sur une critique récurrente du comportement autocratique des chefs d'orchestre[38], cet avis entre en résonance avec l'indignation d'une partie de la population contre la répression des idées autonomistes.

L'incident du *bis* manifeste l'état de tension de la société alsacienne à la fin de l'année 1927, où la violence symbolique menace de laisser place à une violence réelle. La montée des revendications autonomistes remet en question la paix « signée » avec les Alsaciens. Elles constituent pour les autorités françaises une frontière à ne pas dépasser, au risque de voir se déployer des moyens de coercition plus brutaux. De même, Ropartz envisage d'imposer son action par la force : « Les ennemis [...] avaient annoncé qu'au concert suivant ils manifesteraient encore. Mes partisans ont immédiatement répandu le bruit que s'ils recommençaient on leur casserait la g... Ils se sont tenus prudemment tranquilles comme de petits anges[39]. »

Peut-être Ropartz exagère-t-il la peur de ses opposants. Car, s'ils s'étaient emparés de l'occasion fournie par le refus du *bis*, emblème du déni du « *Kollektivwille* » alsacien, ils avaient globalement respecté les règles sociales en usage dans la salle de concert, en s'exprimant à part de la musique elle-même. Leur opposition ne semble pas, en tout cas de prime abord, s'être portée sur le terrain esthétique. La critique, elle, va s'en charger : « Que notre chef d'orchestre soit totalement étranger à Schumann, on le sait depuis des

34. Guy Ropartz, lettre au maire de Strasbourg, 13 décembre 1927. Strasbourg, archives municipales, 5 MW 89.

35. « Drittes Abonnementkonzert », *Freie Presse – La Presse libre*, 3 décembre 1927.

36. « *Dass in unserem Konzertleben eine Diktatur besteht* [...] *ist oft genug bedauert worden.* » Traduction : « Qu'il règne une dictature dans le monde de nos concerts a été assez souvent regretté. » « Drittes Abonnementkonzert », *Freie Presse – La Presse libre*, 3 décembre 1927 (première phrase de l'article).

37. « *Es standen, an den Fingern gerechnet, ein Kollektivwille (Publikum) plus ein Einzelwille (Pianist) gegen ein Einzelwille (Dirigent). Die Rechnung ist einfach.* » « Drittes Abonnementkonzert », *La République*, sans date. Strasbourg, archives municipales, 5 MW 89.

38. Voir Esteban Buch, « Le chef d'orchestre. Pratiques de l'autorité et métaphores politiques », *Annales. Histoire, sciences sociales*, 57e année, no 4 (juillet-août 2002), p. 1001-1030.

39. Guy Ropartz, lettre à Fernand Lamy, 25 décembre 1927. Collection particulière.

années[40]. » Ce type de reproche est ancien. Plus volontiers disséminé dans la presse germanophone, il invitait clairement à une protestation manifeste : « Il est vraiment scandaleux de saboter ainsi Beethoven. Pourquoi n'a-t-on pas témoigné à ce moment la désapprobation qu'il méritait ? Que devient donc le véritable public artistique[41] ? » C'est une atteinte directe à la croyance dans une supériorité de l'art interprétatif français. Mais surtout, ce dénigrement systématique de l'interprétation ropartzienne des compositeurs germaniques sape la légitimité artistique du chef d'orchestre en lui contestant la capacité de diriger les concerts municipaux dans une ville dont l'identité culturelle requiert précisément cette compétence. Être « étranger » à Schumann, c'est être étranger en Alsace.

La paix des braves

Jusqu'à la retraite de Ropartz et son départ de Strasbourg en 1929, les concerts municipaux vont retrouver leur calme. Le docteur Schneider, le critique musical de *La République*, modère ses propos et s'abstient le plus souvent d'assister aux concerts, peut-être sous l'effet de la reprise en main du journal par Lucien Minck, qui appartient à la branche nationale du Parti radical-socialiste. Comme d'autres, il attendra l'arrivée d'une nouvelle direction. De plus, le combat politique va maintenant s'incarner dans la conquête électorale, générant une nette percée du mouvement autonomiste aux élections législatives et municipales à venir.

Le concert du 30 novembre 1927 aura concrétisé le rôle de la salle de concert, son statut d'agora, d'espace public où s'affrontent différentes conceptions politiques et différents groupes de pression. Toute « neutralité » balayée au bénéfice de la politique de francisation, les concerts et leur chef avaient perdu la possibilité de se retrancher derrière le respect de traditions ou d'une autonomie propre à l'art musical : « Au sein de la salle de concert publique règne, selon nous, un autre règlement intérieur [42]. » Il montre aussi que, loin d'être une simple métaphore de la vie sociale, le concert peut devenir un réceptacle des luttes de pouvoir qui sous-tendent les discours identitaires. Le souhait de voir jouer à Strasbourg le répertoire germanique est la transposition dans le domaine musical du plaidoyer pour l'usage de la langue allemande : le bilinguisme, au sens commun, se double d'un bilinguisme musical. Cela pose les limites d'une opposition frontale au travail mené par Ropartz : l'identité culturelle alsacienne de cette époque, balançant constamment entre France et Allemagne, ne peut renier l'une au profit de l'autre.

40. « *Dass unserem Dirigenten Schumann total fremd ist, weiss man seit Jahren.* » « Drittes Abonnementkonzert », *La République*, sans date. Strasbourg, archives municipales, 5 MW 89.

41. Georges SCHAFFNER, « Ropartz-Beethoven. Warum ? », *À travers les Vosges*, nº 7 (10 novembre 1922). Cette traduction française, rédigée par une main inconnue, figure dans la correspondance de Guy Ropartz (F-Pn : département de la Musique, l. a. 177).

42. « *In öffentlichen Konzertsaal gilt, wie uns scheinen will, eine andere Hausordnung.* » « Drittes Abonnementkonzert », *La République*, sans date. Strasbourg, archives municipales, 5 MW 89.

L'enjeu sera donc, après le départ de Ropartz, de renouer avec ce complexe équilibre. Paul Bastide, premier chef du théâtre municipal, qui présidera désormais aux destinées des concerts symphoniques, va s'y attacher : Brahms réapparaîtra au répertoire, qui s'étend à Stravinski, Strauss, Schoenberg, Hindemith, Honegger, Milhaud, Prokofiev[43] ou encore Poulenc[44]. L'orchestre accueillera de nouveau des chefs étrangers, comme Felix Weingartner ou Richard Strauss, qui viendra diriger une représentation en français d'*Elektra* le 6 décembre 1932. Ainsi, l'Alsace musicienne portera à nouveau, selon la formule de Schellenbach, « à gauche et à droite du Rhin ».

Guy Ropartz photographié par Boissonas.

43. Prokofiev viendra interpréter son *Troisième Concerto pour piano* le 11 mars 1931.

44. Poulenc joue son *Concerto pour deux pianos* le 21 février 1934.

Liste des contributeurs

Stéphane Audoin-Rouzeau

Directeur d'études à l'École des hautes études en sciences sociales (E.H.E.S.S.), Stéphane Audoin-Rouzeau est également vice-président du Centre de recherche de l'Historial de la Grande Guerre (Péronne, Somme). Son champ de spécialité principal est l'histoire de la Grande Guerre, appréhendée sous l'angle culturel. Ses travaux portent actuellement sur une anthropologie historique du phénomène guerrier aux XIXe et XXe siècles, en particulier sur les violences de guerre et la violence de combat.

Esteban Buch

Spécialiste des rapports entre musique et politique, Esteban Buch est directeur d'études à l'École des hautes études en sciences sociales (E.H.E.S.S.) où il dirige l'équipe Musique du Centre de recherches sur les arts et le langage (CRAL, E.H.E.S.S.-C.N.R.S.). Il est notamment l'auteur de *La Neuvième de Beethoven. Une histoire politique* (1999) et *Le Cas Schönberg. Naissance de l'avant-garde musicale* (2006), parus chez Gallimard.

Aude Caillet

Professeur agrégé de lettres modernes, titulaire du certificat d'aptitude de culture musicale, Aude Caillet poursuit des recherches sur la musique française du XXe siècle et plus particulièrement sur l'œuvre et les écrits du compositeur Charles Kœchlin. Elle est l'auteur d'une biographie de Charles Kœchlin (Séguier, 2001).

Rémy Campos

Professeur d'histoire de la musique au Conservatoire national supérieur de musique et de danse de Paris, Rémy Campos est responsable de la recherche au conservatoire de musique de Genève – Haute école de musique (H.E.M.). Il a travaillé sur le regain d'intérêt pour la musique ancienne au XIXe siècle. Ses recherches actuelles portent sur l'histoire de la lecture et de l'interprétation de la musique aux XIXe et XXe siècles.

Myriam Chimènes

Directrice de recherche au C.N.R.S. (Institut de recherche sur le patrimoine musical en France), Myriam Chimènes est spécialisée en histoire sociale de la musique et travaille en particulier sur le rôle des élites sociales dans le développement de la vie musicale en France aux XIXe et XXe siècles. Elle a publié notamment *Mécènes et musiciens. Du salon au concert à Paris sous la IIIe République* (Fayard, 2004). Elle a également initié les recherches sur la vie musicale en France pendant la Seconde Guerre mondiale : *La Vie musicale sous Vichy* (Complexe, I.H.T.P. – C.N.R.S. 2001).

Georgie Durosoir

Spécialiste de la musique baroque, Georgie Durosoir s'investit depuis quelques années dans un nouveau domaine de recherche : la vie musicale pendant la Grande Guerre. Grâce à une première journée d'études (Dax, 2005), elle a suscité l'intérêt des historiens de la guerre et des historiens de la culture pour la formation d'un groupe de recherche sur ce sujet.

Mathieu Ferey

Diplômé du Conservatoire national supérieur de musique et de danse de Paris en esthétique et histoire de la musique, Mathieu Ferey est directeur du conservatoire du XVIIe arrondissement de Paris. Il travaille sur l'œuvre et la vie de Joseph-Guy Ropartz (1864-1955) dont il a publié la biographie (Papillon, 2005).

Didier Francfort

Historien, professeur d'histoire contemporaine à l'université Nancy 2, il est actuellement co-directeur du Centre de recherches sur les cultures littéraires européennes. Ses travaux récents portent sur l'histoire culturelle et particulièrement la place de la musique dans les constructions d'identités nationales ou supranationales.

Charlotte Segond-Genovesi

Titulaires des prix d'histoire de la musique, d'esthétique et d'analyse au C.N.S.M.D. de Paris, Charlotte Segond-Genovesi y poursuit un cycle de perfectionnement en musicologie (La vie musicale en France, 1914-1918 : guide de recherche) sous la direction de Rémy Campos. Parallèlement, elle prépare une thèse intitulée *Aspects de la vie musicale pendant la Grande Guerre : activités, échanges et représentations* sous la co-direction de Danièle Pistone (Paris IV-Sorbonne) et d'Annette Becker (Paris X-Nanterre).

Florence Gétreau

Directeur de recherche au C.N.R.S., directeur de l'Institut de recherche sur le patrimoine musical en France (I.R.P.M.F.), Florence Gétreau est l'auteur de nombreuses publications sur les instruments de musique français, leurs facteurs, leur iconographie, leur contexte culturel et leur conservation. Elle a été tour à tour conservateur au musée instrumental du Conservatoire de musique de Paris, chef de projet du musée de la Musique, conservateur du patrimoine en charge du département de la musique au Musée national des arts et traditions populaires. Elle a créé en 1995 et dirige la revue scientifique annuelle *Musique-Images-Instruments* (C.N.R.S. éditions).

Dominique Huybrechts

Président de l'association Proquartetto destinée à promouvoir l'art du quatuor à cordes en communauté française de Belgique, Dominique Huybrechts est directeur artistique du festival européen du quatuor à cordes Les voix intimes de Tournai en Belgique. Diplômé du conservatoire royal de musique de Bruxelles, il est l'auteur d'un ouvrage consacré aux musiciens engagés dans la Première Guerre mondiale, *Les Musiciens dans la tourmente* (Scaldis, 1999).

Sara Iglesias

Sara Iglesias est doctorante allocataire de recherches en musicologie à l'École des hautes études en sciences sociales à Paris et à la Humboldt-Universität de Berlin. Chercheuse associée à la Bibliothèque nationale de France en 2006-2007, elle concentre ses recherches d'une part sur l'histoire politique de la musicologie française, notamment sous Vichy, et d'autre part sur la création musicale contemporaine, domaines dans lesquelles elle publie et coordonne diverses manifestations scientifiques.

Alexandra Laederich

Docteur en musicologie, Alexandra Laederich est secrétaire générale de la Fondation internationale Nadia et Lili Boulanger. Elle est l'auteur d'articles sur la musique française du XXe siècle et a publié le *Catalogue de l'œuvre de Jacques Ibert* (Georg Olms, 1998) ainsi que l'ouvrage collectif *Nadia Boulanger et Lili Boulanger, témoignages et études* (Symétrie, 2007). Elle est parallèlement conservatrice du Centre de documentation Claude Debussy.

Patrice Marcilloux

Archiviste-paléographe, Patrice Marcilloux est actuellement maître de conférences en archivistique à l'université d'Angers. Ses thèmes de recherche portent sur les phénomènes identitaires nationaux et locaux. Il poursuit également une activité de recherche en archivistique et a organisé, en 2000, une programmation musicale sur le thème de la Première Guerre mondiale et de la reconstruction.

David Mastin

David Mastin a obtenu à l'université de Paris X-Nanterre un D.E.A. pour une étude biographique, « Ces horribles années d'angoisse, 1914-1919 » (carnets de guerre d'Auguste Paul, musicien et professeur de musique à Boulogne-sur-mer, 1885-1947). Il achève une thèse sous la direction d'Annette Becker dont le titre est *Professeurs et Écoles de musique dans la Grande Guerre 1910-1925*.

Carine Trevisan

Ancienne élève de l'École normale supérieure, maître de conférences habilitée à diriger des recherches, Carine Trevisa enseigne la littérature à l'université Paris Diderot – Paris 7. Elle est l'auteur de plusieurs études sur la Grande Guerre, notamment *Les Fables du deuil : la Grande Guerre, mort et écriture* (PUF, 2001, prix Henri Hertz 2002) et d'une réédition de *La Sainte Face* d'Élie Faure (Bartillat, 2005, prix Malherbe 2007).

Index des œuvres

D

E

F

G

H

I

J

K

L

M

N

O

P

Q

R

S

T

U

V

W

Index des personnes

A

B

C

D

E

F

G

H

I

J

K

L

M

N

O

P

Q

R

W

Z

Table des matières

Achevé d'imprimer en France par Présence Graphique
2, rue de la Pinsonnière - 37260 Monts
N° d'imprimeur : 120933844

Dépôt légal : décembre 2009